YAKUZA REINCARNATION

Zeichnungen: Hiroki Miyashita
Konzept: Takeshi Natsuhara

01

CONTENTS

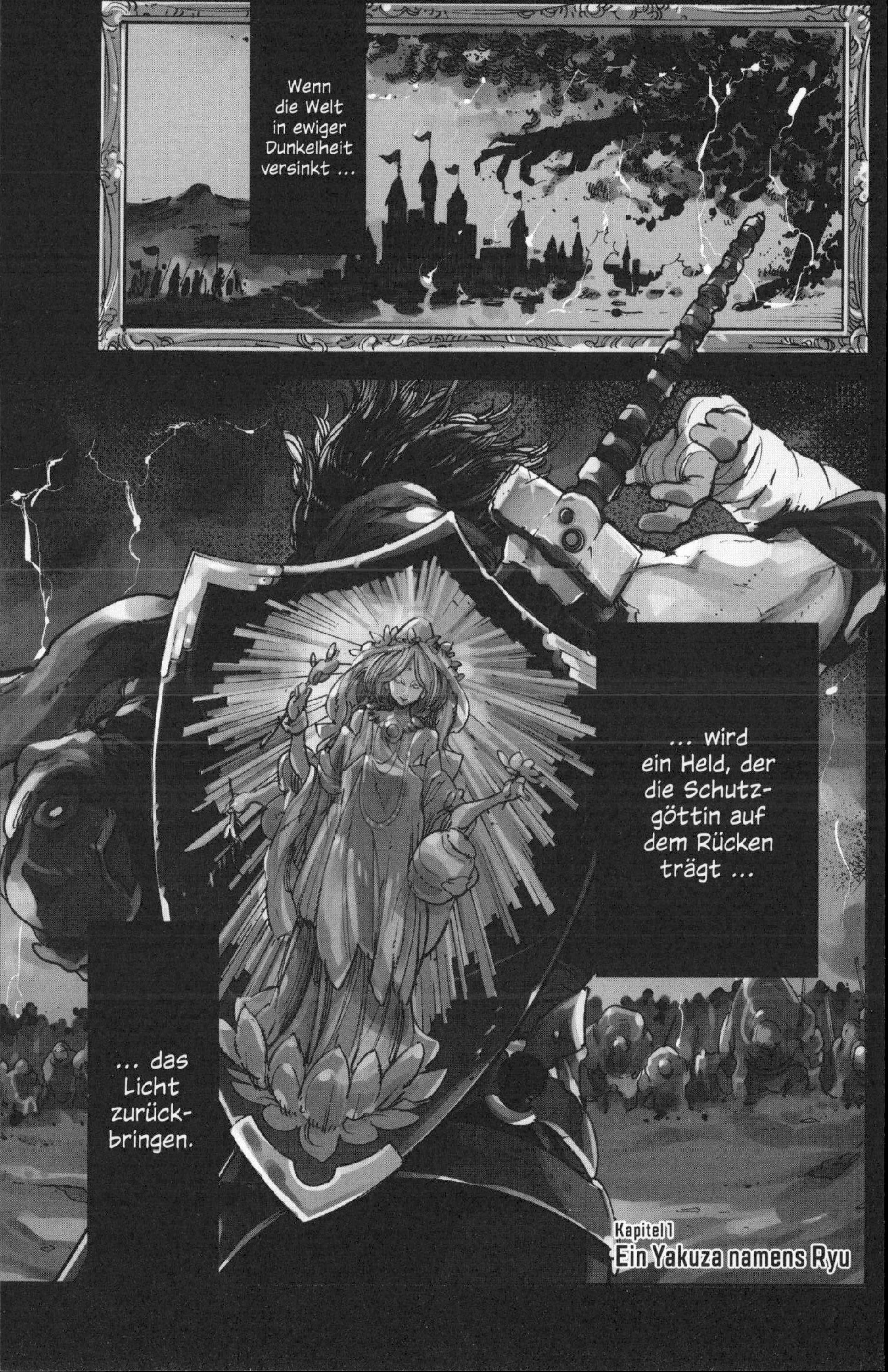
Wenn die Welt in ewiger Dunkelheit versinkt ...
... wird ein Held, der die Schutzgöttin auf dem Rücken trägt ...
... das Licht zurückbringen.
Kapitel 1
Ein Yakuza namens Ryu

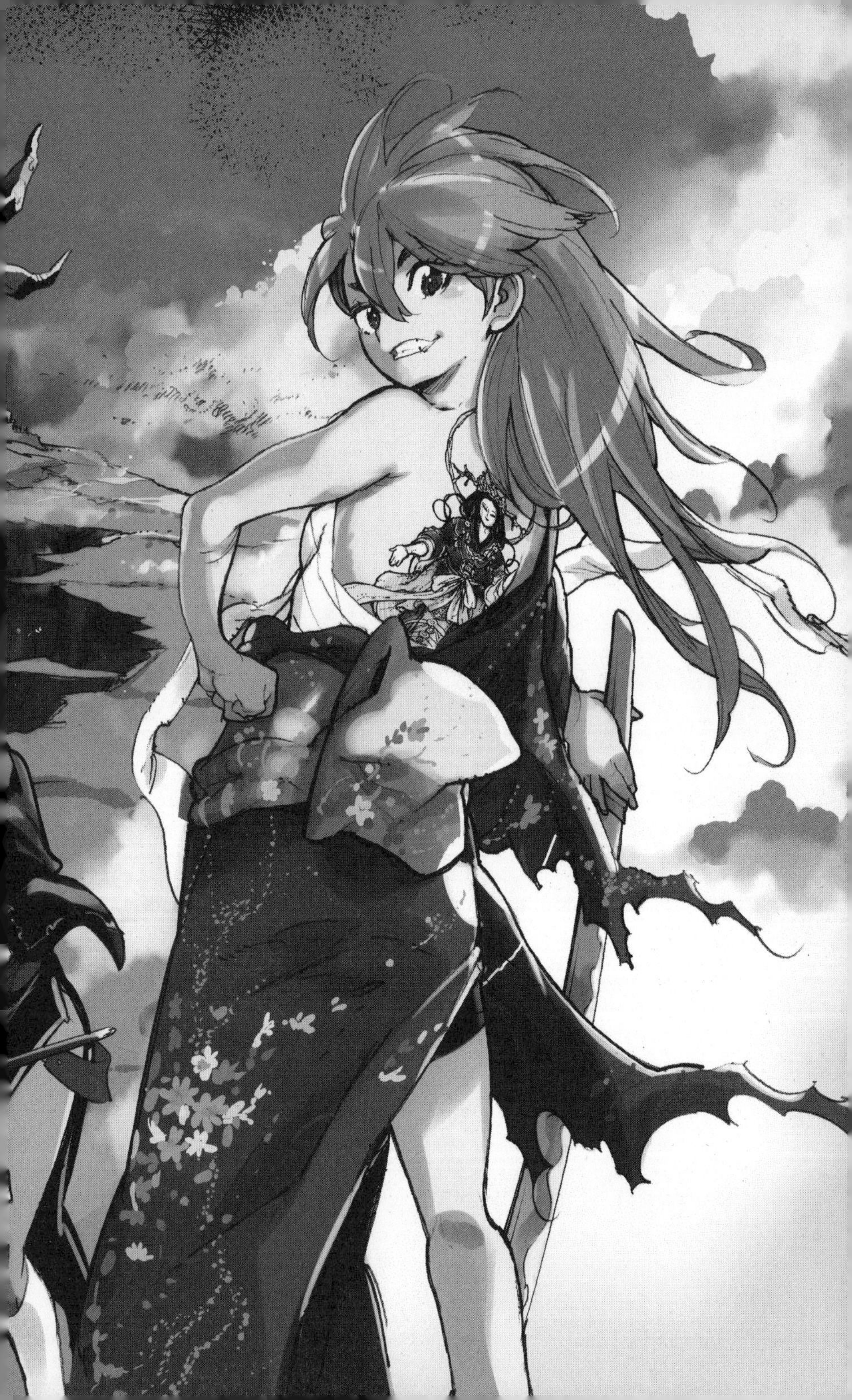

Kapitel 1

Ein Yakuza namens Ryu

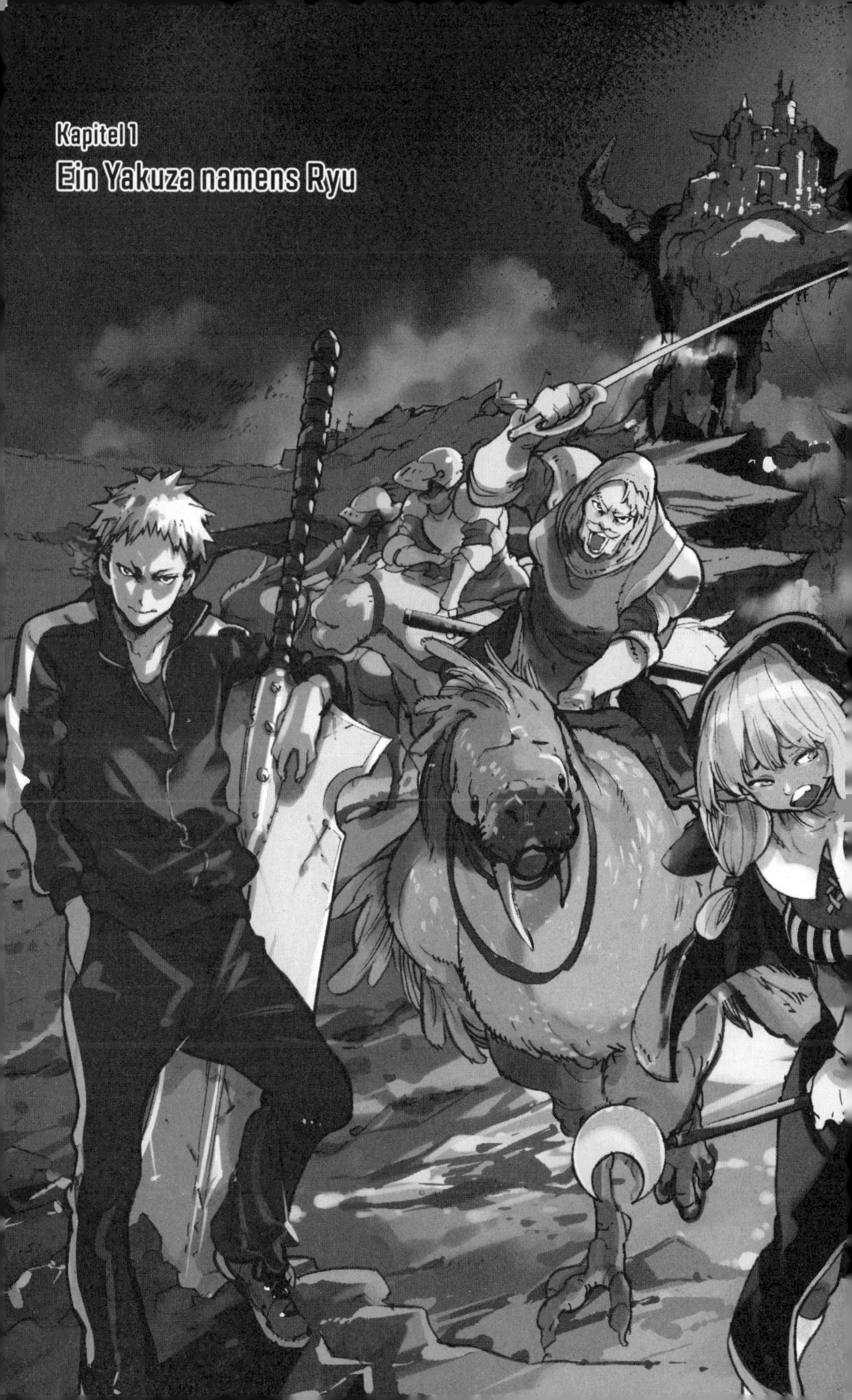

YAKUZA

REINCARNATION

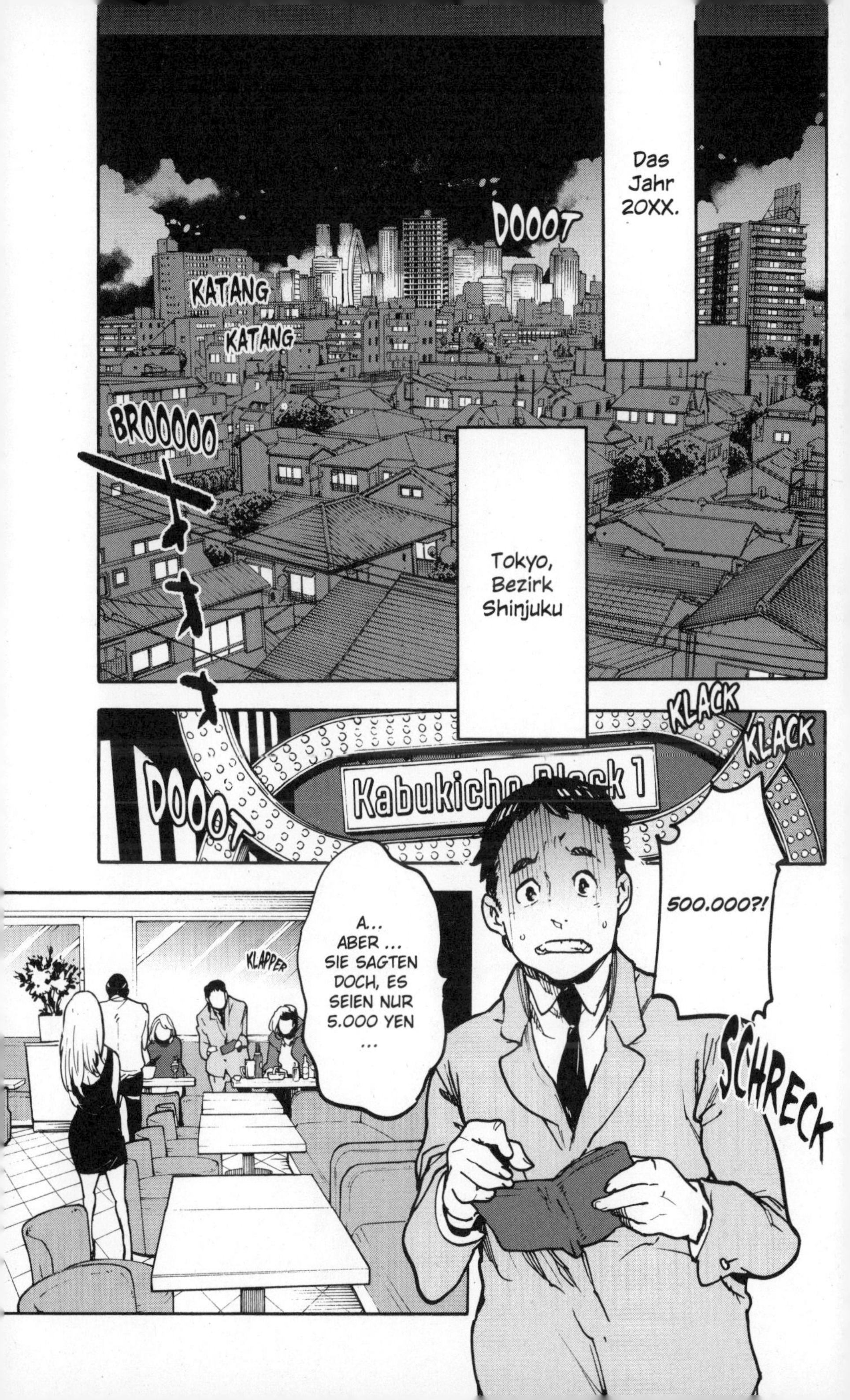

Das Jahr 20XX.
DOOOT
KATANG
KATANG
BROOOOO
Tokyo, Bezirk Shinjuku
KLACK
KLACK
Kabukicho
DOOOT
500.000?!
SCHRECK
A.. ABER ... SIE SAGTEN DOCH, ES SEIEN NUR 5.000 YEN ...
KLAPPER

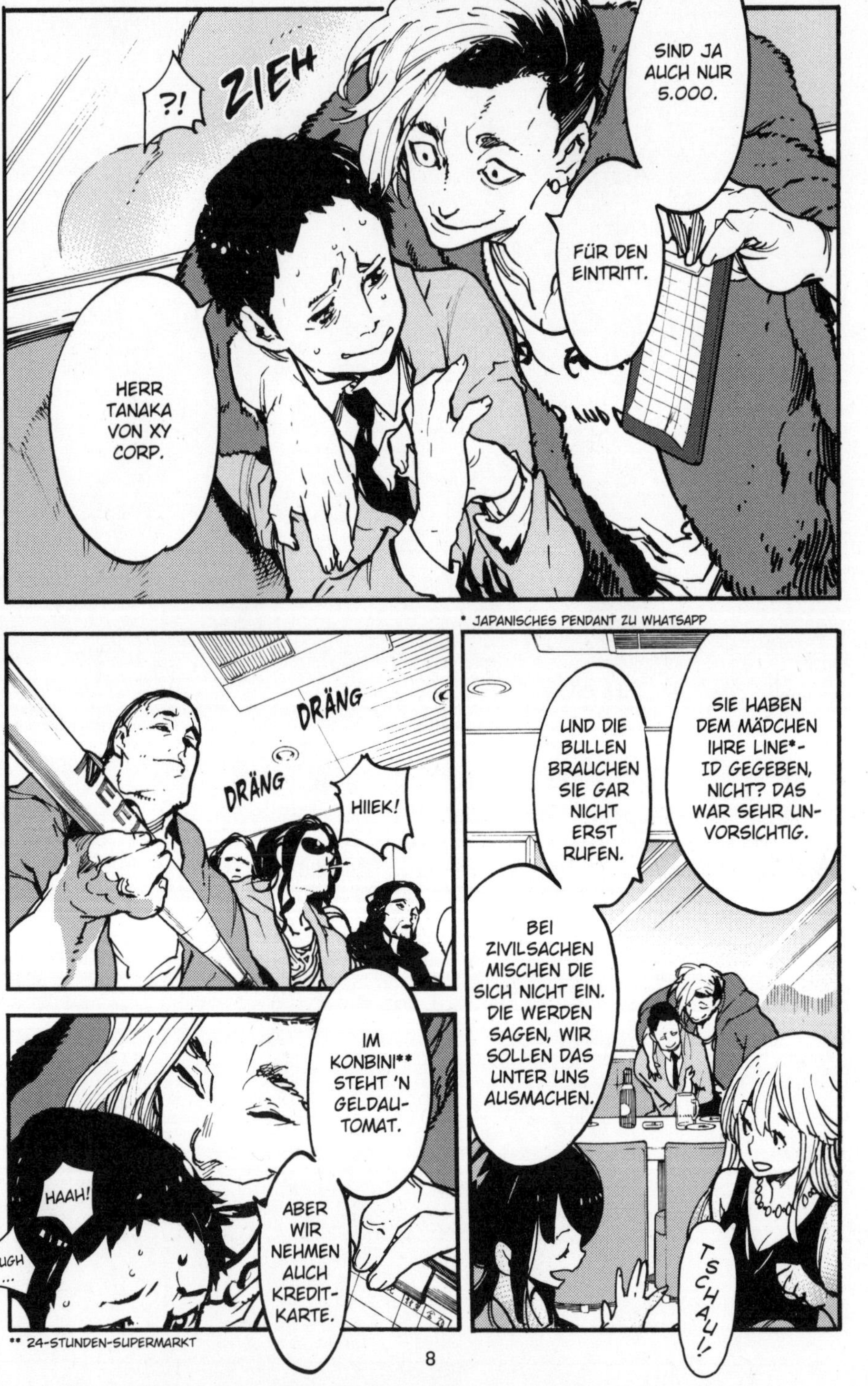

* JAPANISCHES PENDANT ZU WHATSAPP

** 24-STUNDEN-SUPERMARKT

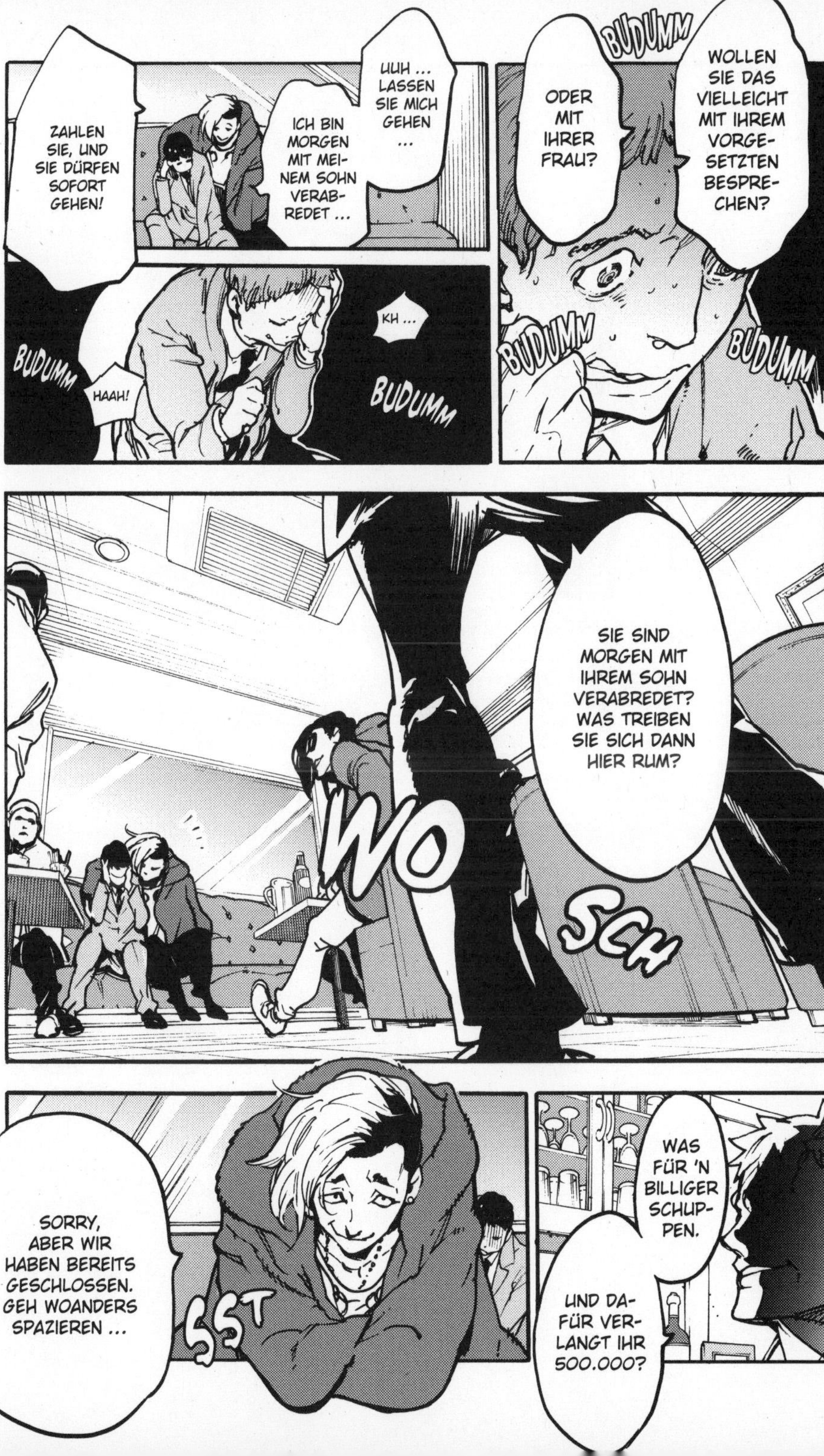
BUDUMM
WOLLEN SIE DAS VIELLEICHT MIT IHREM VORGESETZTEN BESPRECHEN?
ODER MIT IHRER FRAU?
UUH … LASSEN SIE MICH GEHEN …
ICH BIN MORGEN MIT MEINEM SOHN VERABREDET …
ZAHLEN SIE, UND SIE DÜRFEN SOFORT GEHEN!
BUDUMM
BUDUMM
KH …
BUDUMM
BUDUMM
HAAH!
SIE SIND MORGEN MIT IHREM SOHN VERABREDET? WAS TREIBEN SIE SICH DANN HIER RUM?
WOSCH
WAS FÜR 'N BILLIGER SCHUPPEN.
UND DAFÜR VERLANGT IHR 500.000?
SORRY, ABER WIR HABEN BEREITS GESCHLOSSEN. GEH WOANDERS SPAZIEREN …
SST

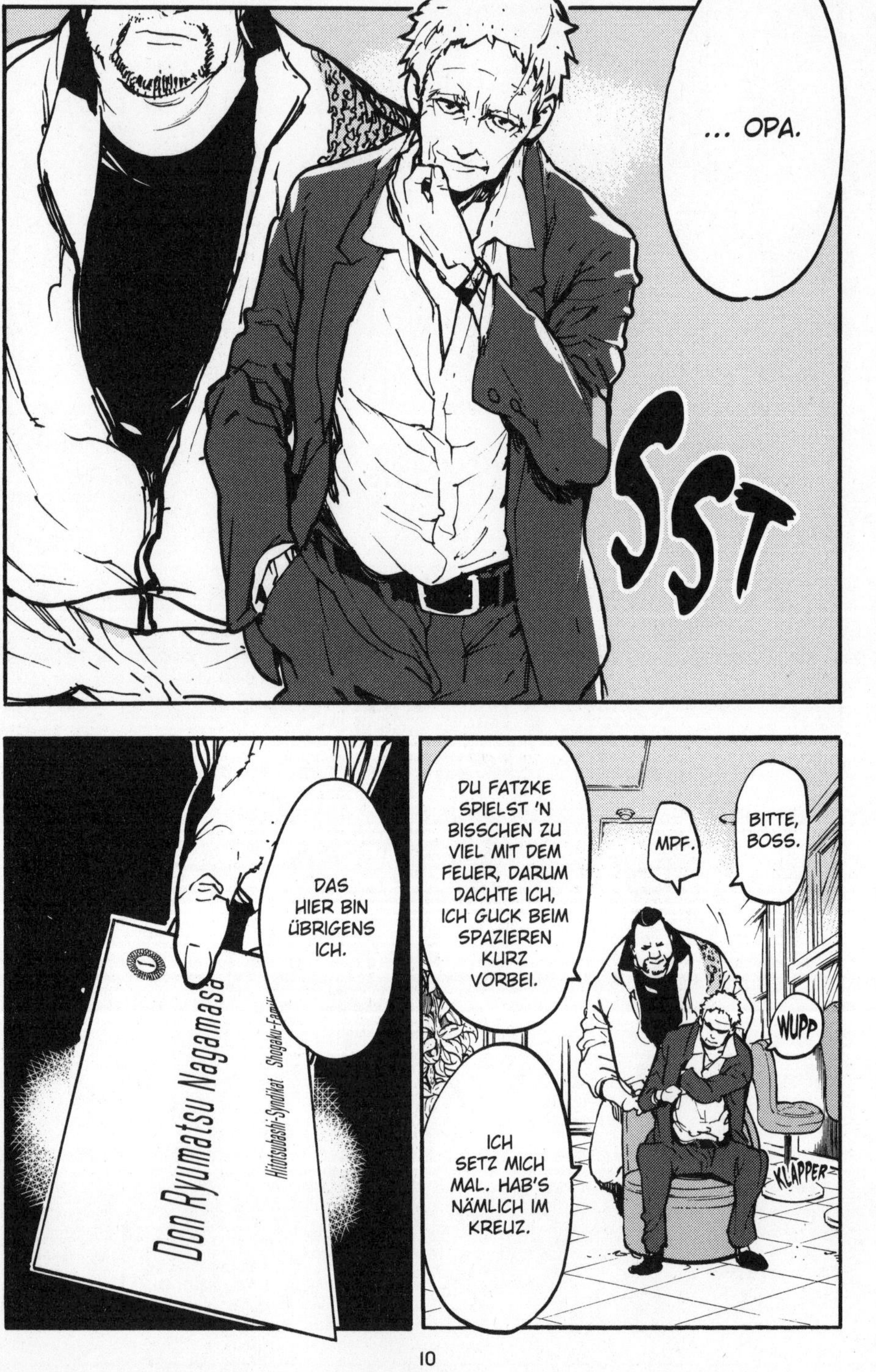
... OPA.
SST
DAS HIER BIN ÜBRIGENS ICH.
Don Ryumatsu Nagamasa
Hitotsubashi-Syndikat Shogaku-Fami
DU FATZKE SPIELST 'N BISSCHEN ZU VIEL MIT DEM FEUER, DARUM DACHTE ICH, ICH GUCK BEIM SPAZIEREN KURZ VORBEI.
MPF.
BITTE, BOSS.
WUPP
ICH SETZ MICH MAL. HAB'S NÄMLICH IM KREUZ.
KLAPPER

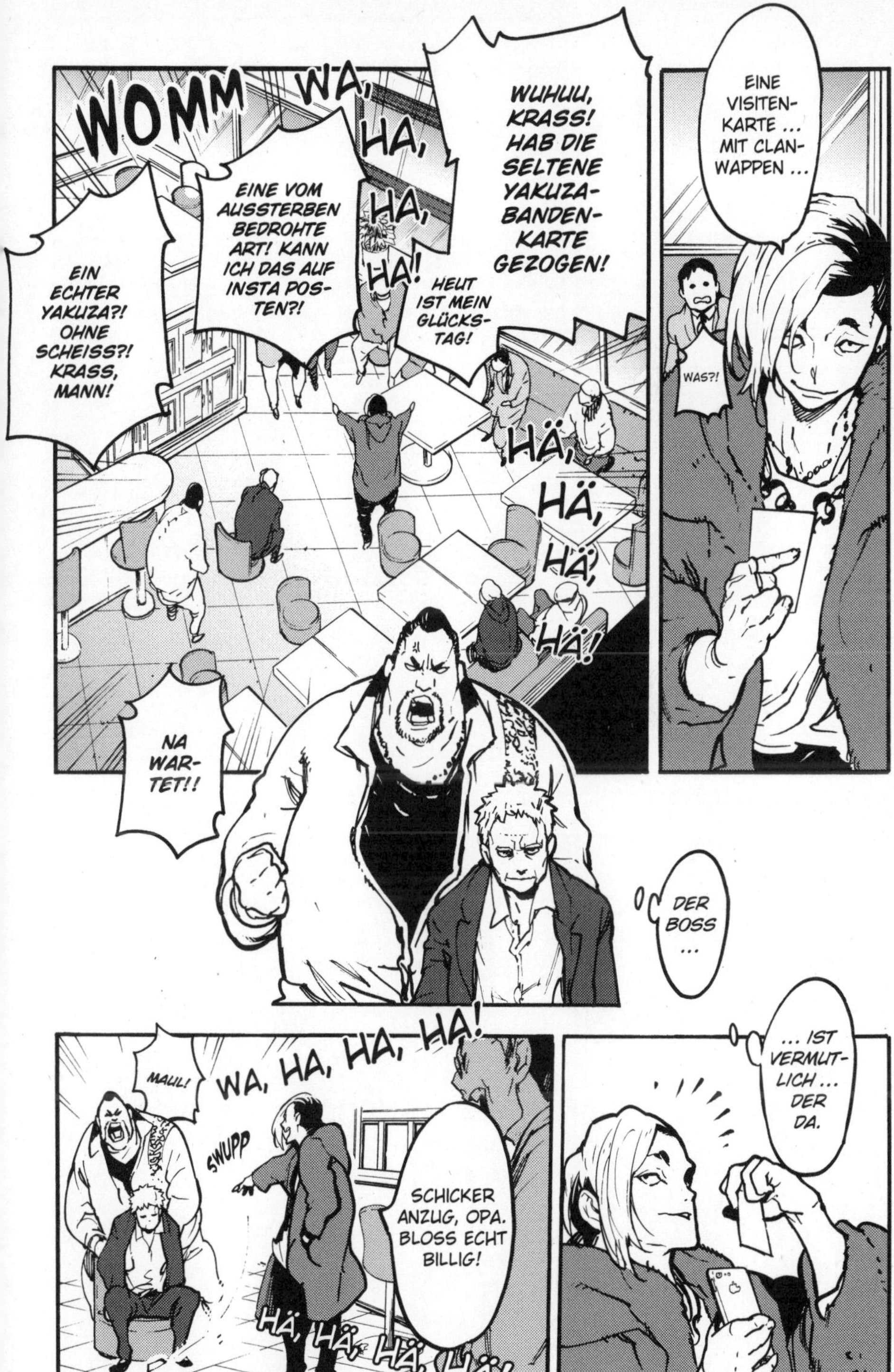
EINE VISITEN-KARTE … MIT CLAN-WAPPEN …
WAS?!
WUHUU, KRASS! HAB DIE SELTENE YAKUZA-BANDEN-KARTE GEZOGEN!
WA, HA, HA, HA!
EINE VOM AUSSTERBEN BEDROHTE ART! KANN ICH DAS AUF INSTA POSTEN?!
WOMM
EIN ECHTER YAKUZA?! OHNE SCHEISS?! KRASS, MANN!
HEUT IST MEIN GLÜCKSTAG!
HÄ, HÄ, HÄ, HÄ!
NA WARTET!!
DER BOSS …
… IST VERMUTLICH … DER DA.
SCHICKER ANZUG, OPA. BLOSS ECHT BILLIG!
WA, HA, HA, HA!
MAUL!
SWUPP
HÄ, HÄ, HÄ, HÄ!

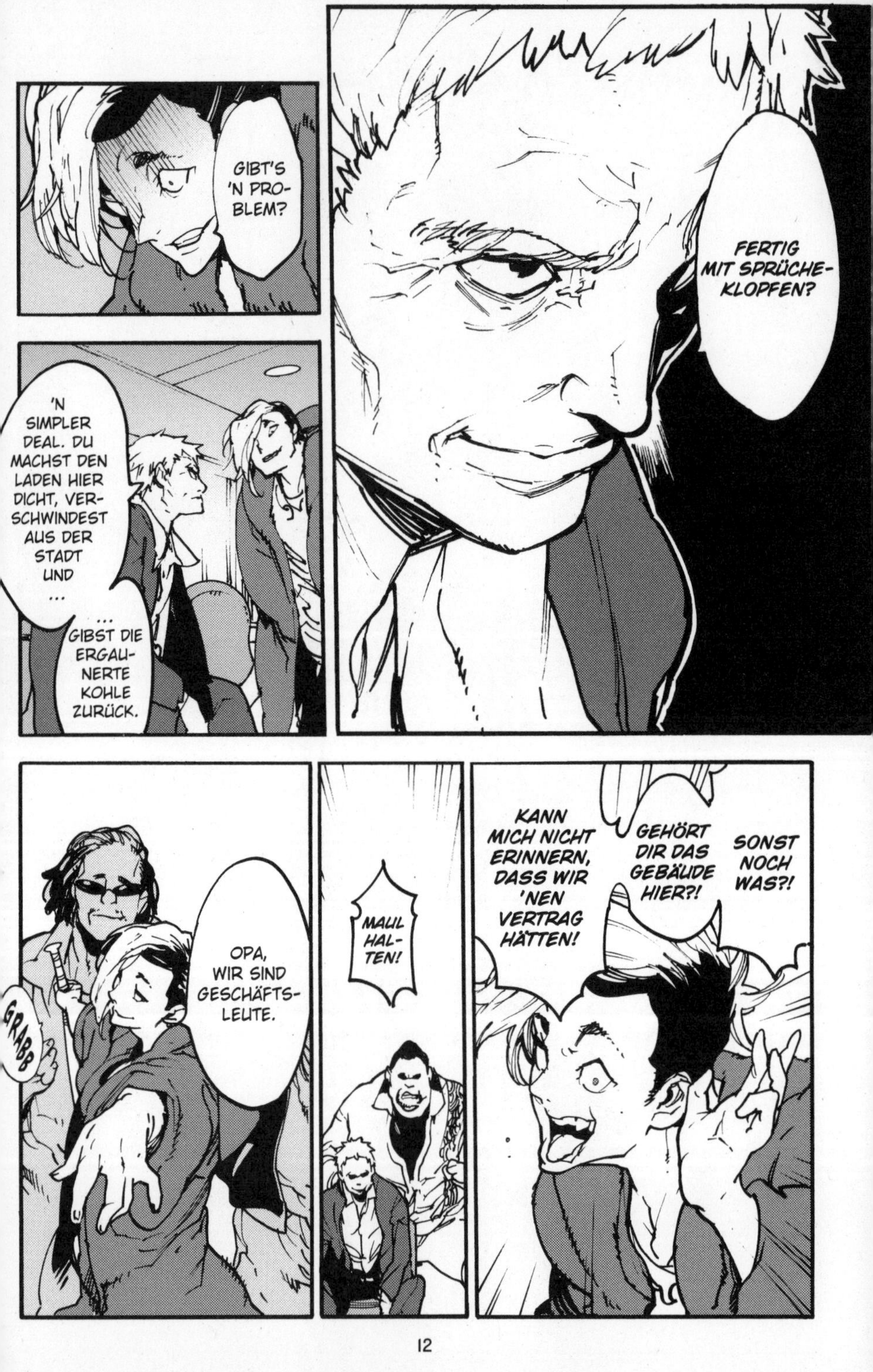
FERTIG MIT SPRÜCHE-KLOPFEN?
GIBT'S 'N PRO-BLEM?
'N SIMPLER DEAL. DU MACHST DEN LADEN HIER DICHT, VER-SCHWINDEST AUS DER STADT UND …
… GIBST DIE ERGAU-NERTE KOHLE ZURÜCK.
SONST NOCH WAS?!
GEHÖRT DIR DAS GEBÄUDE HIER?!
KANN MICH NICHT ERINNERN, DASS WIR 'NEN VERTRAG HÄTTEN!
MAUL HAL-TEN!
OPA, WIR SIND GESCHÄFTS-LEUTE.
GRABB

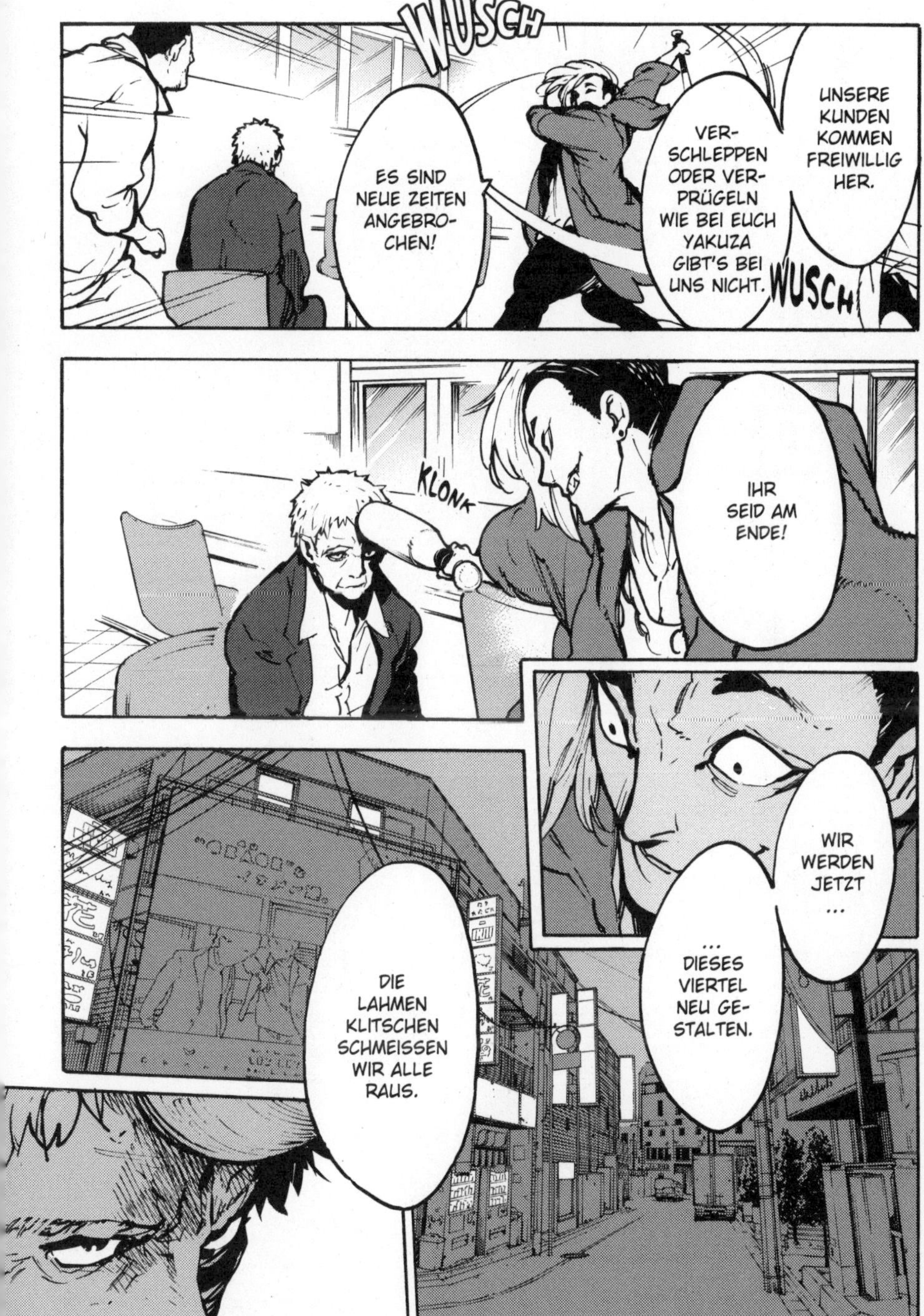
WUSCH
UNSERE KUNDEN KOMMEN FREIWILLIG HER.
VER-SCHLEPPEN ODER VER-PRÜGELN WIE BEI EUCH YAKUZA GIBT'S BEI UNS NICHT.
WUSCH
ES SIND NEUE ZEITEN ANGEBRO-CHEN!
IHR SEID AM ENDE!
KLONK
WIR WERDEN JETZT ...
... DIESES VIERTEL NEU GE-STALTEN.
DIE LAHMEN KLITSCHEN SCHMEISSEN WIR ALLE RAUS.

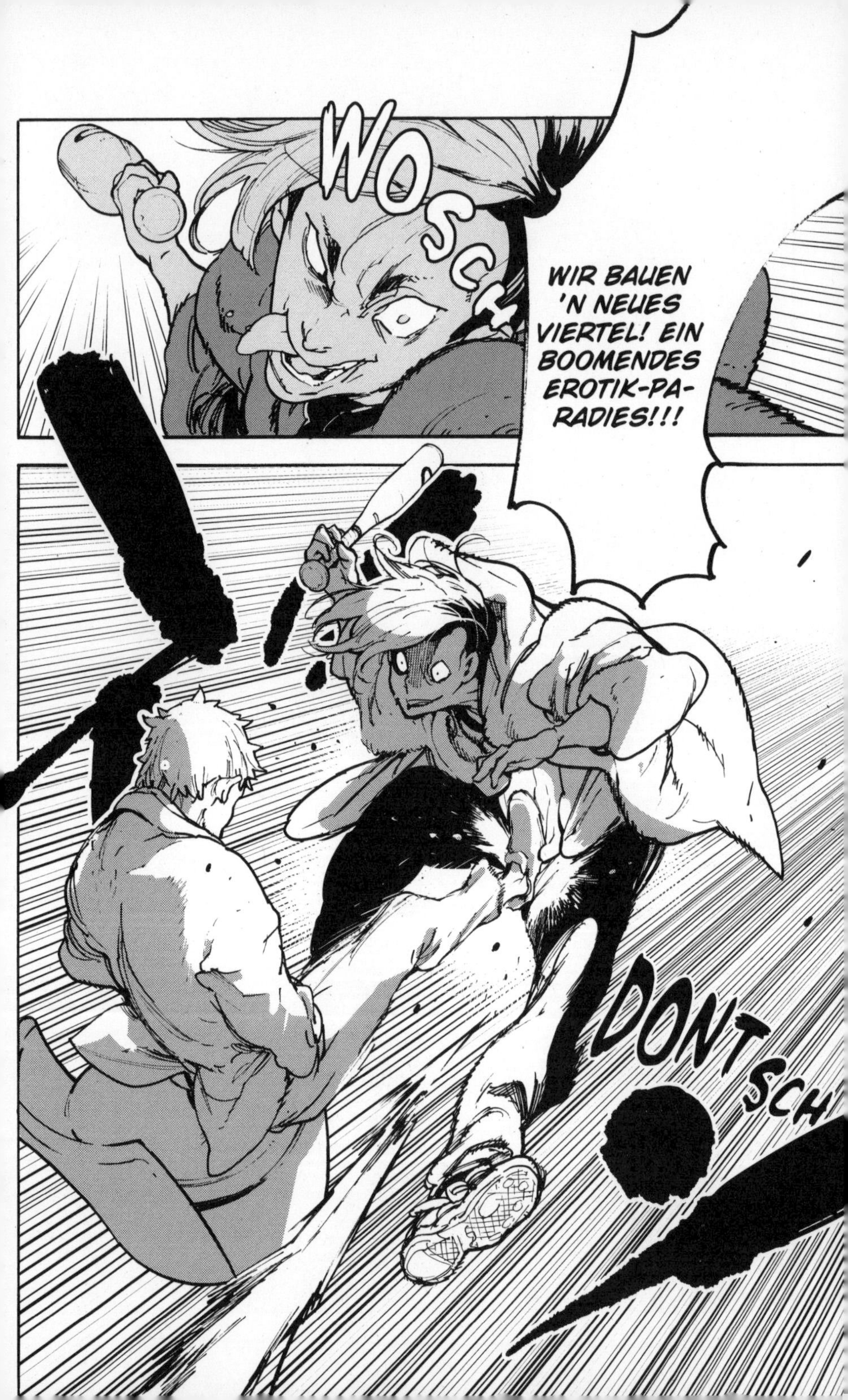
WOSCH
WIR BAUEN 'N NEUES VIERTEL! EIN BOOMENDES EROTIK-PA-RADIES!!!
DONTSCH

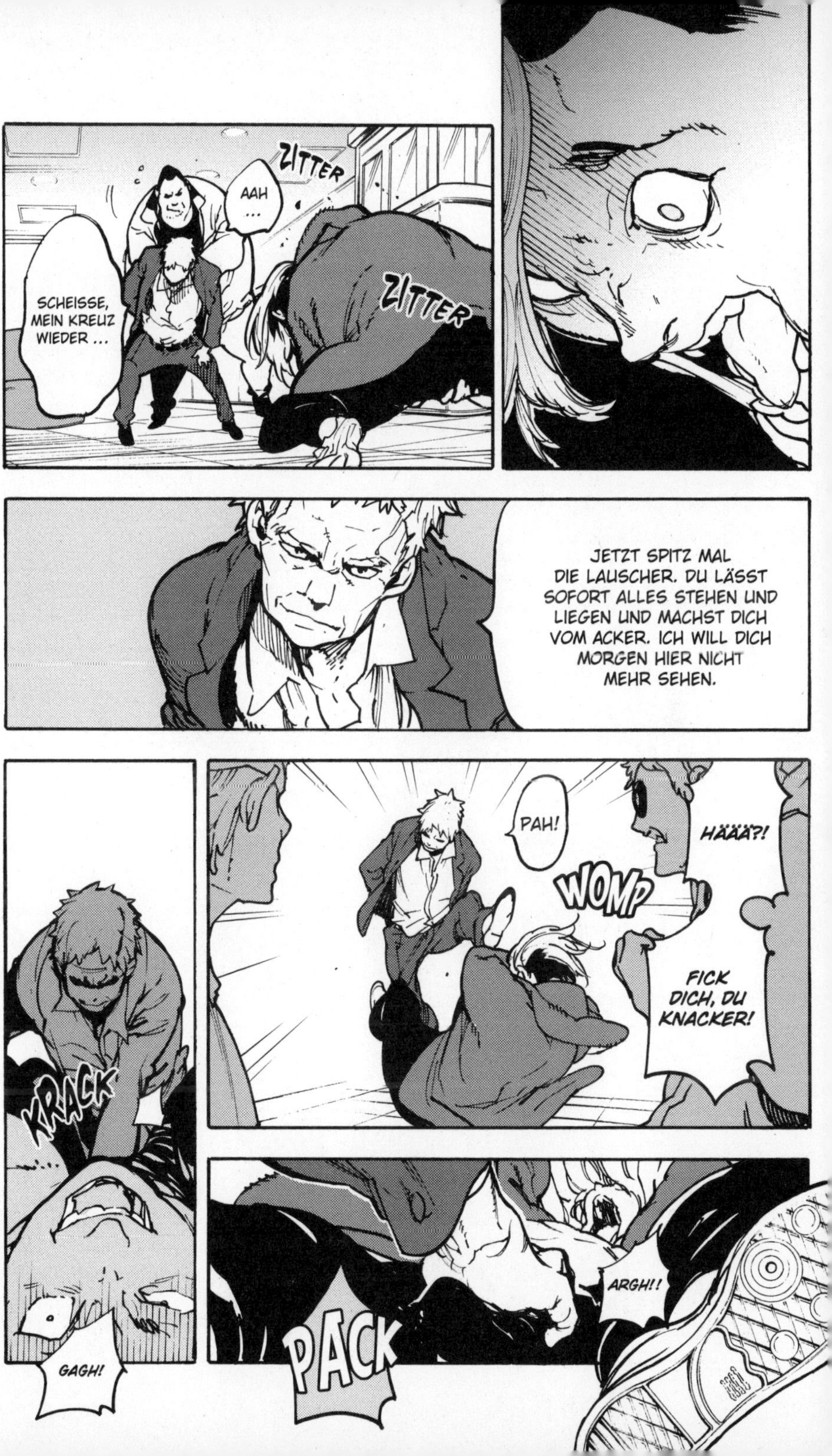
ZITTER
AAH …
ZITTER
SCHEISSE, MEIN KREUZ WIEDER …
JETZT SPITZ MAL DIE LAUSCHER. DU LÄSST SOFORT ALLES STEHEN UND LIEGEN UND MACHST DICH VOM ACKER. ICH WILL DICH MORGEN HIER NICHT MEHR SEHEN.
HÄÄÄ?!
FICK DICH, DU KNACKER!
PAH!
WOMP
KRACK
GAGH!
ARGH!!
PACK

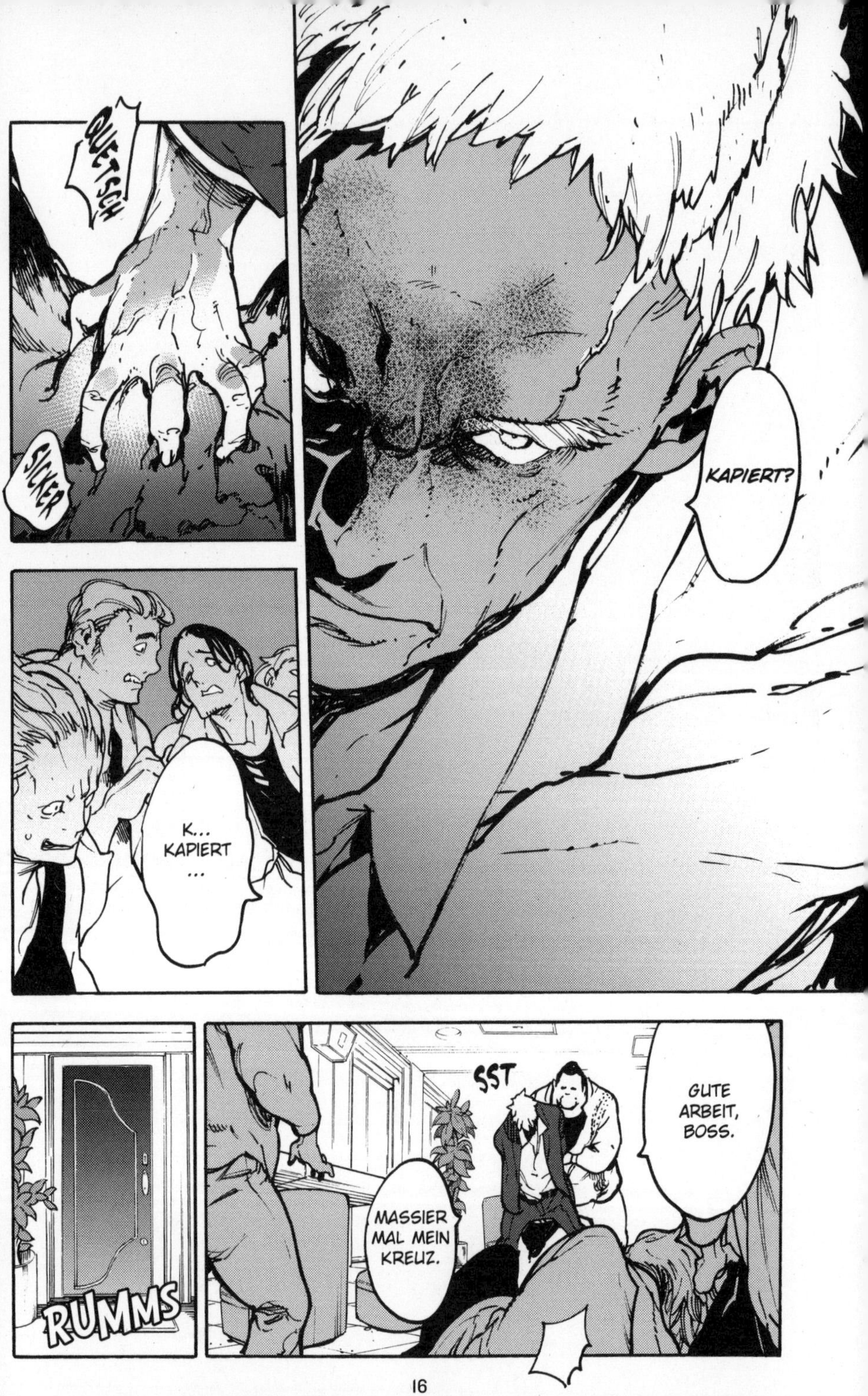
QUETSCH
SICKER
KAPIERT?
K... KAPIERT ...
GUTE ARBEIT, BOSS.
SST
MASSIER MAL MEIN KREUZ.
RUMMS

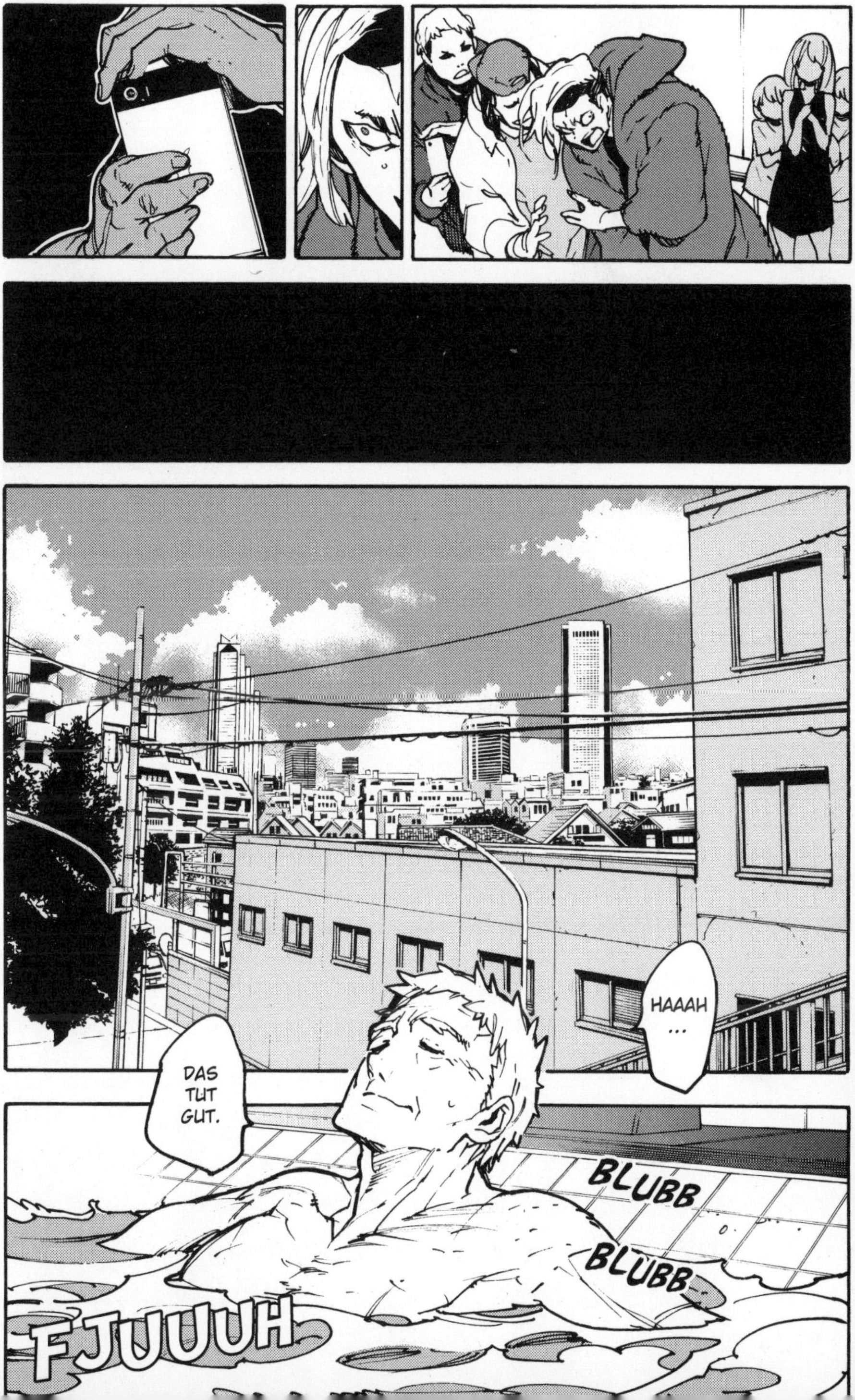
HAAAH ...
DAS TUT GUT.
BLUBB
BLUBB
FJUUUH

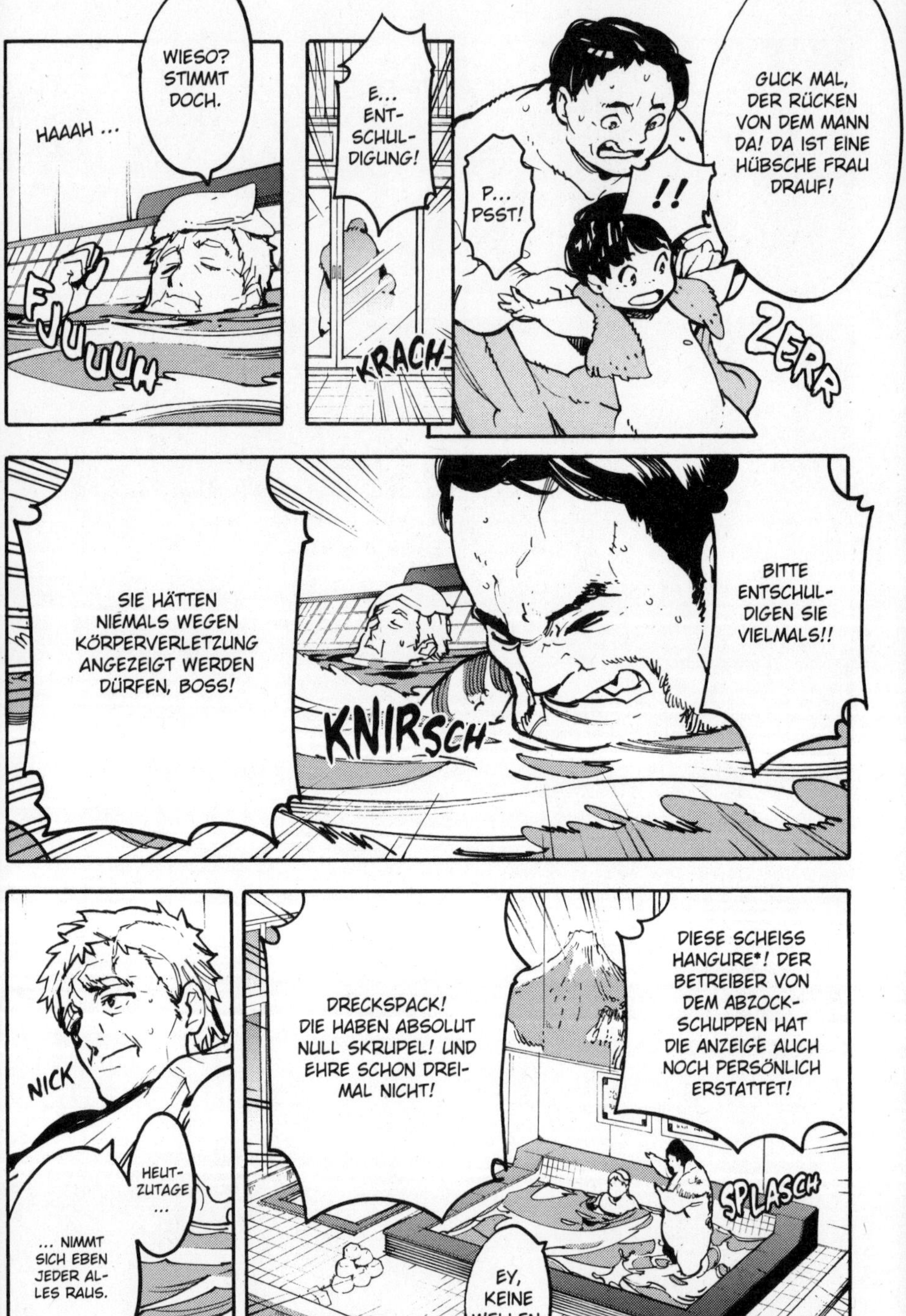

* WÖRTLICH „HALB AUF ABWEGE GERATEN"; LOSE ORGANISIERTE KRIMINELLE BANDEN, DIE SICH ALS GEGENENTWURF ZU DEN YAKUZA VERSTEHEN

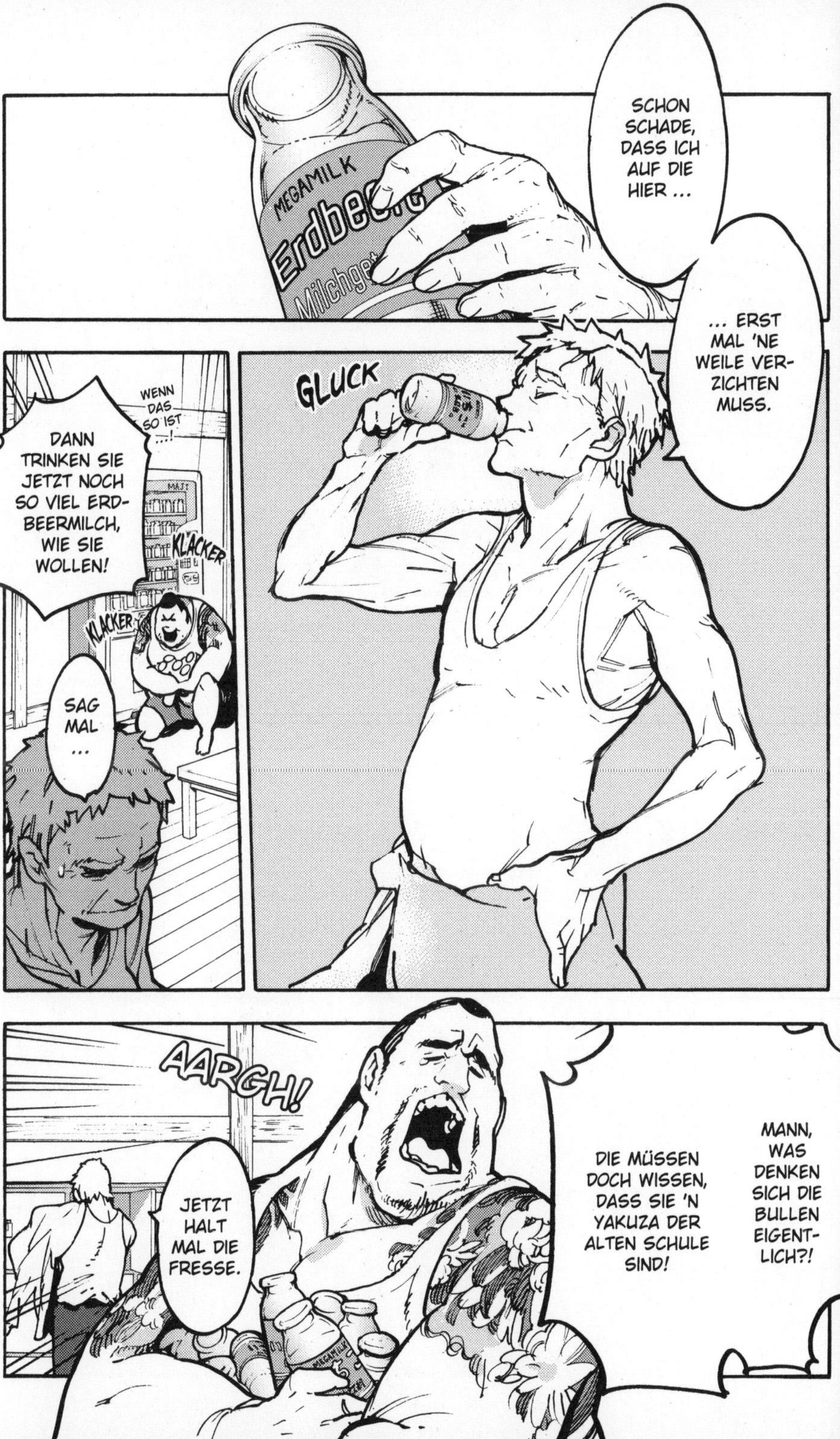

SCHON SCHADE, DASS ICH AUF DIE HIER …
MEGAMILK Erdbeere Milchge
… ERST MAL 'NE WEILE VERZICHTEN MUSS.
GLUCK
WENN DAS SO IST …!
DANN TRINKEN SIE JETZT NOCH SO VIEL ERDBEERMILCH, WIE SIE WOLLEN!
KLACKER
KLACKER
SAG MAL …
MANN, WAS DENKEN SICH DIE BULLEN EIGENTLICH?!
DIE MÜSSEN DOCH WISSEN, DASS SIE 'N YAKUZA DER ALTEN SCHULE SIND!
AARGH!
JETZT HALT MAL DIE FRESSE.

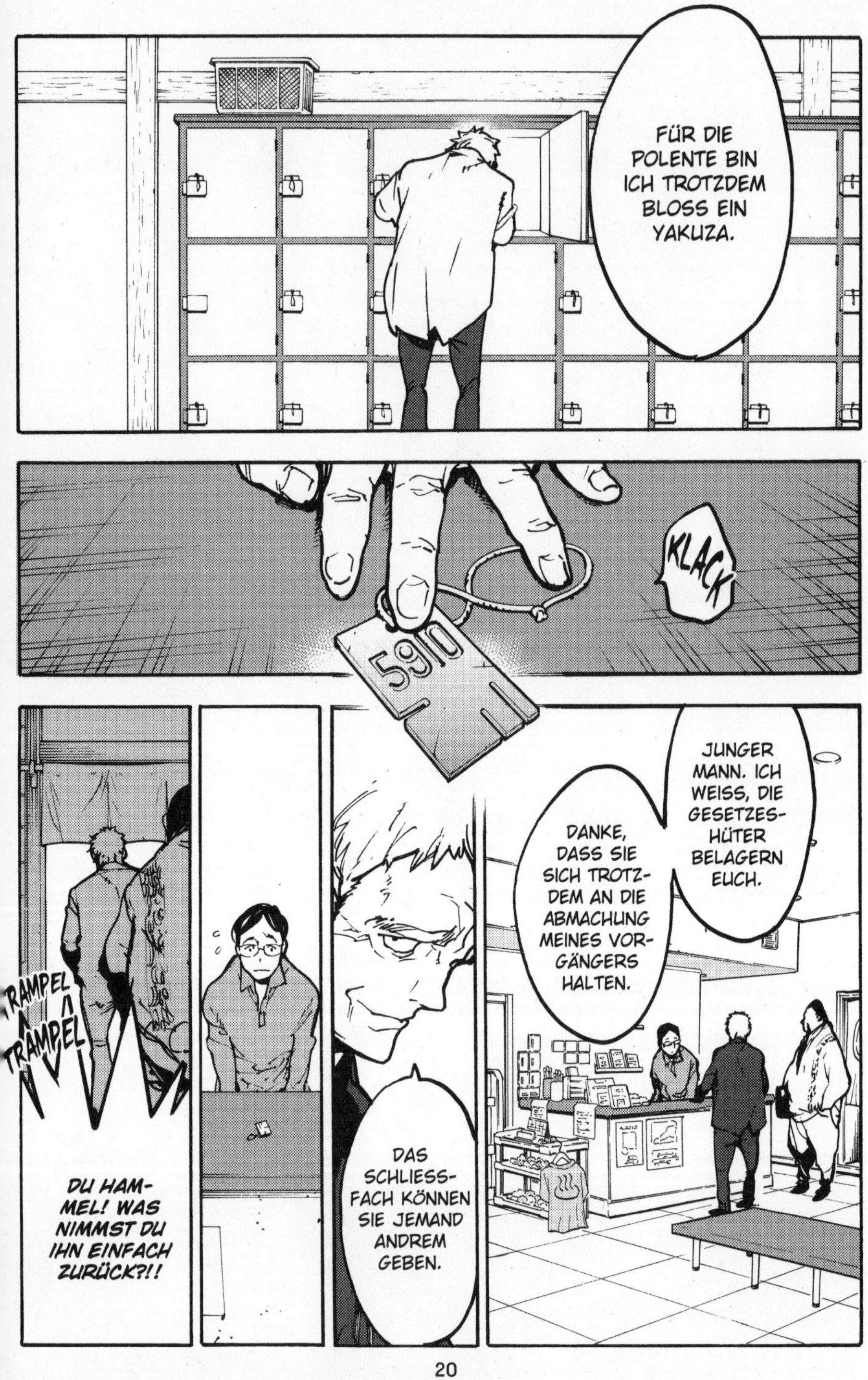
FÜR DIE POLENTE BIN ICH TROTZDEM BLOSS EIN YAKUZA.
KLACK
5910
JUNGER MANN. ICH WEISS, DIE GESETZES-HÜTER BELAGERN EUCH.
DANKE, DASS SIE SICH TROTZ-DEM AN DIE ABMACHUNG MEINES VOR-GÄNGERS HALTEN.
DAS SCHLIESS-FACH KÖNNEN SIE JEMAND ANDREM GEBEN.
TRAMPEL
TRAMPEL
DU HAM-MEL! WAS NIMMST DU IHN EINFACH ZURÜCK?!!

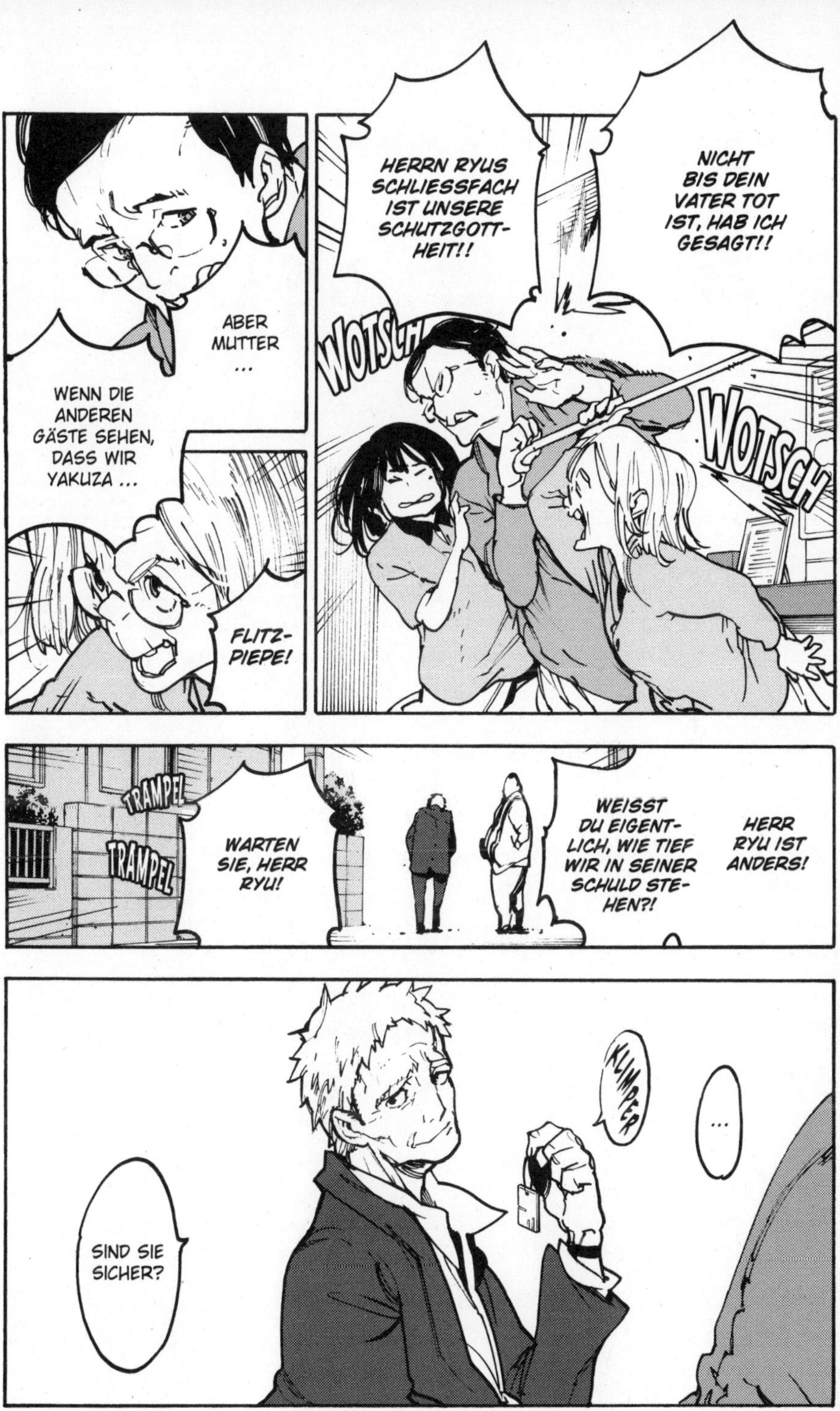
NICHT BIS DEIN VATER TOT IST, HAB ICH GESAGT!!
HERRN RYUS SCHLIESSFACH IST UNSERE SCHUTZGOTT-HEIT!!
WOTSCH
WOTSCH
ABER MUTTER ...
WENN DIE ANDEREN GÄSTE SEHEN, DASS WIR YAKUZA ...
FLITZ-PIEPE!
HERR RYU IST ANDERS!
WEISST DU EIGENT-LICH, WIE TIEF WIR IN SEINER SCHULD STE-HEN?!
WARTEN SIE, HERR RYU!
TRAMPEL
TRAMPEL
...
KLIMPER
SIND SIE SICHER?

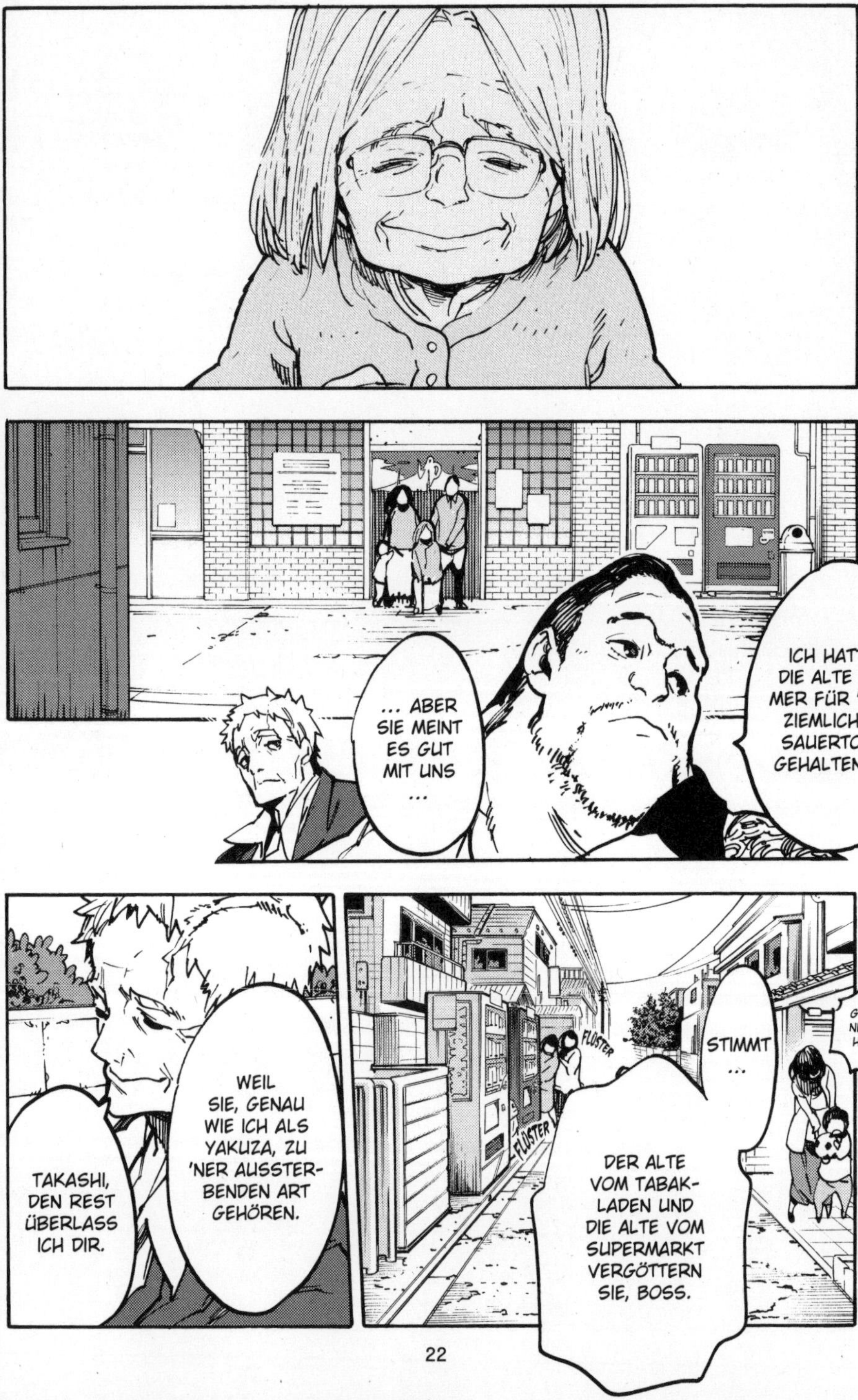
ICH HATTE DIE ALTE IMMER FÜR 'NEN ZIEMLICHEN SAUERTOPF GEHALTEN ...
... ABER SIE MEINT ES GUT MIT UNS ...
GUCK NICHT HIN!
FLÜSTER
FLÜSTER
DER ALTE VOM TABAKLADEN UND DIE ALTE VOM SUPERMARKT VERGÖTTERN SIE, BOSS.
STIMMT ...
WEIL SIE, GENAU WIE ICH ALS YAKUZA, ZU 'NER AUSSTERBENDEN ART GEHÖREN.
TAKASHI, DEN REST ÜBERLASS ICH DIR.

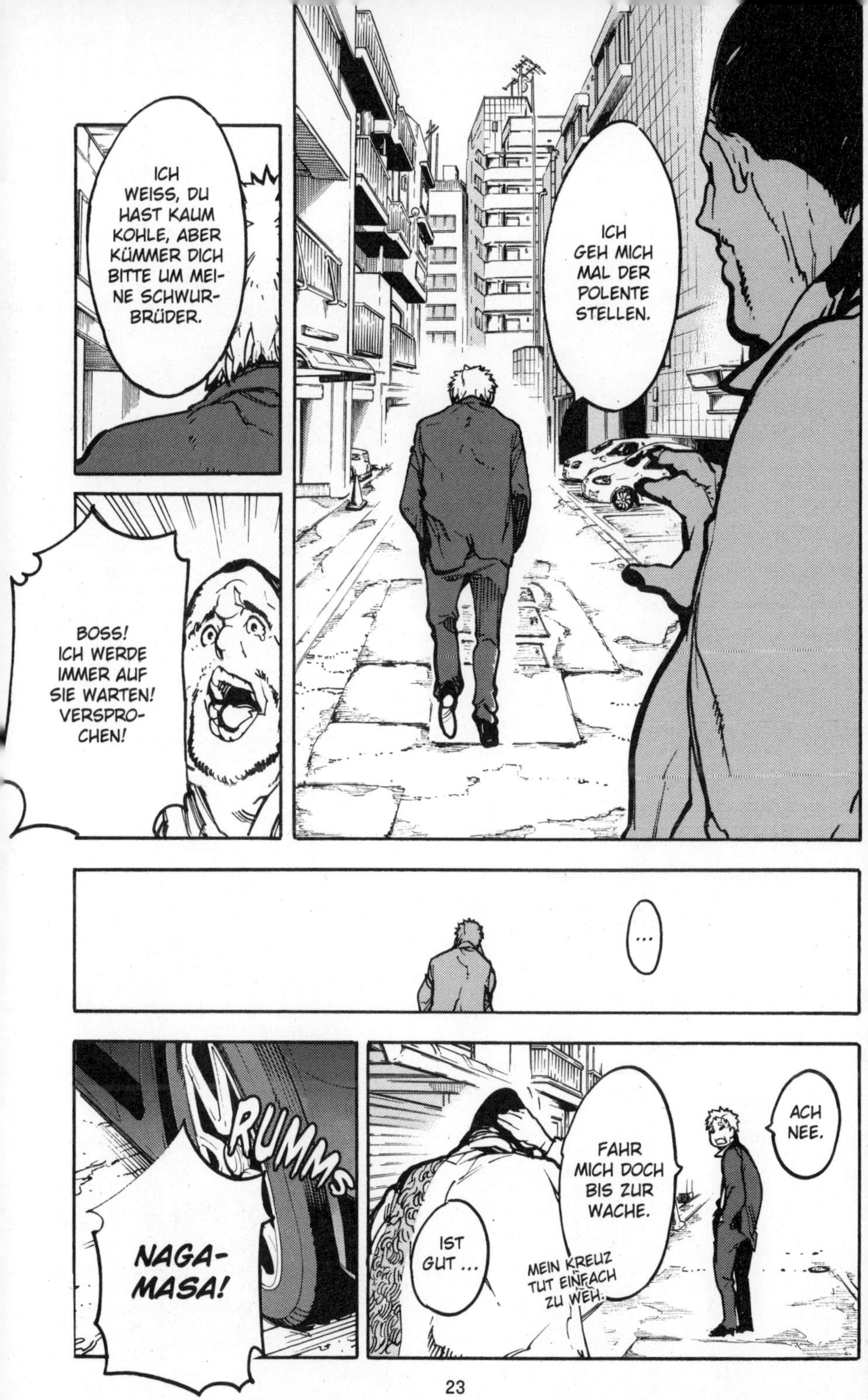
ICH GEH MICH MAL DER POLENTE STELLEN.
ICH WEISS, DU HAST KAUM KOHLE, ABER KÜMMER DICH BITTE UM MEINE SCHWURBRÜDER.
BOSS! ICH WERDE IMMER AUF SIE WARTEN! VERSPROCHEN!
...
ACH NEE.
FAHR MICH DOCH BIS ZUR WACHE.
MEIN KREUZ TUT EINFACH ZU WEH.
IST GUT ...
RUMMS
NAGA-MASA!

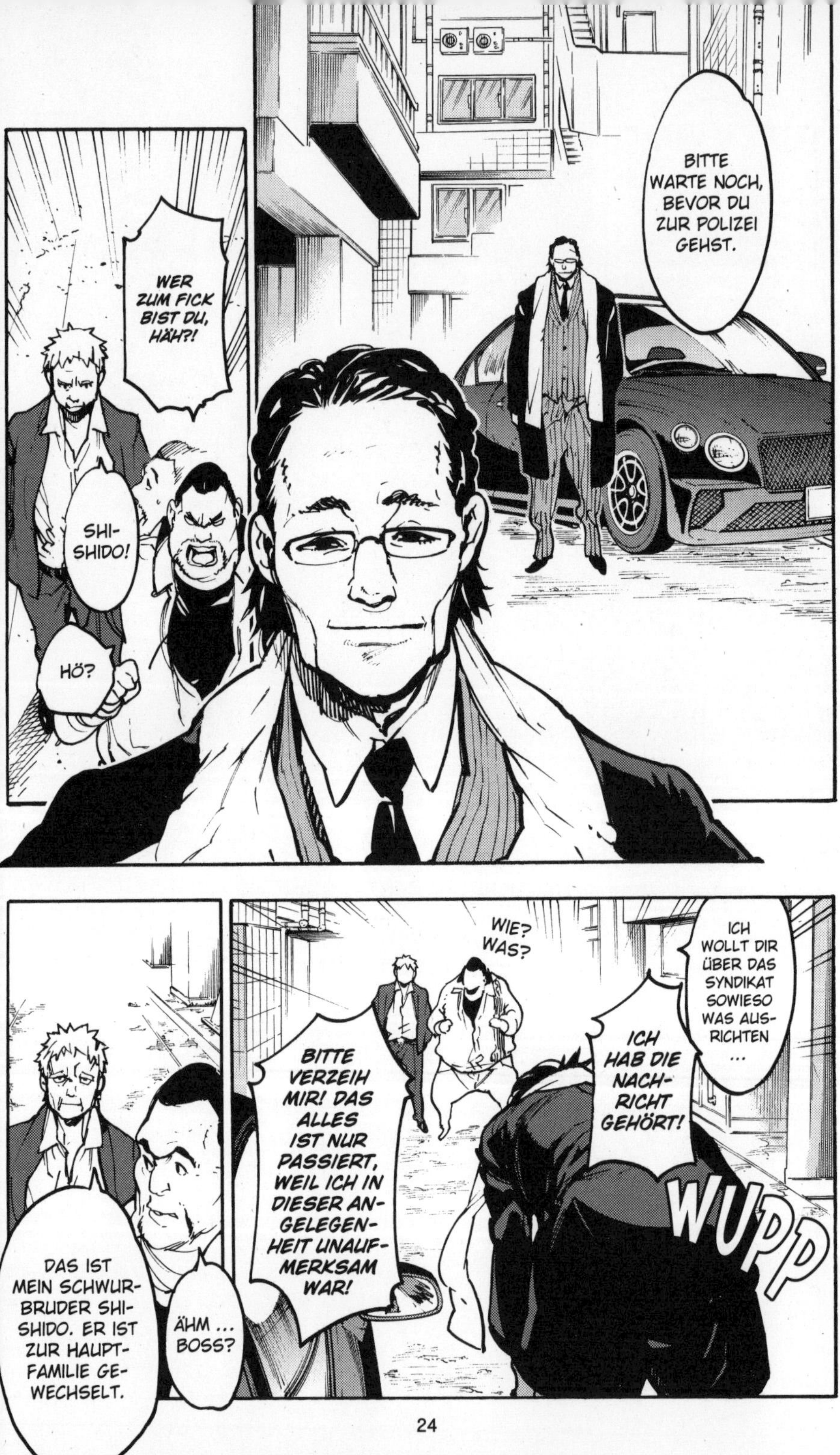
BITTE WARTE NOCH, BEVOR DU ZUR POLIZEI GEHST.
WER ZUM FICK BIST DU, HÄH?!
SHISHIDO!
HÖ?
ICH WOLLT DIR ÜBER DAS SYNDIKAT SOWIESO WAS AUSRICHTEN …
WIE? WAS?
ICH HAB DIE NACHRICHT GEHÖRT!
WUPP
BITTE VERZEIH MIR! DAS ALLES IST NUR PASSIERT, WEIL ICH IN DIESER ANGELEGENHEIT UNAUFMERKSAM WAR!
ÄHM … BOSS?
DAS IST MEIN SCHWURBRUDER SHISHIDO. ER IST ZUR HAUPTFAMILIE GEWECHSELT.

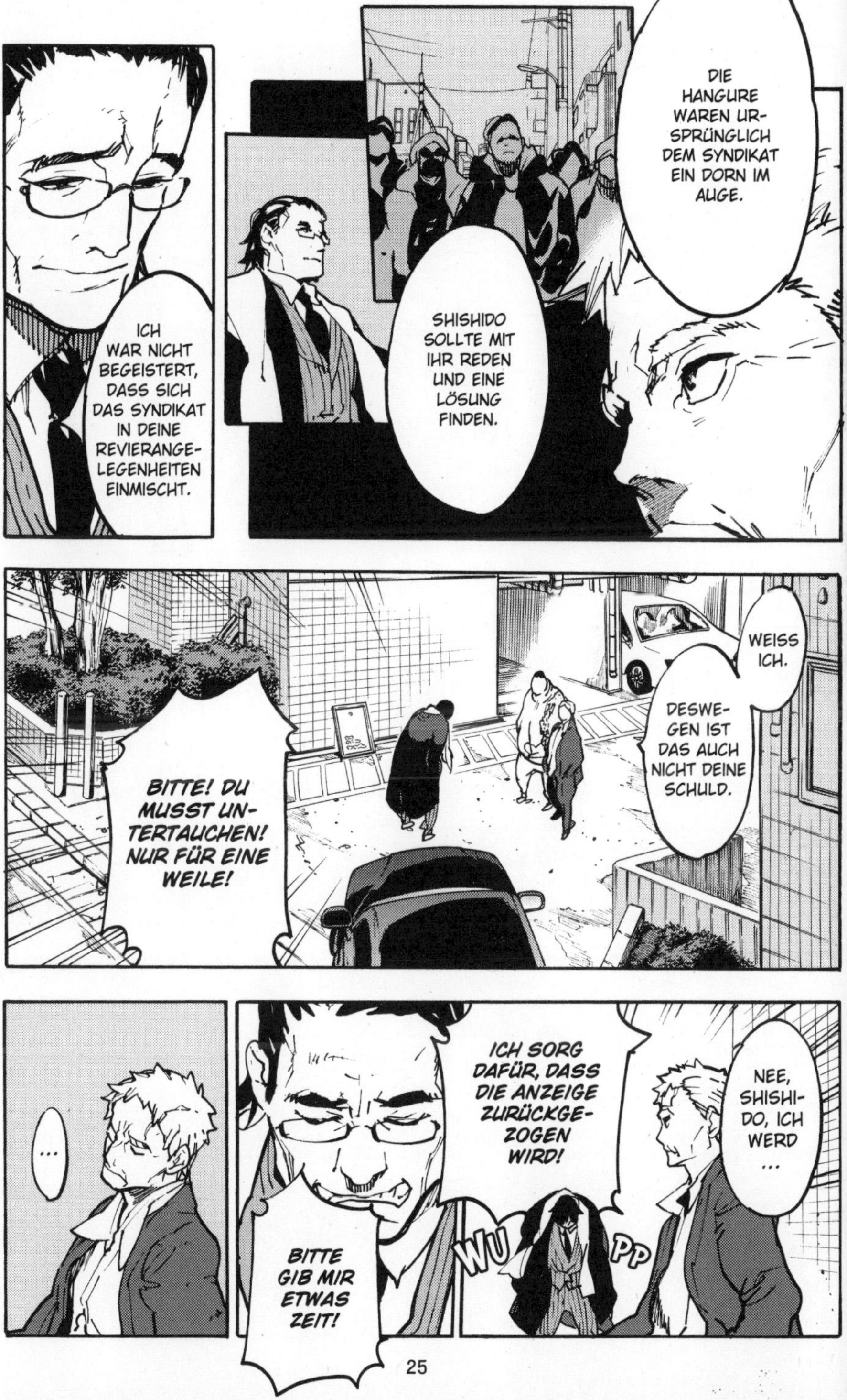
DIE HANGURE WAREN URSPRÜNGLICH DEM SYNDIKAT EIN DORN IM AUGE.
SHISHIDO SOLLTE MIT IHR REDEN UND EINE LÖSUNG FINDEN.
ICH WAR NICHT BEGEISTERT, DASS SICH DAS SYNDIKAT IN DEINE REVIERANGELEGENHEITEN EINMISCHT.
WEISS ICH.
DESWEGEN IST DAS AUCH NICHT DEINE SCHULD.
BITTE! DU MUSST UNTERTAUCHEN! NUR FÜR EINE WEILE!
NEE, SHISHIDO, ICH WERD ...
WUPP
ICH SORG DAFÜR, DASS DIE ANZEIGE ZURÜCKGEZOGEN WIRD!
BITTE GIB MIR ETWAS ZEIT!
...

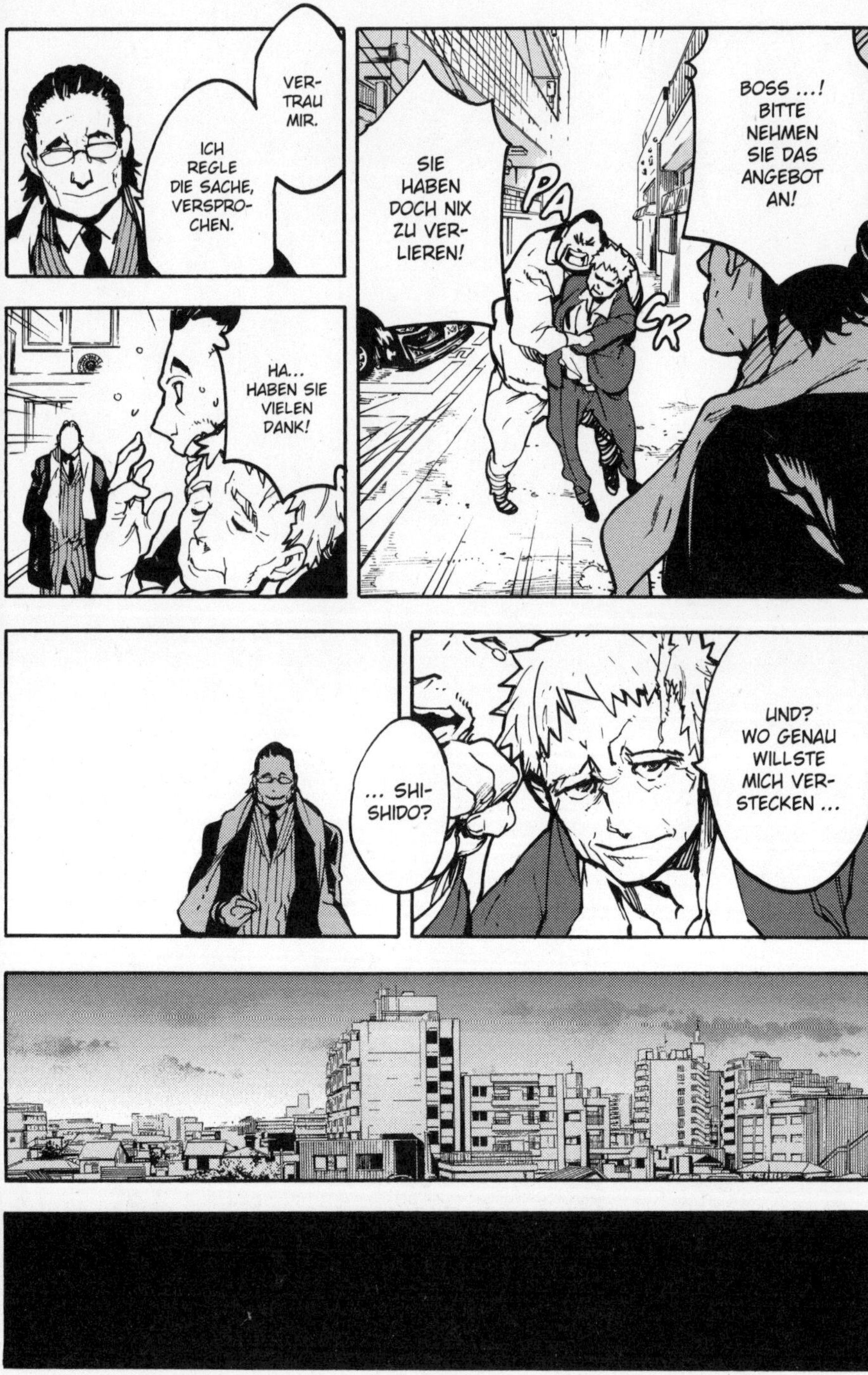
BOSS ...! BITTE NEHMEN SIE DAS ANGEBOT AN!
SIE HABEN DOCH NIX ZU VER-LIEREN!
PACK
VER-TRAU MIR.
ICH REGLE DIE SACHE, VERSPRO-CHEN.
HA... HABEN SIE VIELEN DANK!
UND? WO GENAU WILLSTE MICH VER-STECKEN ...
... SHI-SHIDO?

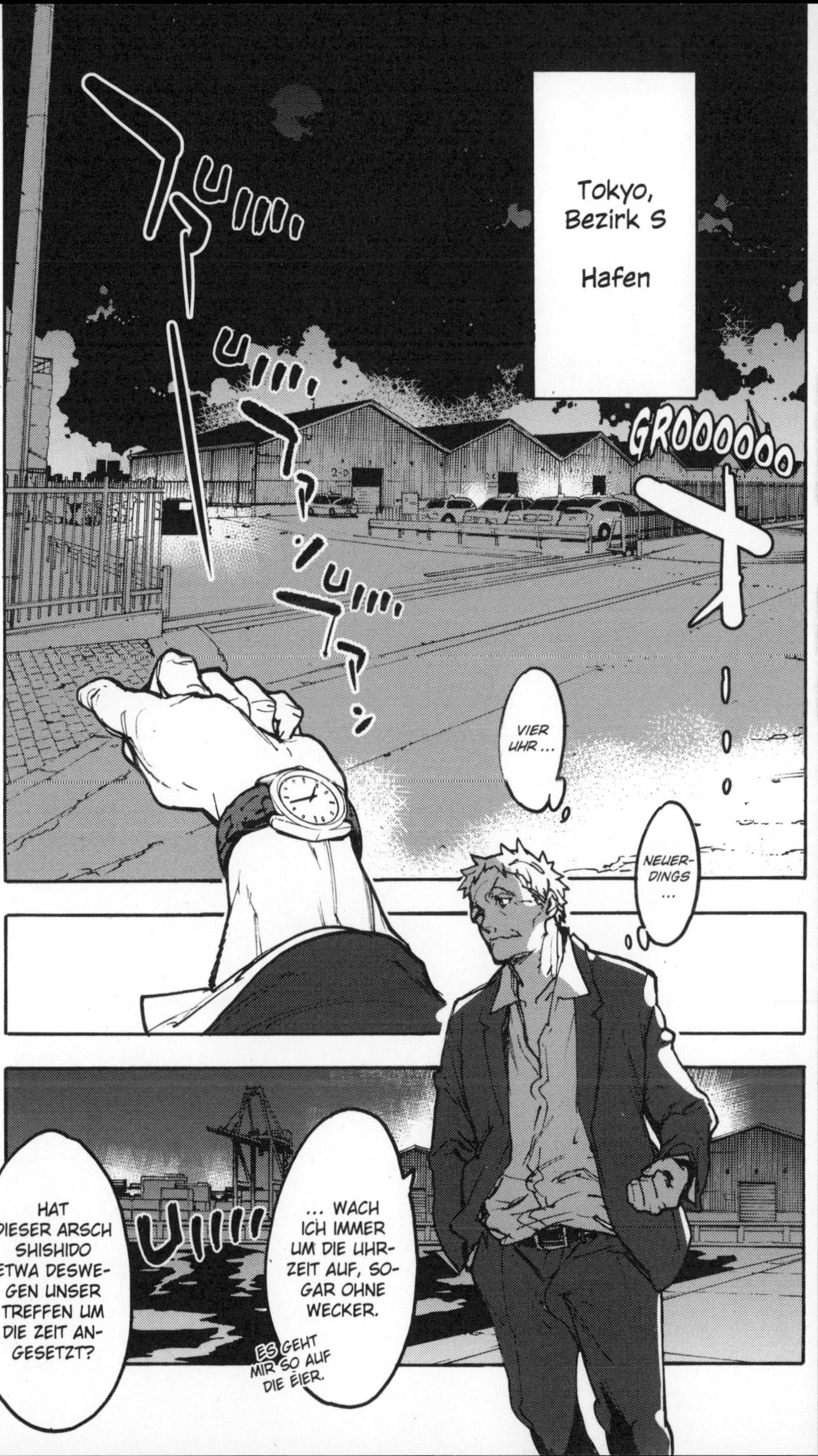
Tokyo, Bezirk S
Hafen
GROOOOOO
VIER UHR …
NEUERDINGS …
… WACH ICH IMMER UM DIE UHRZEIT AUF, SOGAR OHNE WECKER.
HAT DIESER ARSCH SHISHIDO ETWA DESWEGEN UNSER TREFFEN UM DIE ZEIT ANGESETZT?
ES GEHT MIR SO AUF DIE EIER.

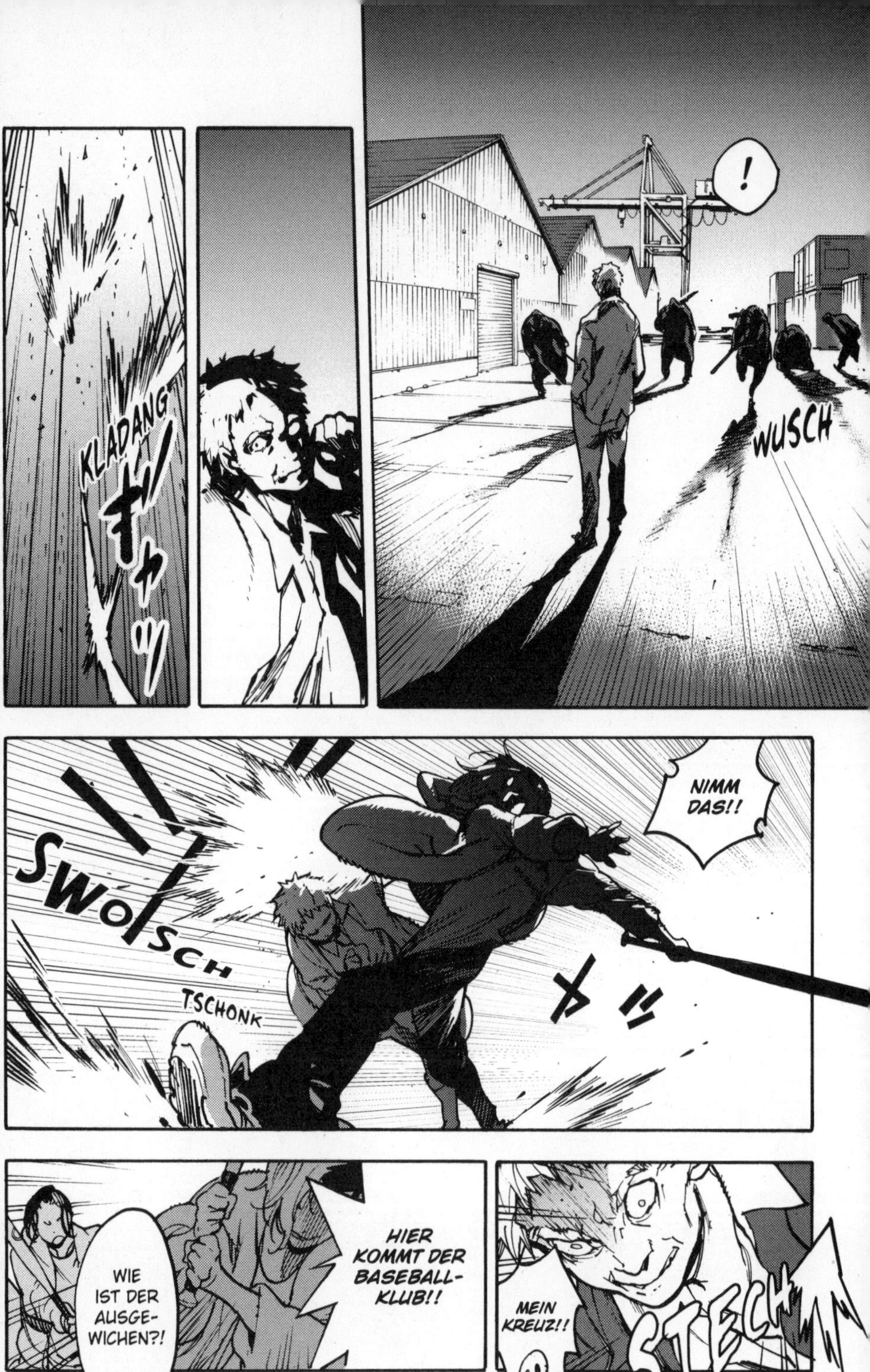
!
WUSCH
KLADANG
NIMM DAS!!
SWOSCH
TSCHONK
MEIN KREUZ!!
STECH
HIER KOMMT DER BASEBALL-KLUB!!
WIE IST DER AUSGE-WICHEN?!

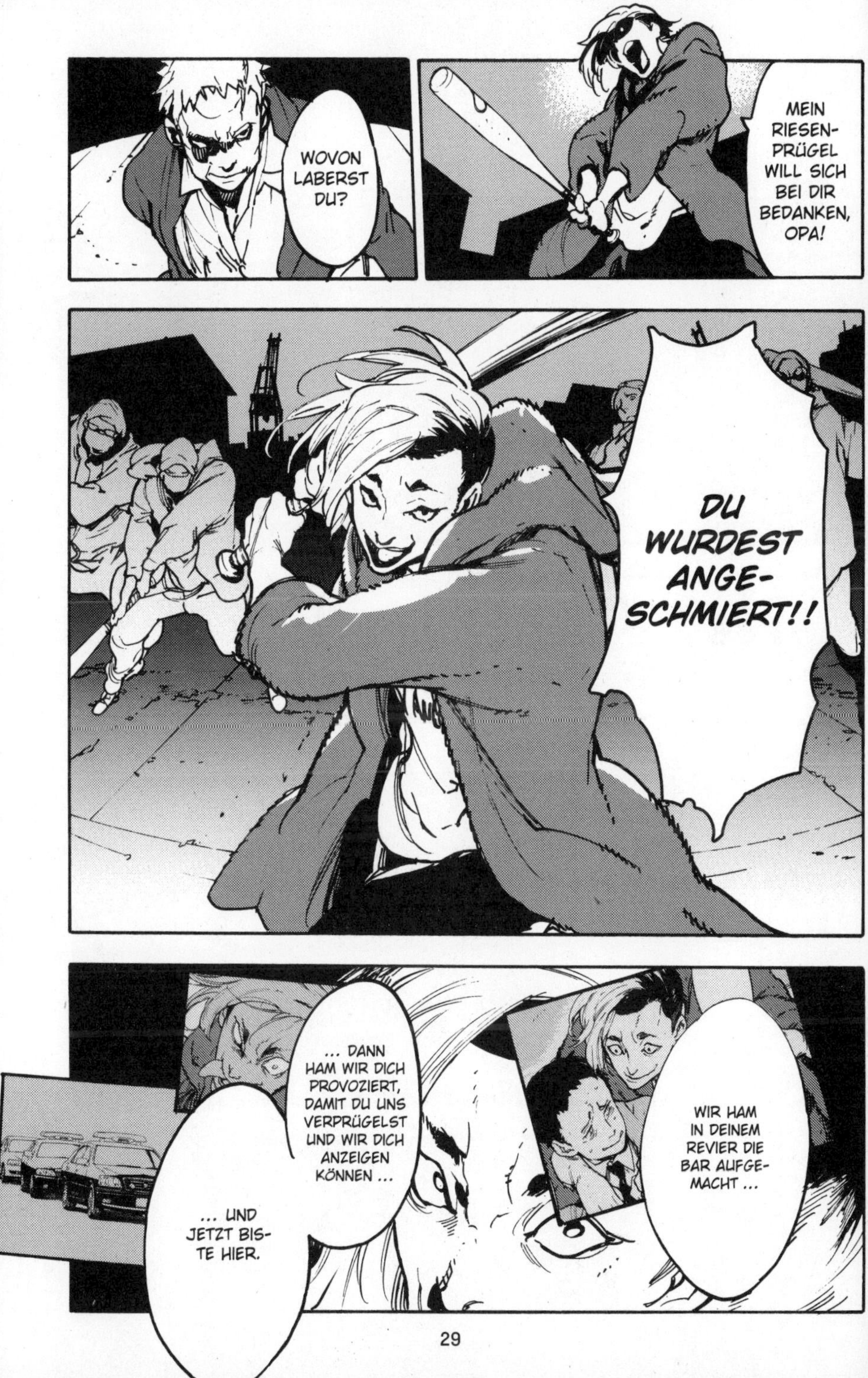
MEIN RIESEN-PRÜGEL WILL SICH BEI DIR BEDANKEN, OPA!
WOVON LABERST DU?
DU WURDEST ANGE-SCHMIERT!!
WIR HAM IN DEINEM REVIER DIE BAR AUFGE-MACHT …
… DANN HAM WIR DICH PROVOZIERT, DAMIT DU UNS VERPRÜGELST UND WIR DICH ANZEIGEN KÖNNEN …
… UND JETZT BIS-TE HIER.

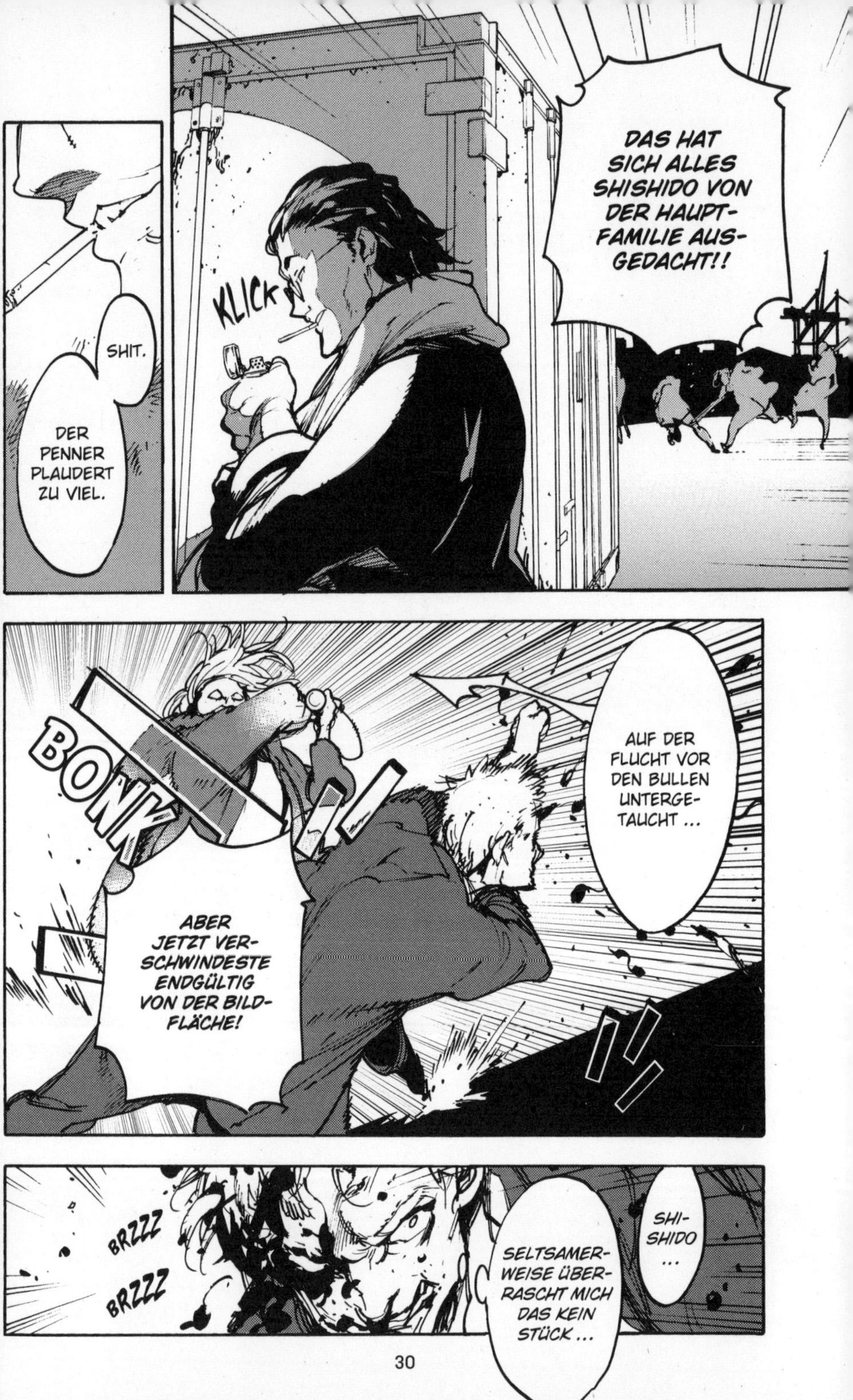
DAS HAT SICH ALLES SHISHIDO VON DER HAUPT-FAMILIE AUS-GEDACHT!!
KLICK
SHIT.
DER PENNER PLAUDERT ZU VIEL.
AUF DER FLUCHT VOR DEN BULLEN UNTERGE-TAUCHT …
BONK
ABER JETZT VER-SCHWINDESTE ENDGÜLTIG VON DER BILD-FLÄCHE!
SHI-SHIDO …
SELTSAMER-WEISE ÜBER-RASCHT MICH DAS KEIN STÜCK …
BRZZZ
BRZZZ

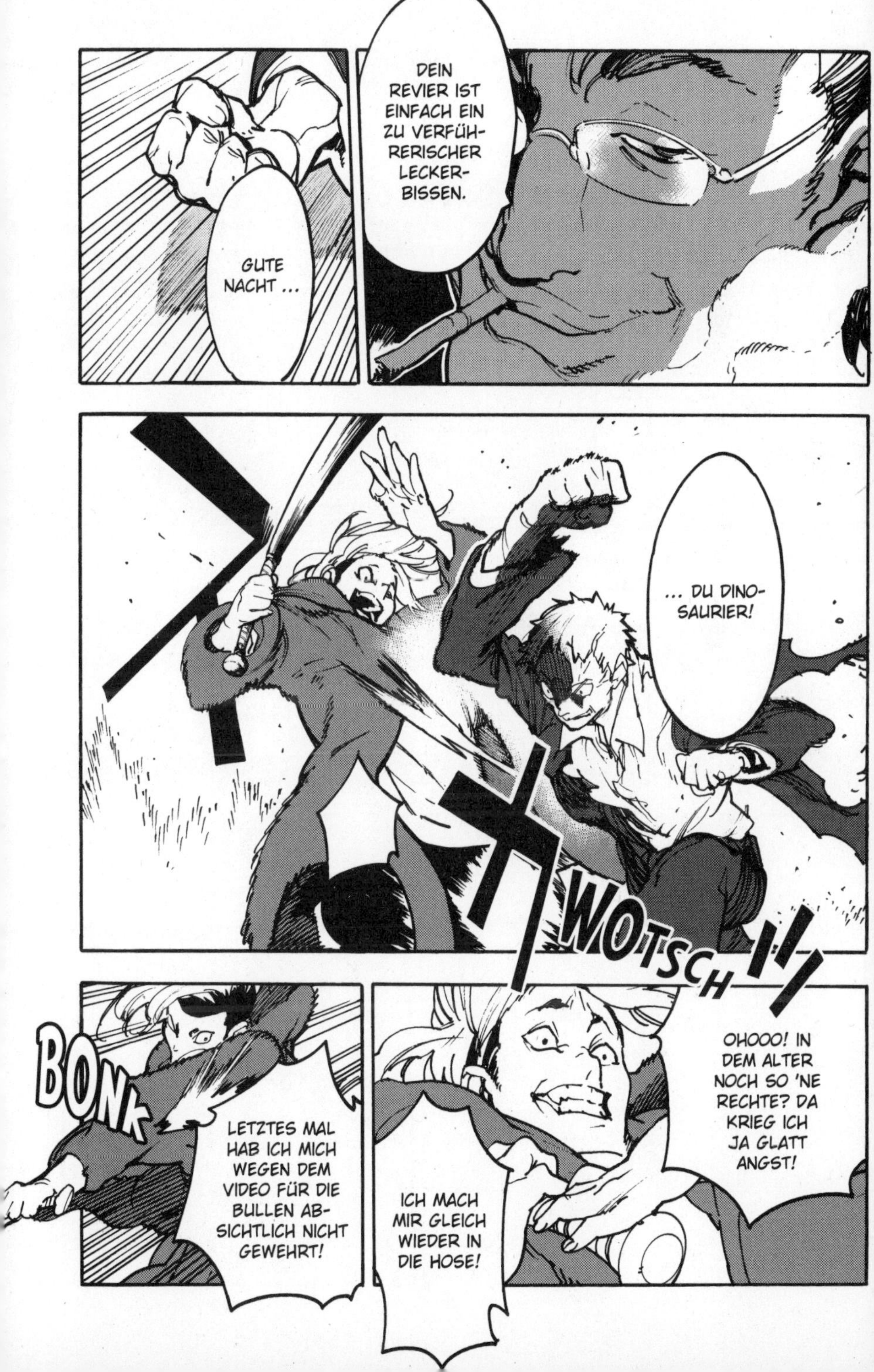
DEIN REVIER IST EINFACH EIN ZU VERFÜHRERISCHER LECKERBISSEN.
GUTE NACHT …
… DU DINOSAURIER!
WOTSCH!!
OHOOO! IN DEM ALTER NOCH SO 'NE RECHTE? DA KRIEG ICH JA GLATT ANGST!
ICH MACH MIR GLEICH WIEDER IN DIE HOSE!
BONK
LETZTES MAL HAB ICH MICH WEGEN DEM VIDEO FÜR DIE BULLEN ABSICHTLICH NICHT GEWEHRT!

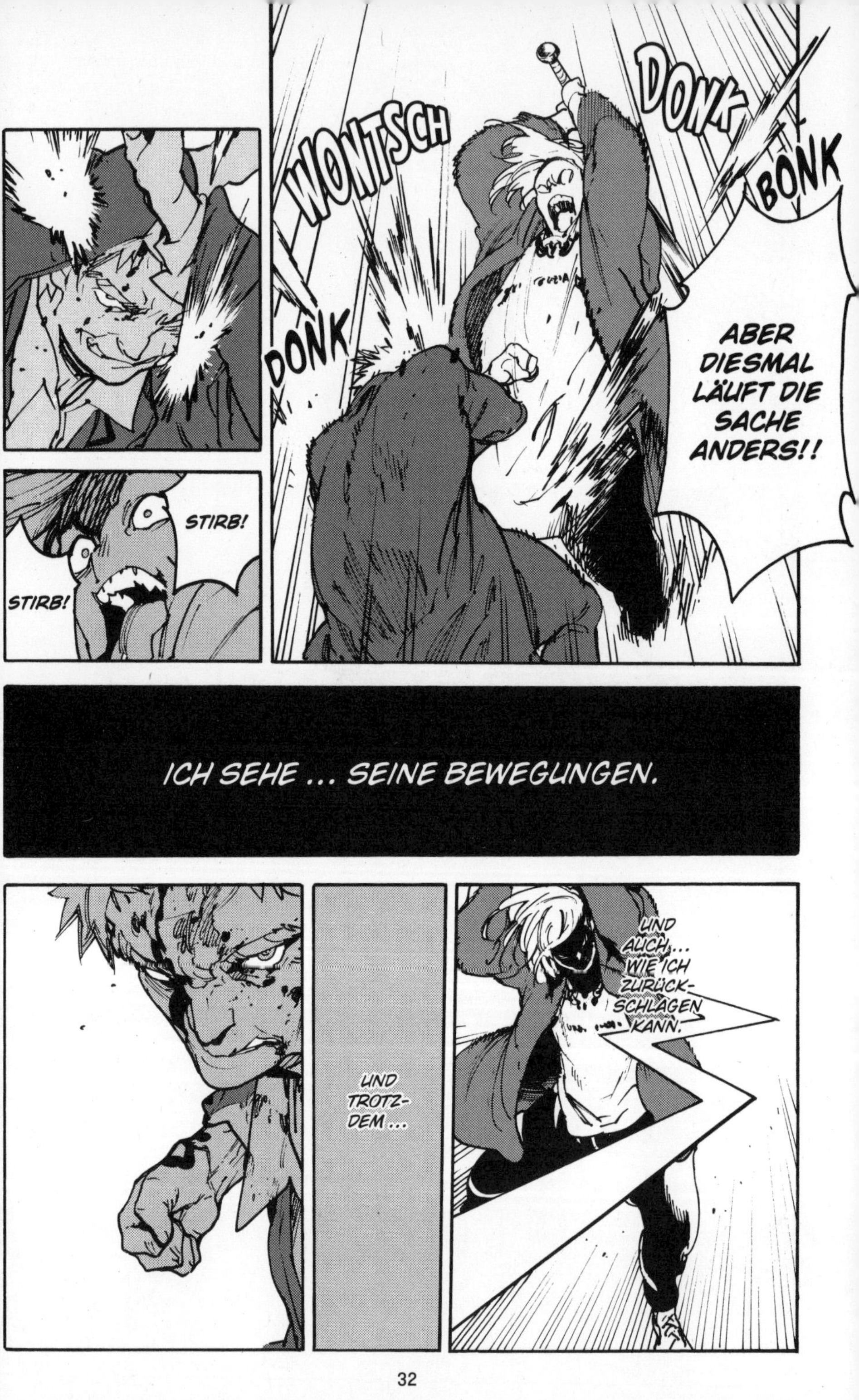
DONK
BONK
WONTSCH
DONK
ABER DIESMAL LÄUFT DIE SACHE ANDERS!!
STIRB!
STIRB!
ICH SEHE ... SEINE BEWEGUNGEN.
UND AUCH ... WIE ICH ZURÜCK-SCHLAGEN KANN.
UND TROTZ-DEM ...

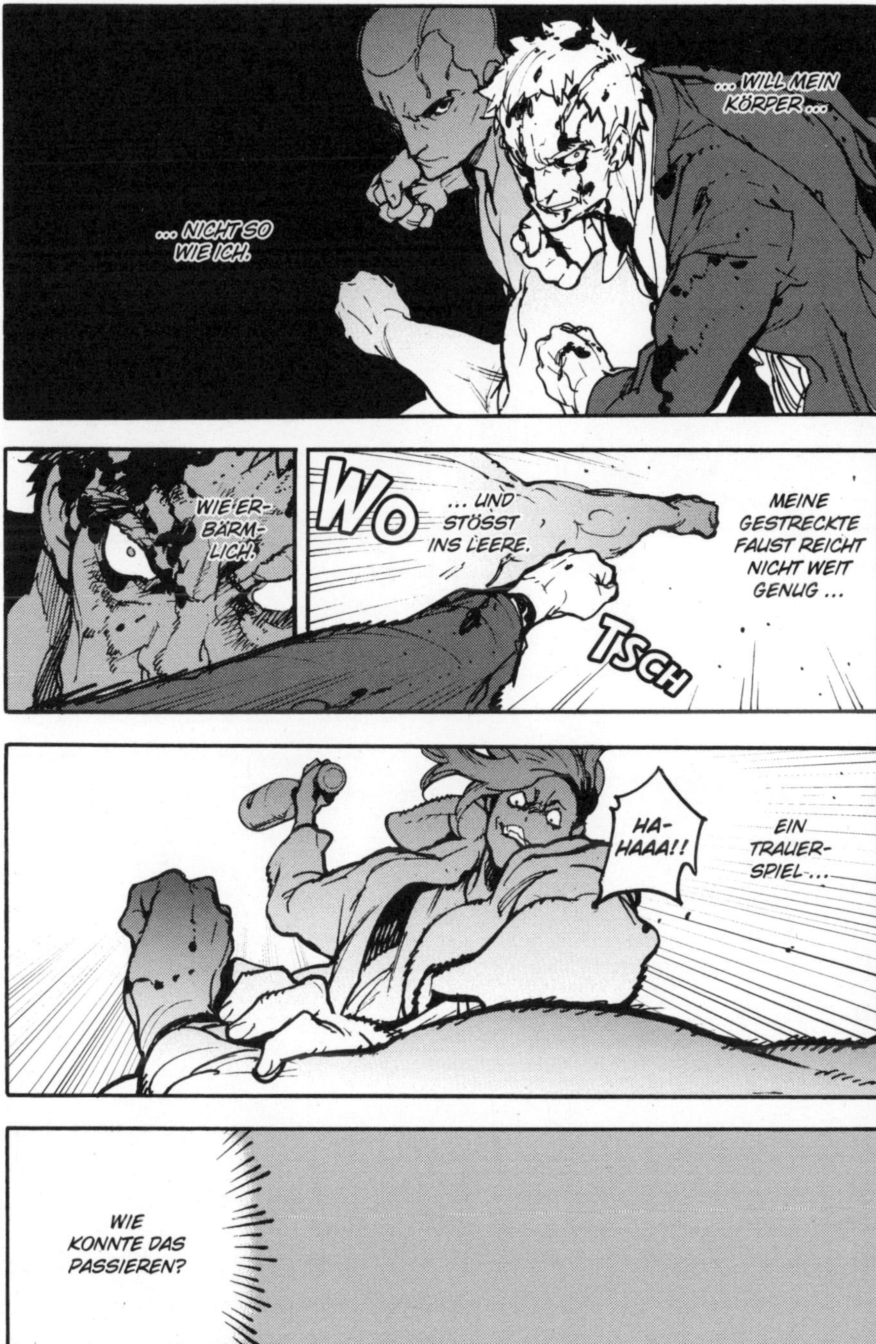
... WILL MEIN KÖRPER ...
... NICHT SO WIE ICH.
MEINE GESTRECKTE FAUST REICHT NICHT WEIT GENUG ...
TSCH
... UND STÖSST INS LEERE.
WO
WIE ER-BÄRM-LICH.
EIN TRAUER-SPIEL ...
HA-HAAA!!
WIE KONNTE DAS PASSIEREN?

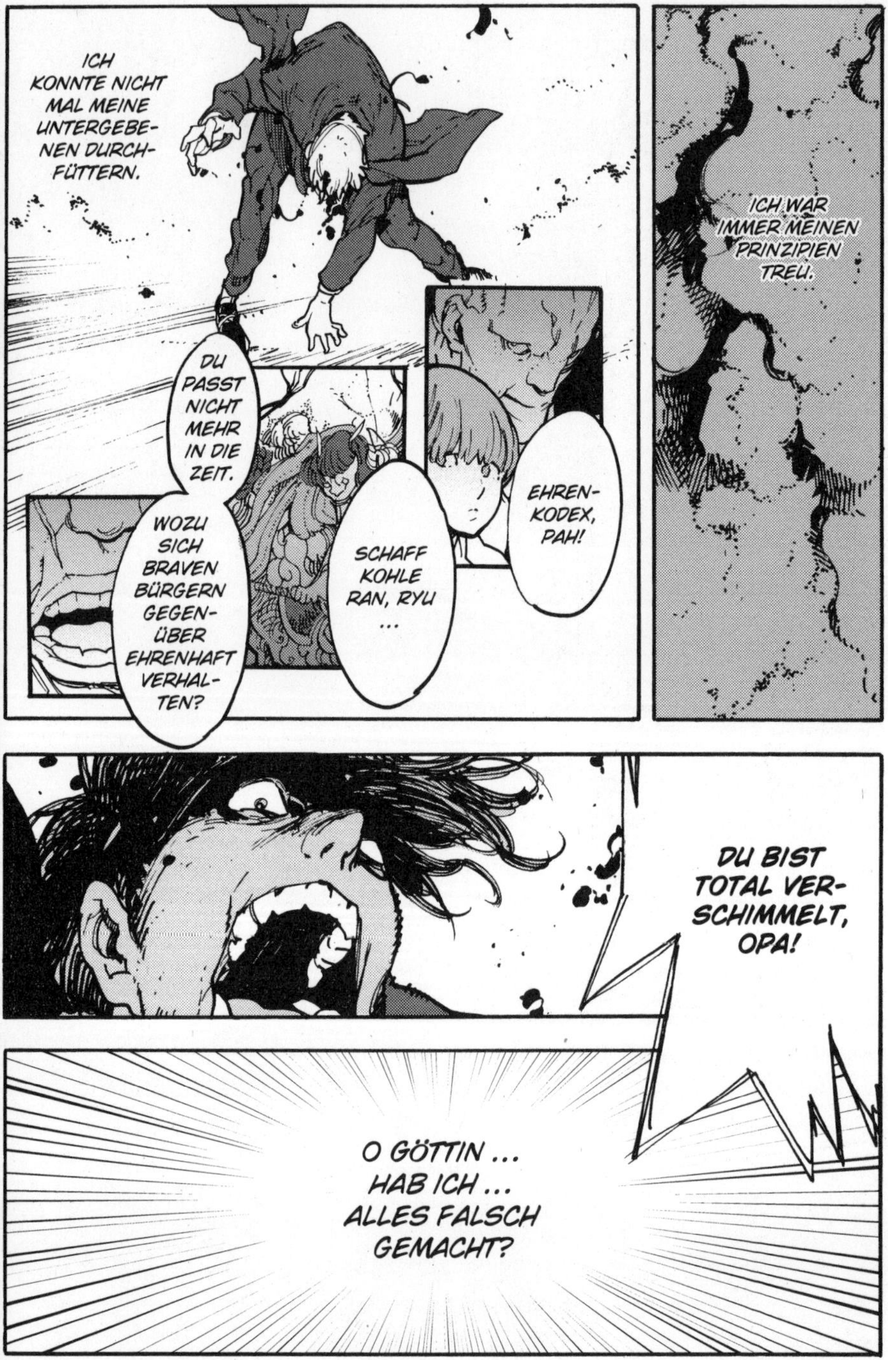
ICH WAR IMMER MEINEN PRINZIPIEN TREU.
ICH KONNTE NICHT MAL MEINE UNTERGEBENEN DURCHFÜTTERN.
EHRENKODEX, PAH!
SCHAFF KOHLE RAN, RYU ...
DU PASST NICHT MEHR IN DIE ZEIT.
WOZU SICH BRAVEN BÜRGERN GEGENÜBER EHRENHAFT VERHALTEN?
DU BIST TOTAL VERSCHIMMELT, OPA!
O GÖTTIN ... HAB ICH ... ALLES FALSCH GEMACHT?

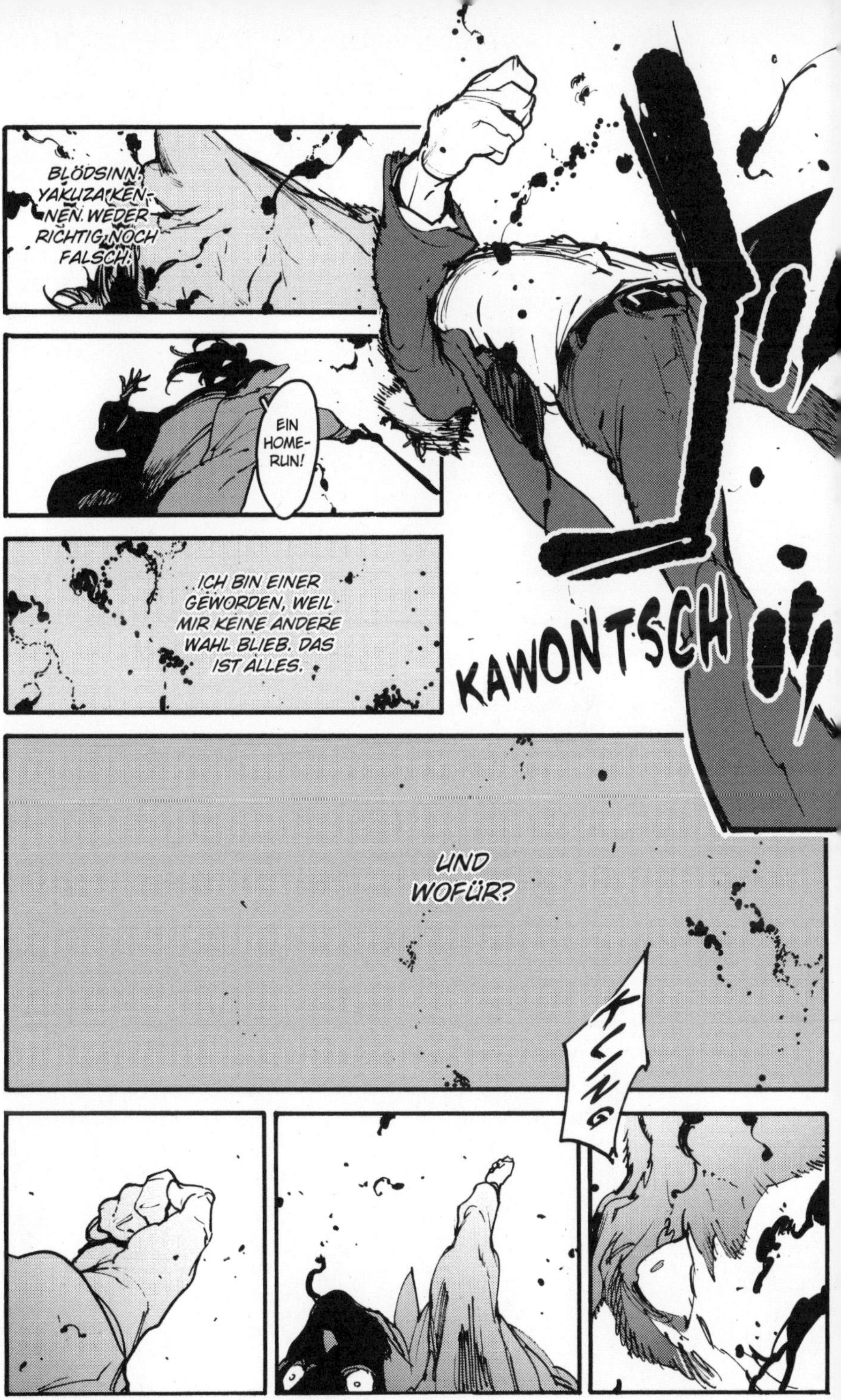
BLÖDSINN. YAKUZA KENNEN. WEDER RICHTIG NOCH FALSCH.
EIN HOME-RUN!
ICH BIN EINER GEWORDEN, WEIL MIR KEINE ANDERE WAHL BLIEB. DAS IST ALLES.
KAWONTSCH
UND WOFÜR?
KLING

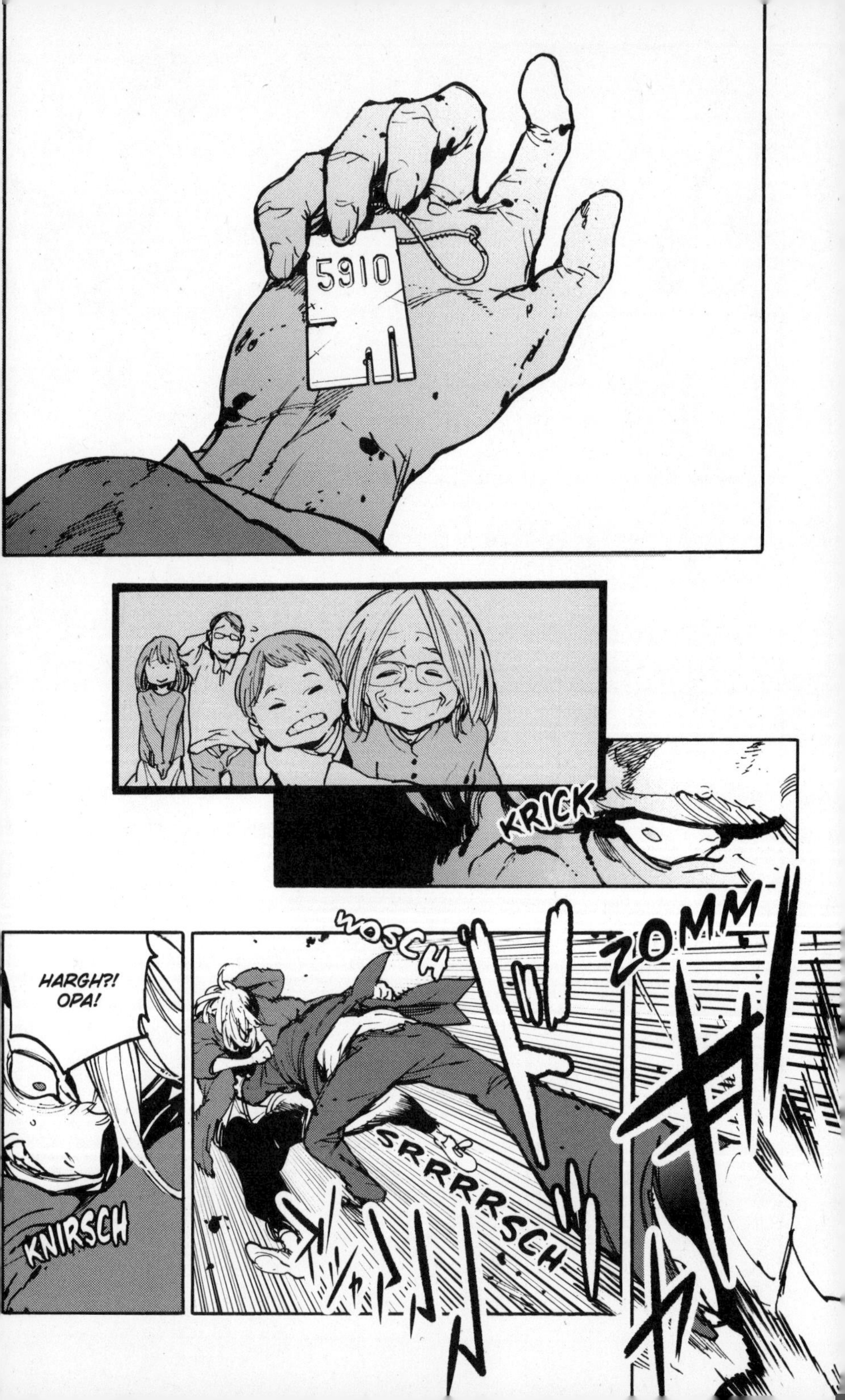
5910
KRICK
ZOMM
WOSCH
SRRRRRSCH
HARGH?! OPA!
KNIRSCH

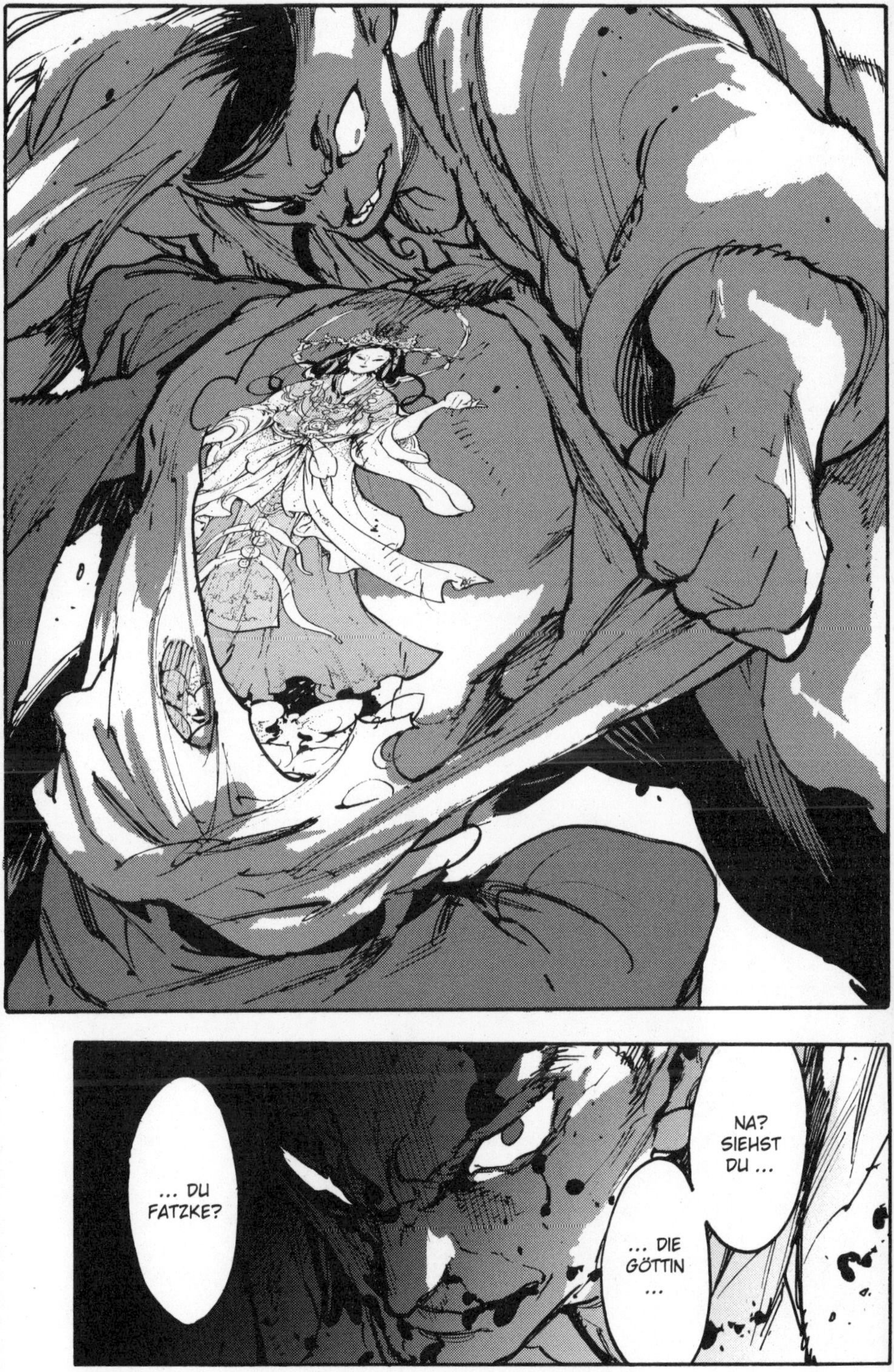
NA? SIEHST DU ...
... DIE GÖTTIN ...
... DU FATZKE?

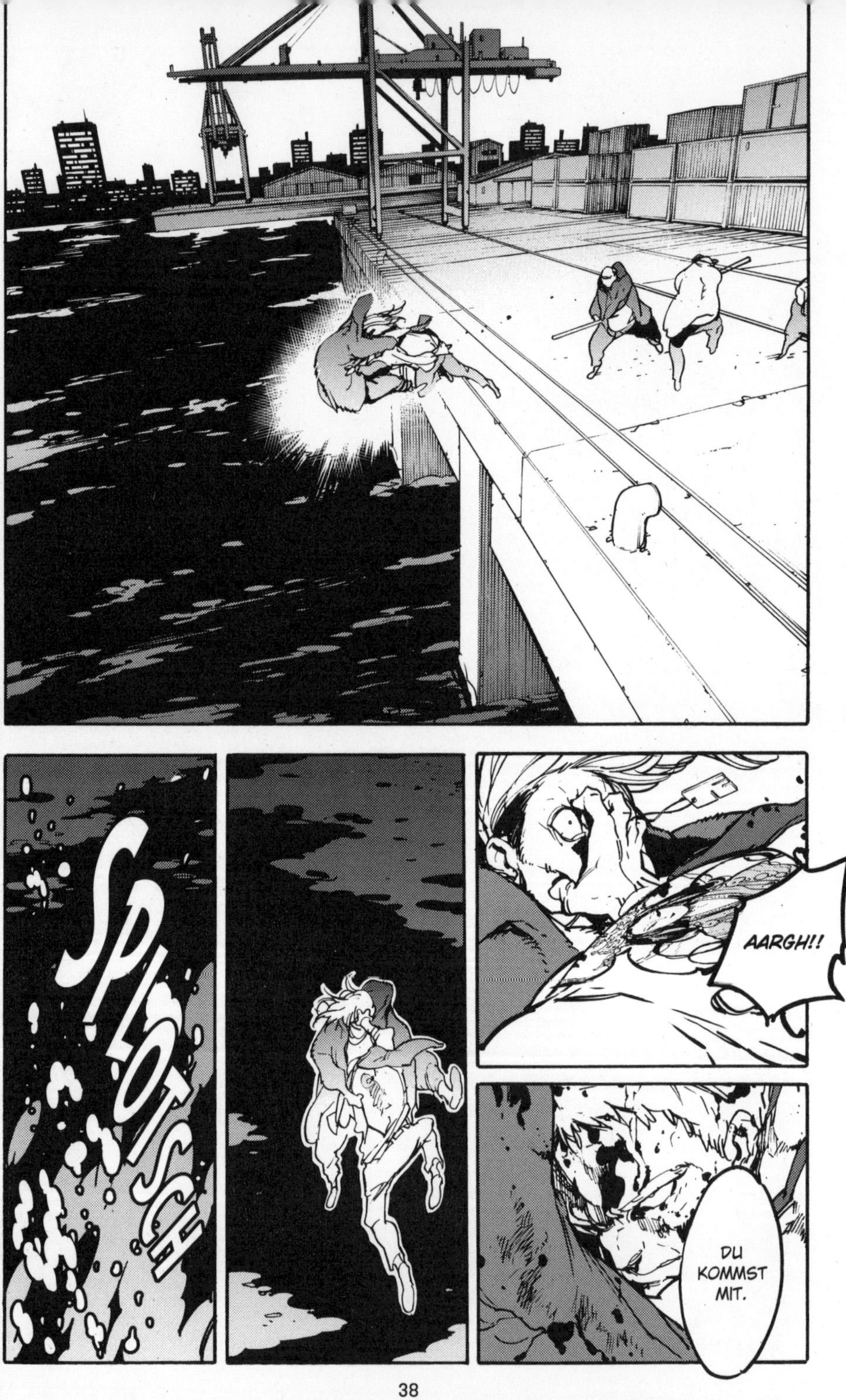
SPLOTSCH
AARGH!!
DU KOMMST MIT.

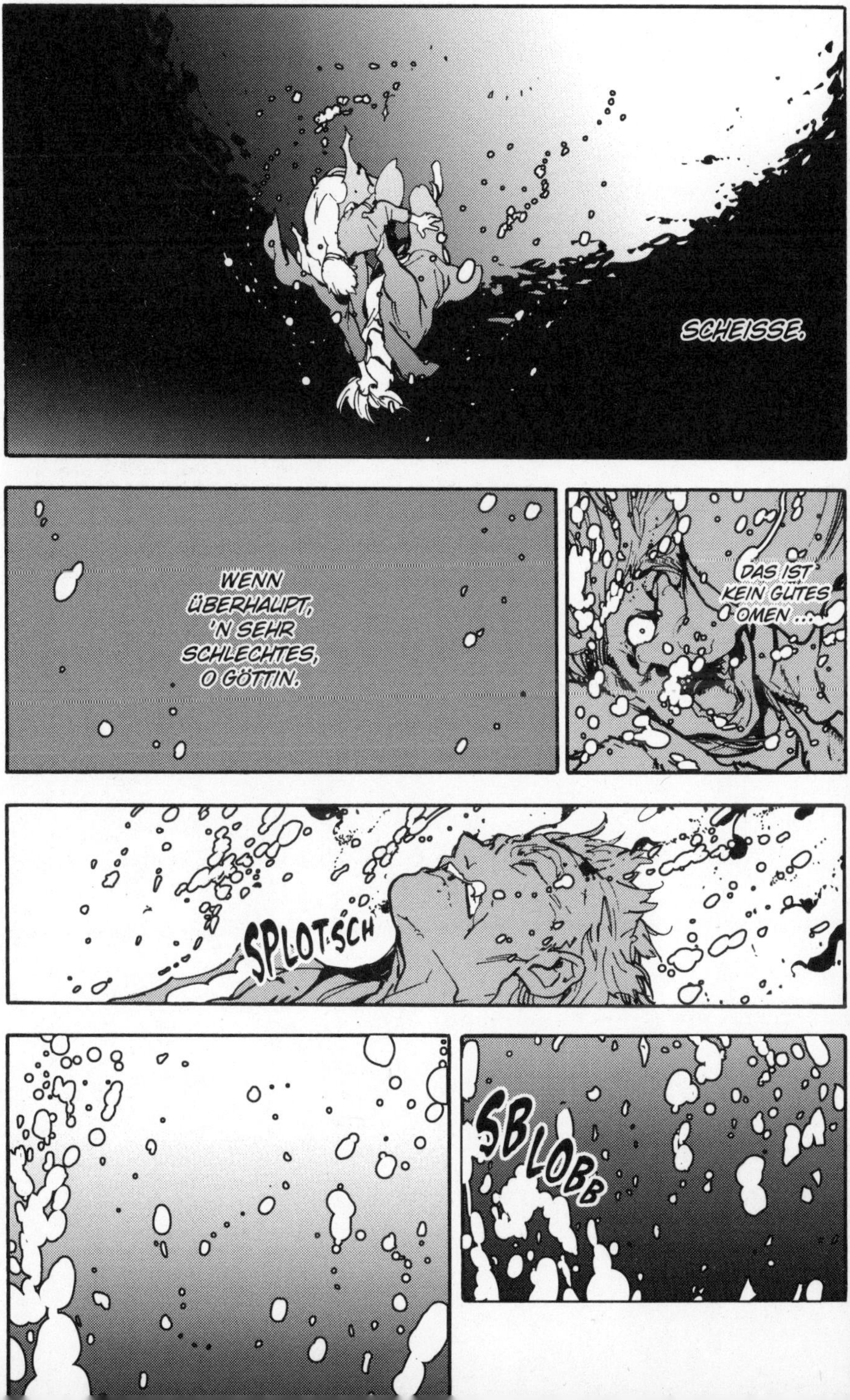
SCHEISSE.
DAS IST KEIN GUTES OMEN ...
WENN ÜBERHAUPT, 'N SEHR SCHLECHTES, O GÖTTIN.
SPLOTSCH
SBLOBB

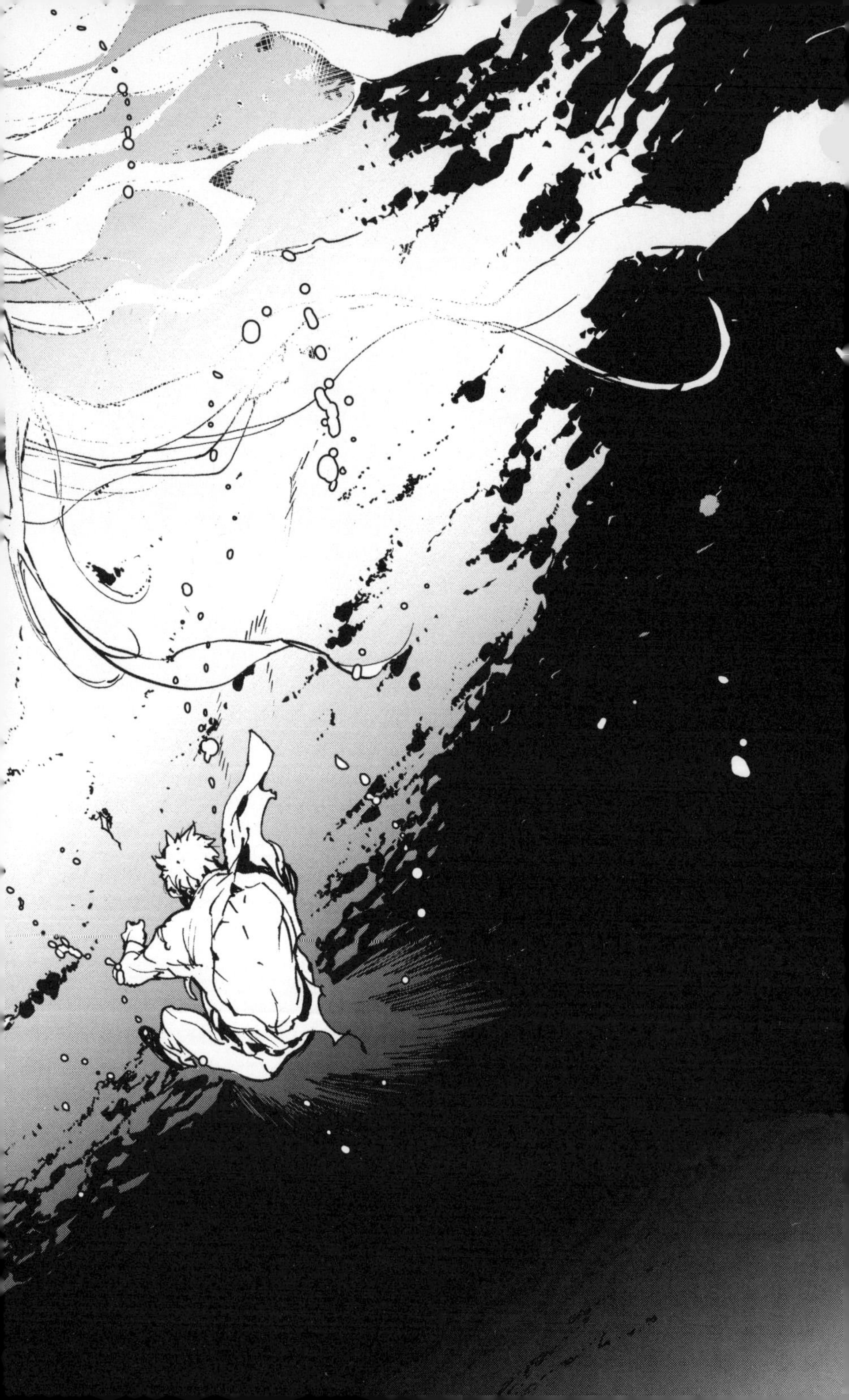

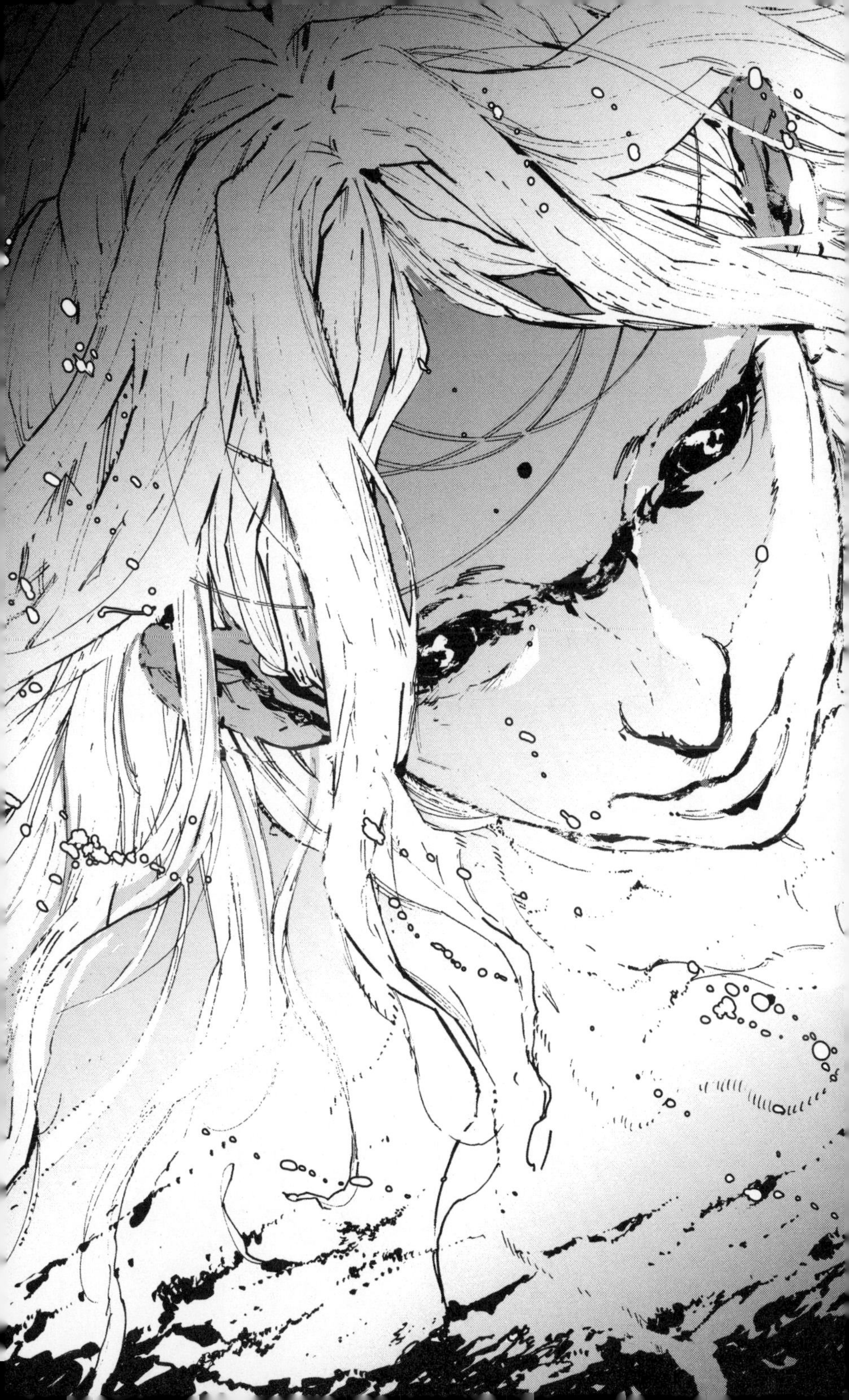

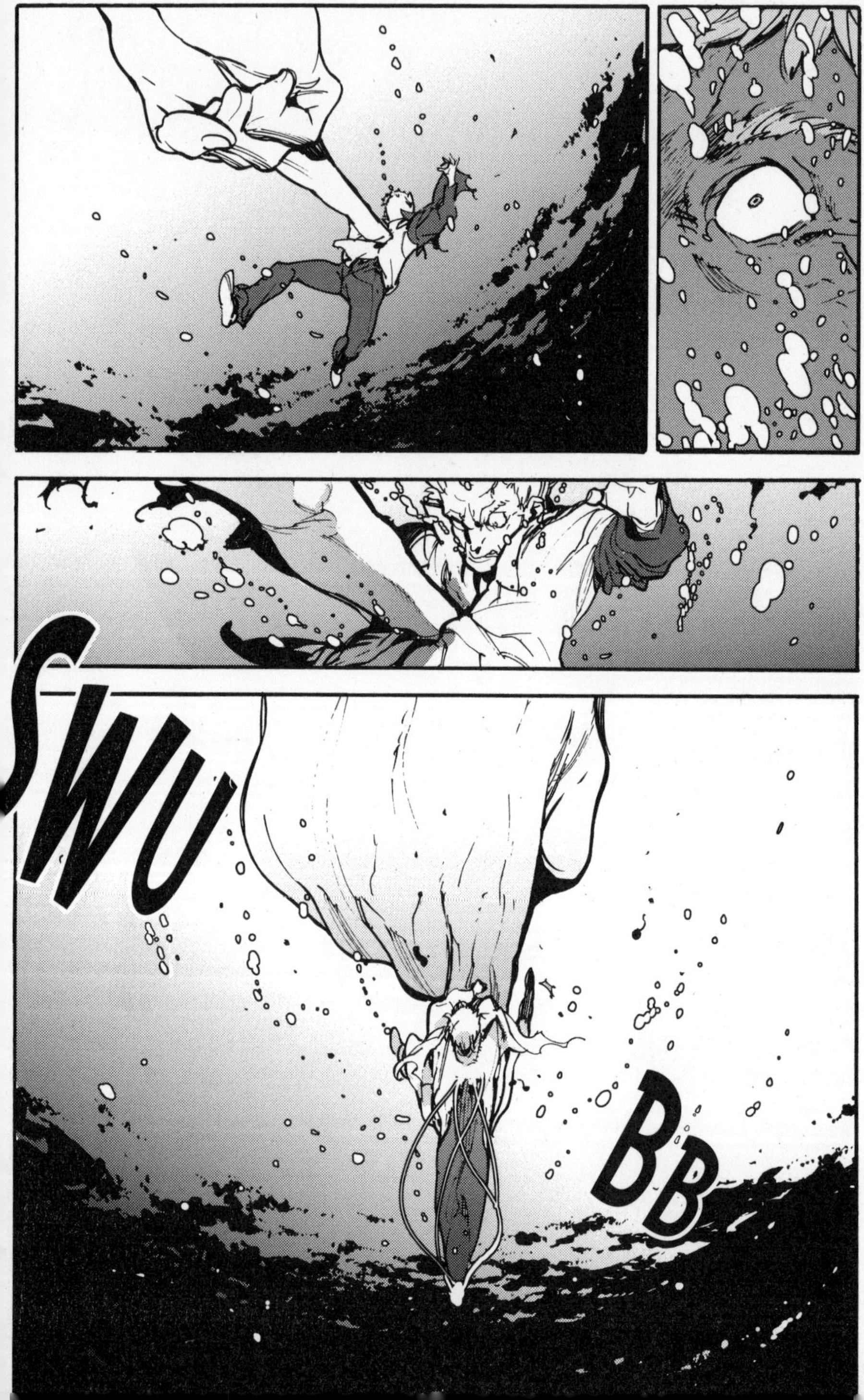
SWU
BB

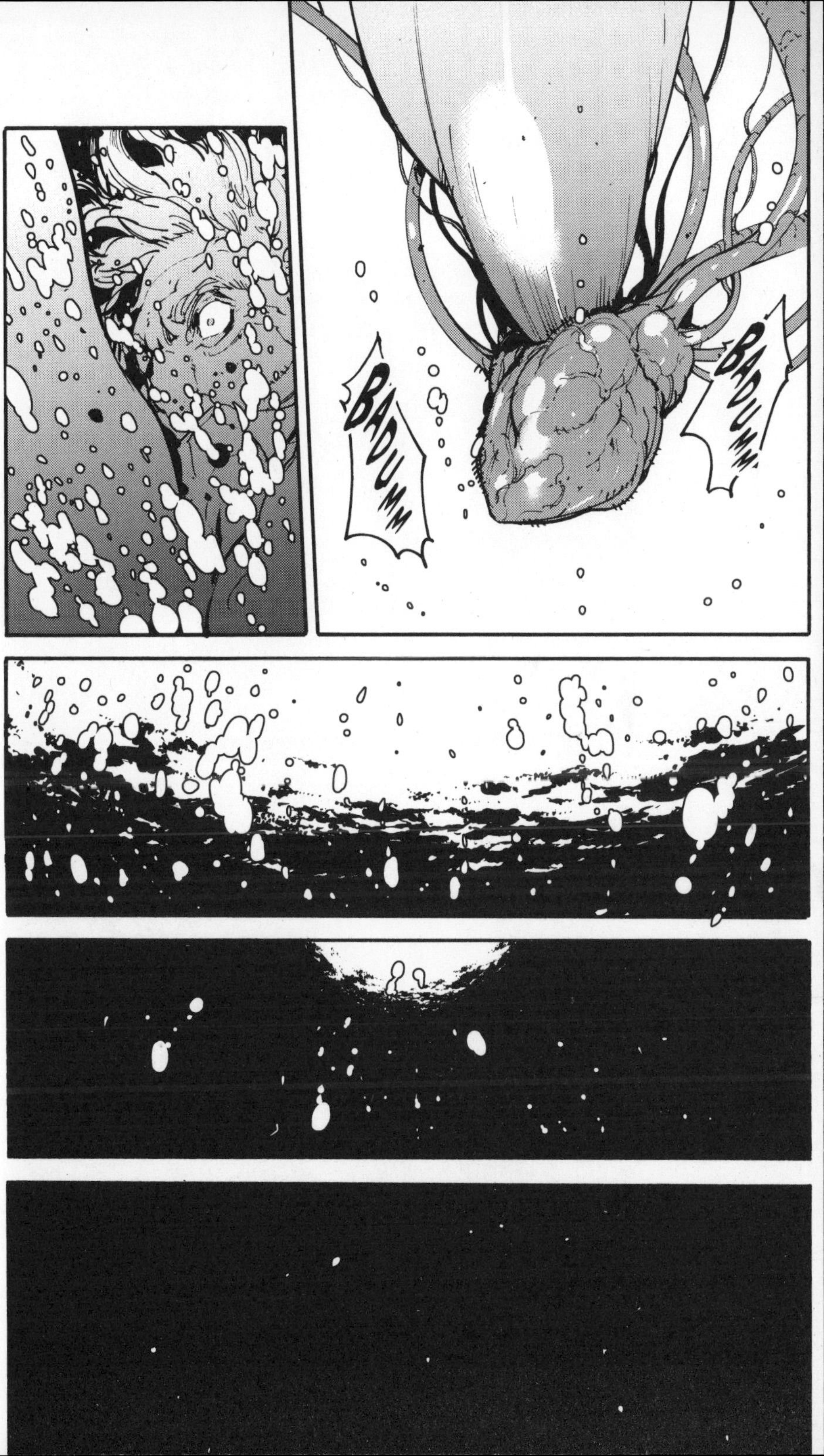
BADUMM
BADUMM

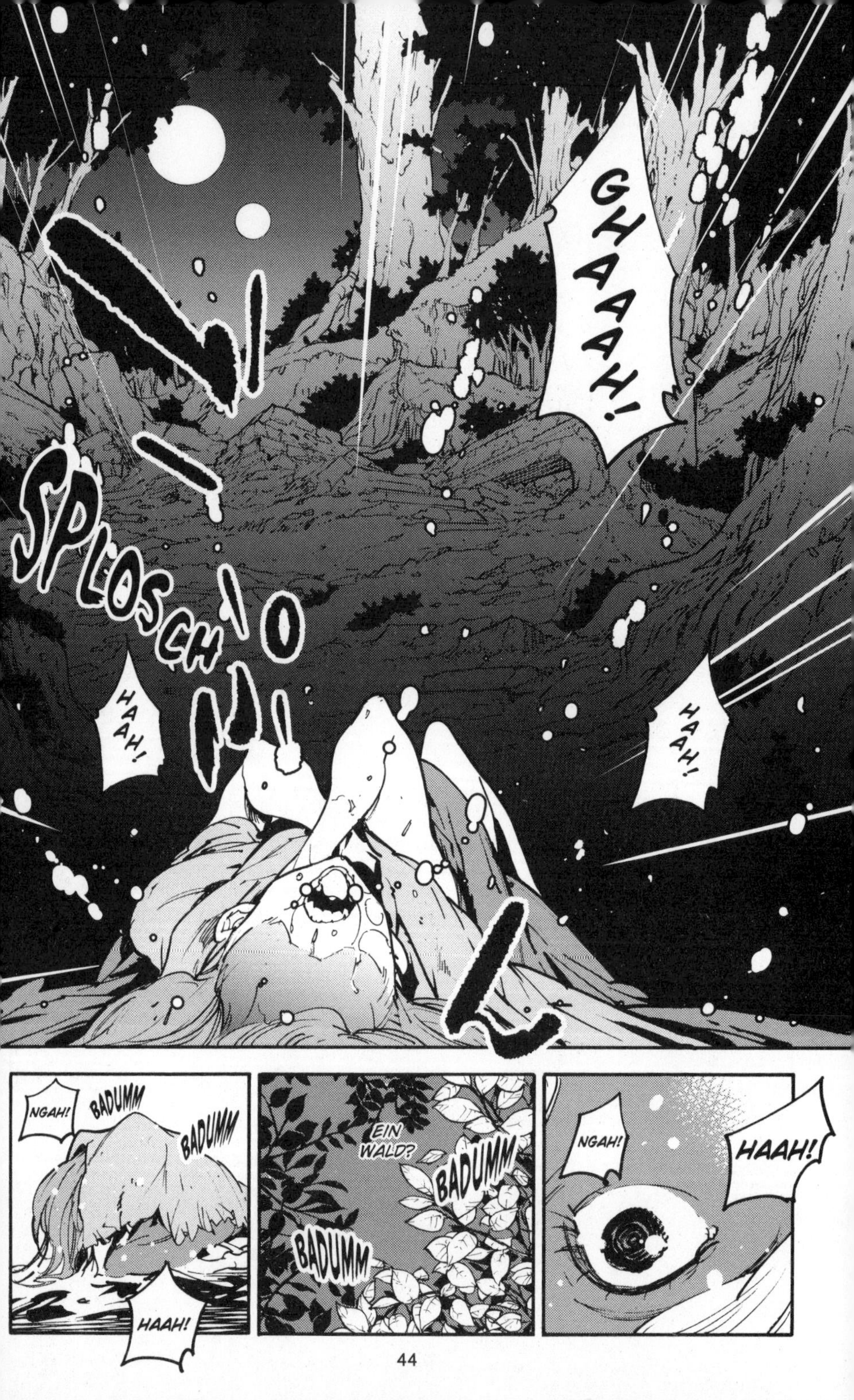
GHAAAAH!
SPLOSCH
HAAH!
HAAH!
HAAH!
NGAH!
EIN WALD?
BADUMM
BADUMM
NGAH!
BADUMM
BADUMM
HAAH!

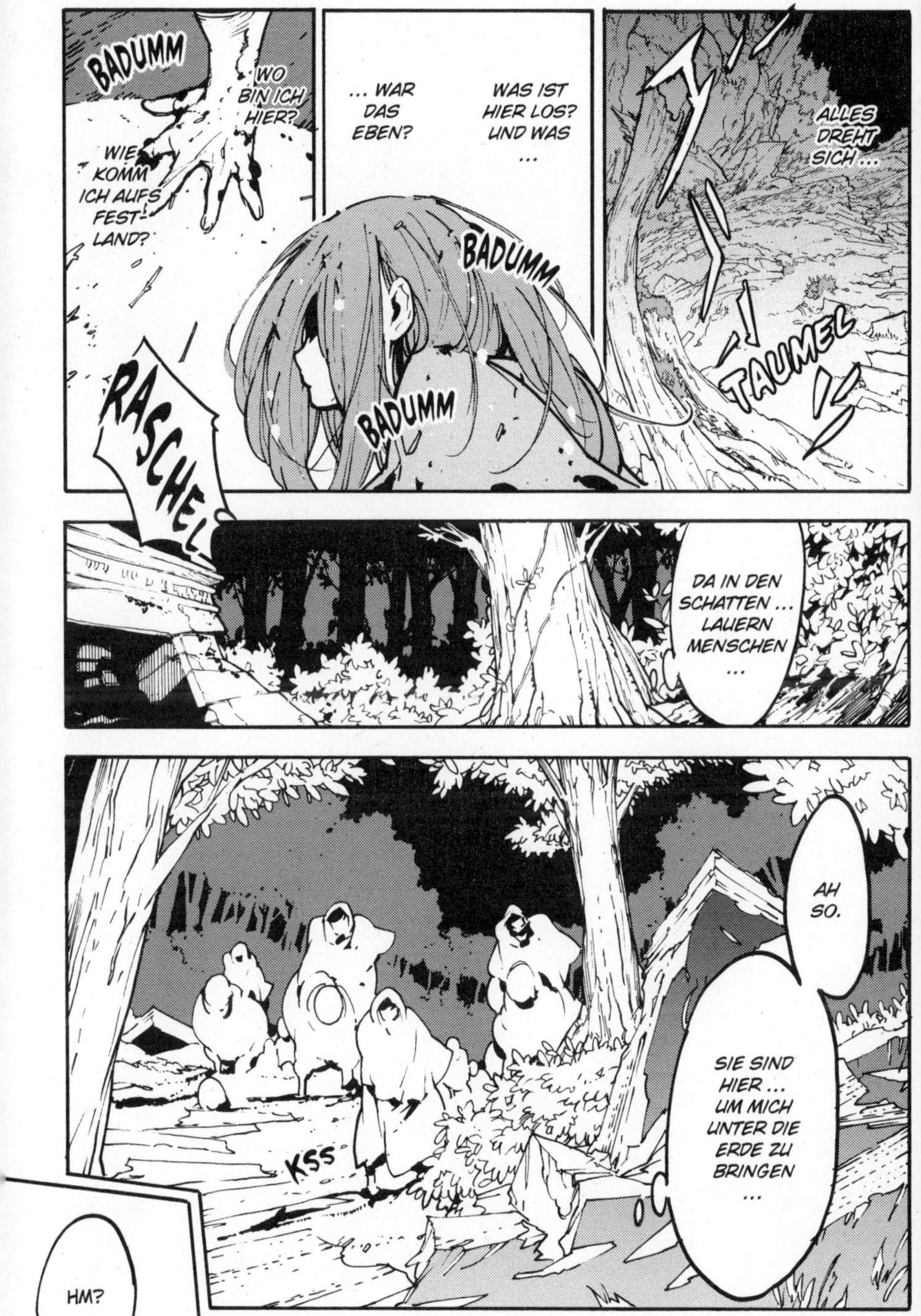

ALLES DREHT SICH …
TAUMEL
WAS IST HIER LOS? UND WAS …
… WAR DAS EBEN?
BADUMM
BADUMM
WO BIN ICH HIER?
WIE KOMM ICH AUFS FEST-LAND?
BADUMM
RASCHEL
DA IN DEN SCHATTEN … LAUERN MENSCHEN …
AH SO.
SIE SIND HIER … UM MICH UNTER DIE ERDE ZU BRINGEN …
KSS
HM?

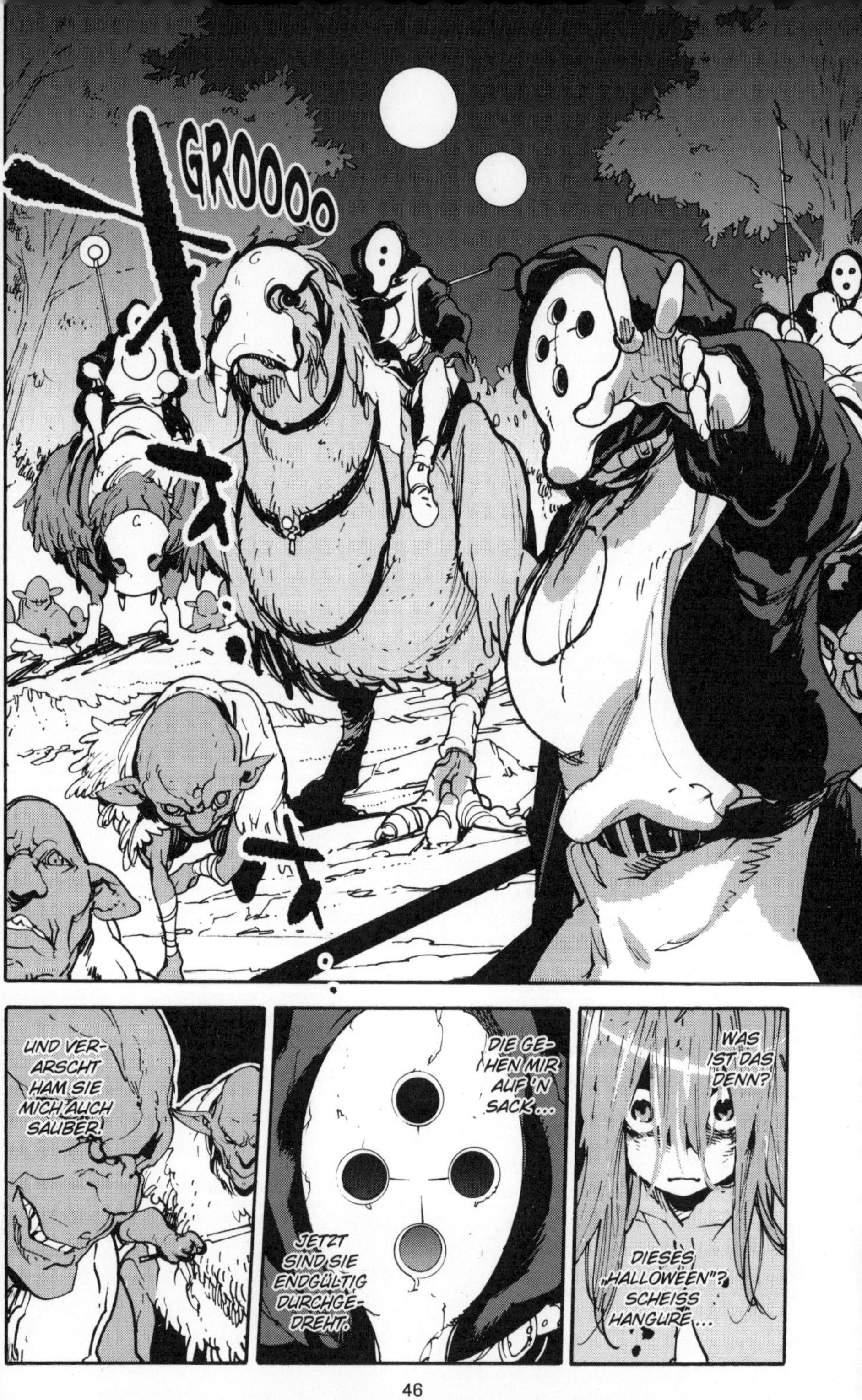
GROOOO
WAS IST DAS DENN?
DIESES „HALLOWEEN"? SCHEISS HANGURE ...
DIE GEHEN MIR AUF 'N SACK ...
JETZT SIND SIE ENDGÜLTIG DURCHGEDREHT.
UND VERARSCHT HAM SIE MICH AUCH SAUBER!

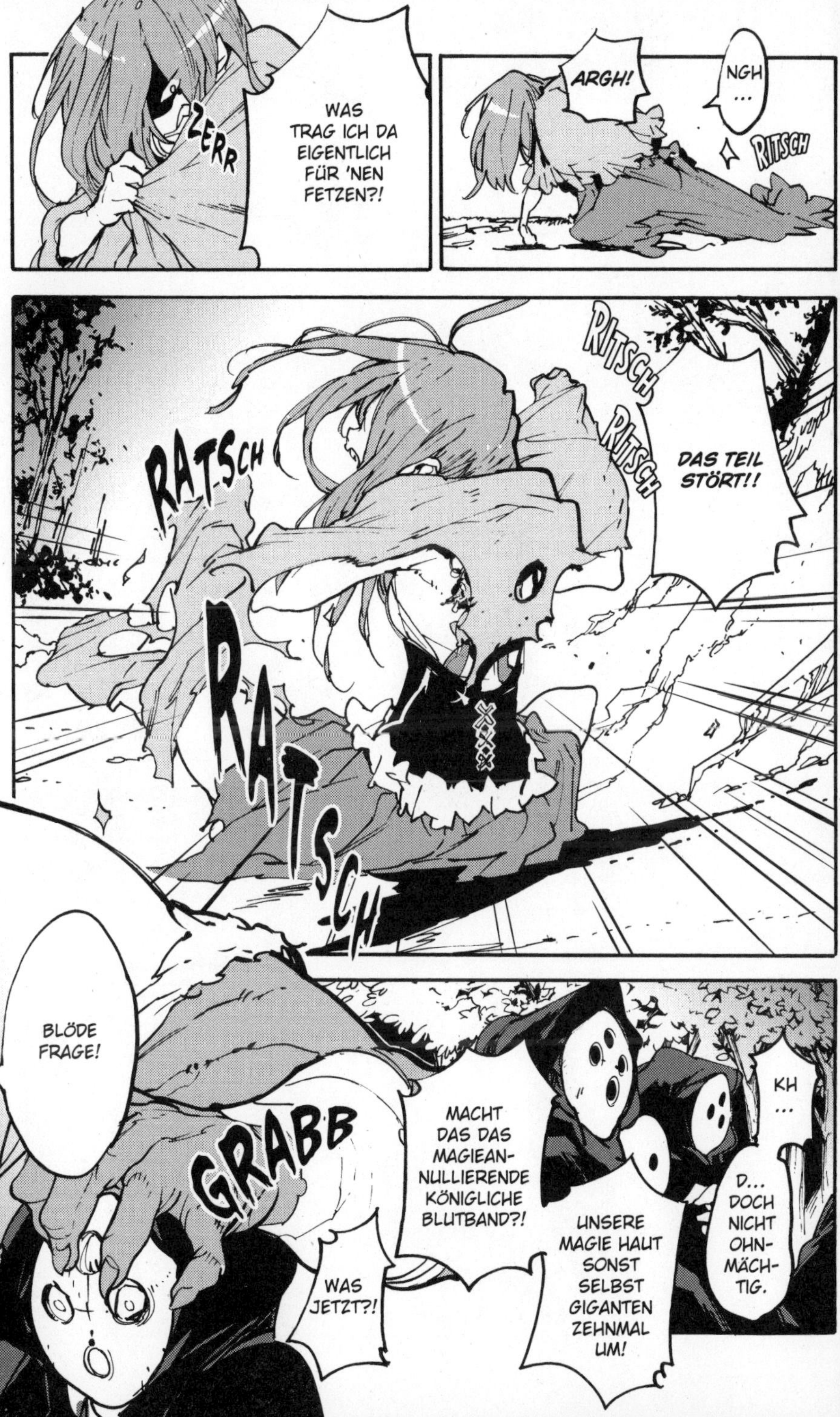
NGH ...
ARGH!
RITSCH
WAS TRAG ICH DA EIGENTLICH FÜR 'NEN FETZEN?!
ZERR
RITSCH
RITSCH
DAS TEIL STÖRT!!
RATSCH
RATSCH
KH ...
D... DOCH NICHT OHNMÄCHTIG.
UNSERE MAGIE HAUT SONST SELBST GIGANTEN ZEHNMAL UM!
MACHT DAS DAS MAGIEANNULLIERENDE KÖNIGLICHE BLUTBAND?!
WAS JETZT?!
GRABB
BLÖDE FRAGE!

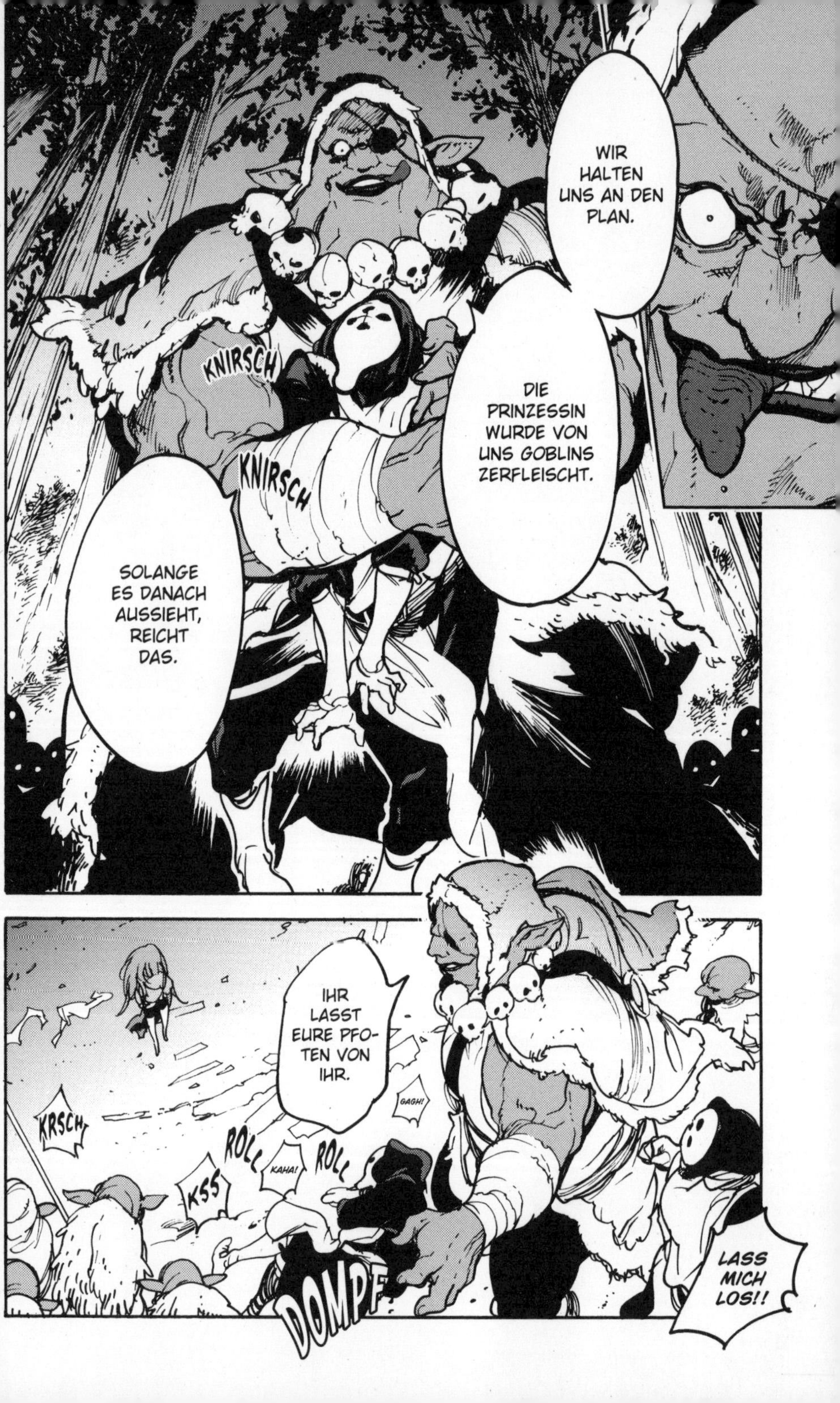

WIR HALTEN UNS AN DEN PLAN.
DIE PRINZESSIN WURDE VON UNS GOBLINS ZERFLEISCHT.
KNIRSCH
KNIRSCH
SOLANGE ES DANACH AUSSIEHT, REICHT DAS.
IHR LASST EURE PFO-TEN VON IHR.
GAGH!
KRSCH
ROLL
KAHA!
ROLL
KSS
DOMPF
LASS MICH LOS!!

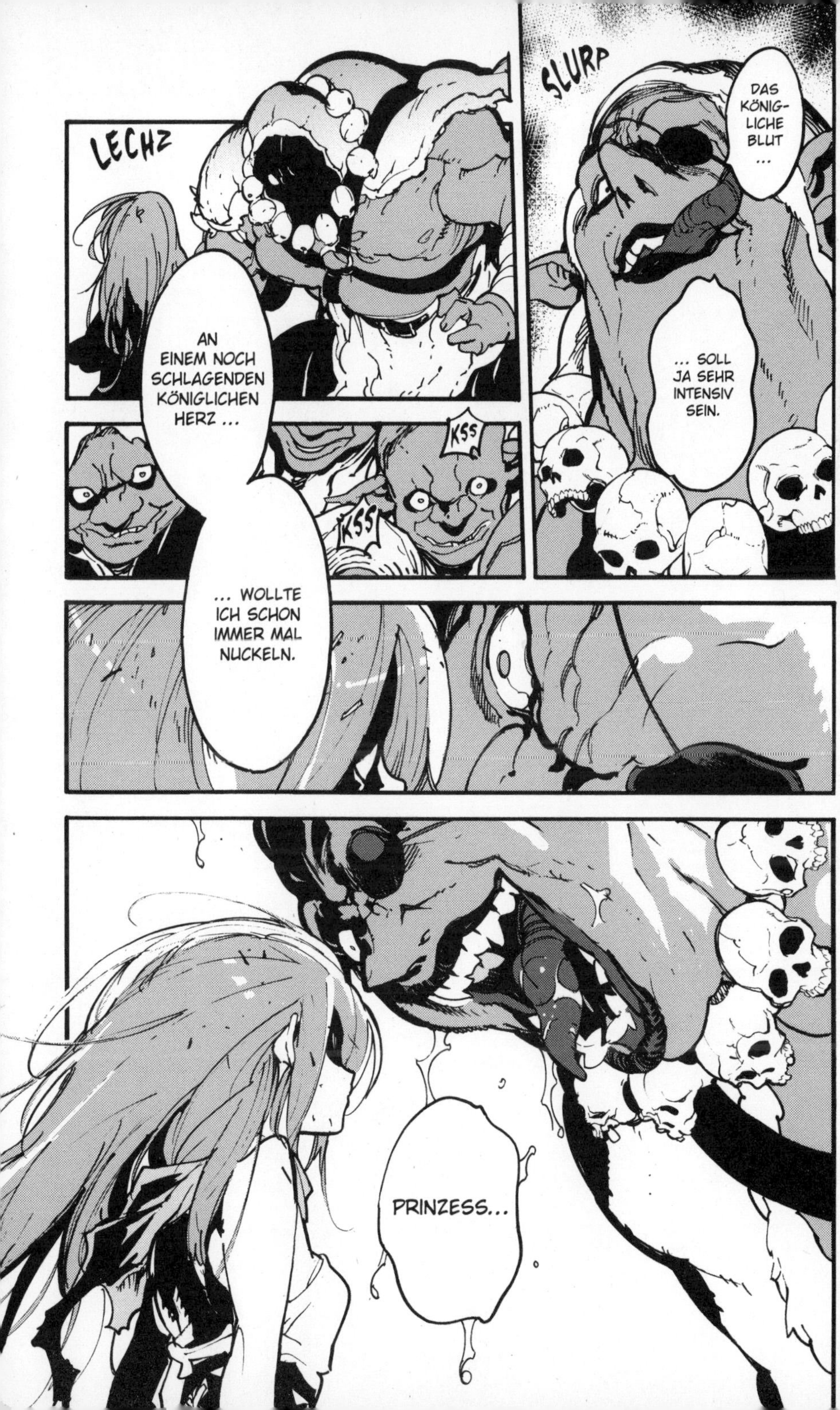
SLURP
DAS KÖNIG-LICHE BLUT ...
... SOLL JA SEHR INTENSIV SEIN.
LECHZ
AN EINEM NOCH SCHLAGENDEN KÖNIGLICHEN HERZ ...
KSS
KSS
... WOLLTE ICH SCHON IMMER MAL NUCKELN.
PRINZESS...

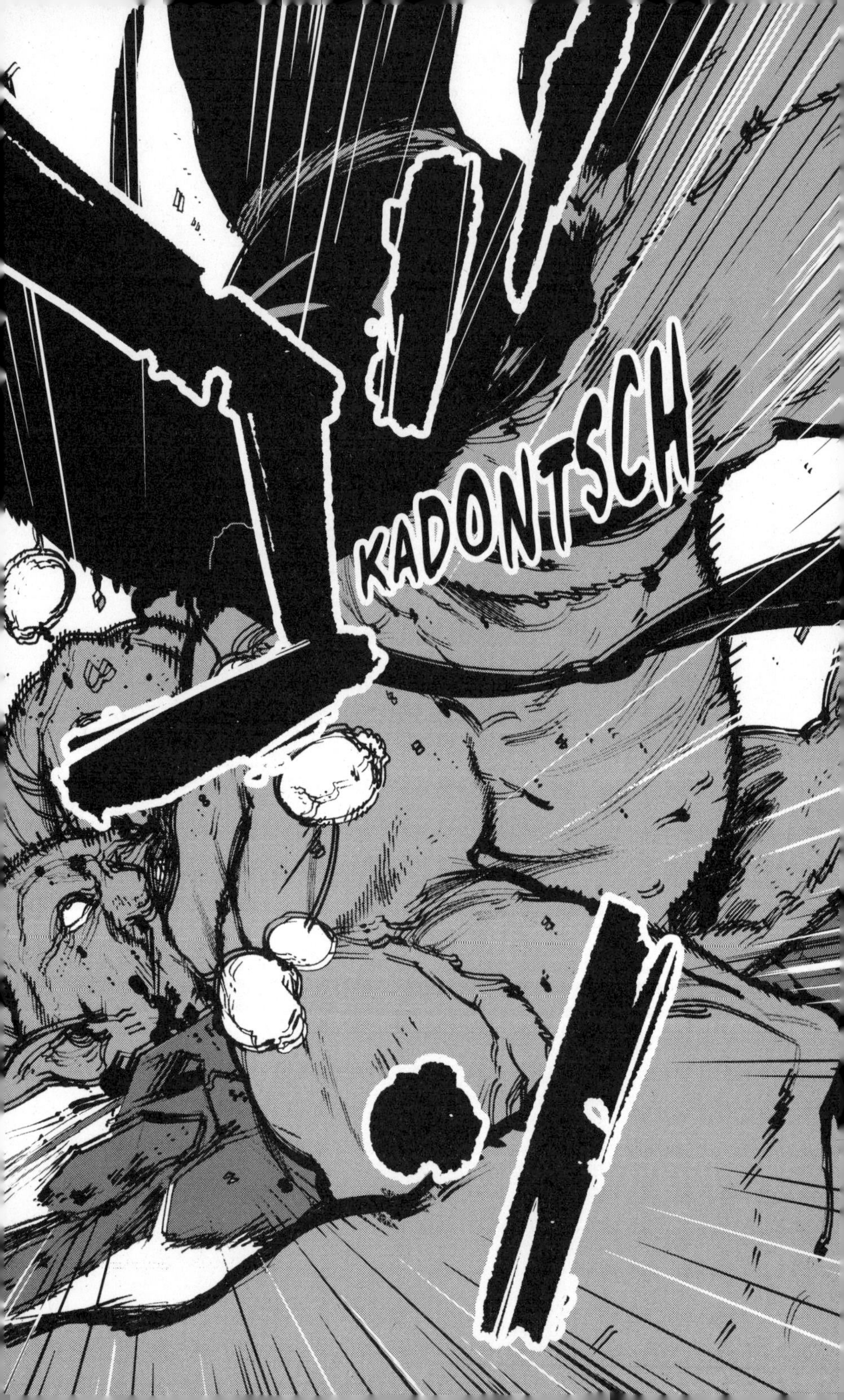
KADONTSCH

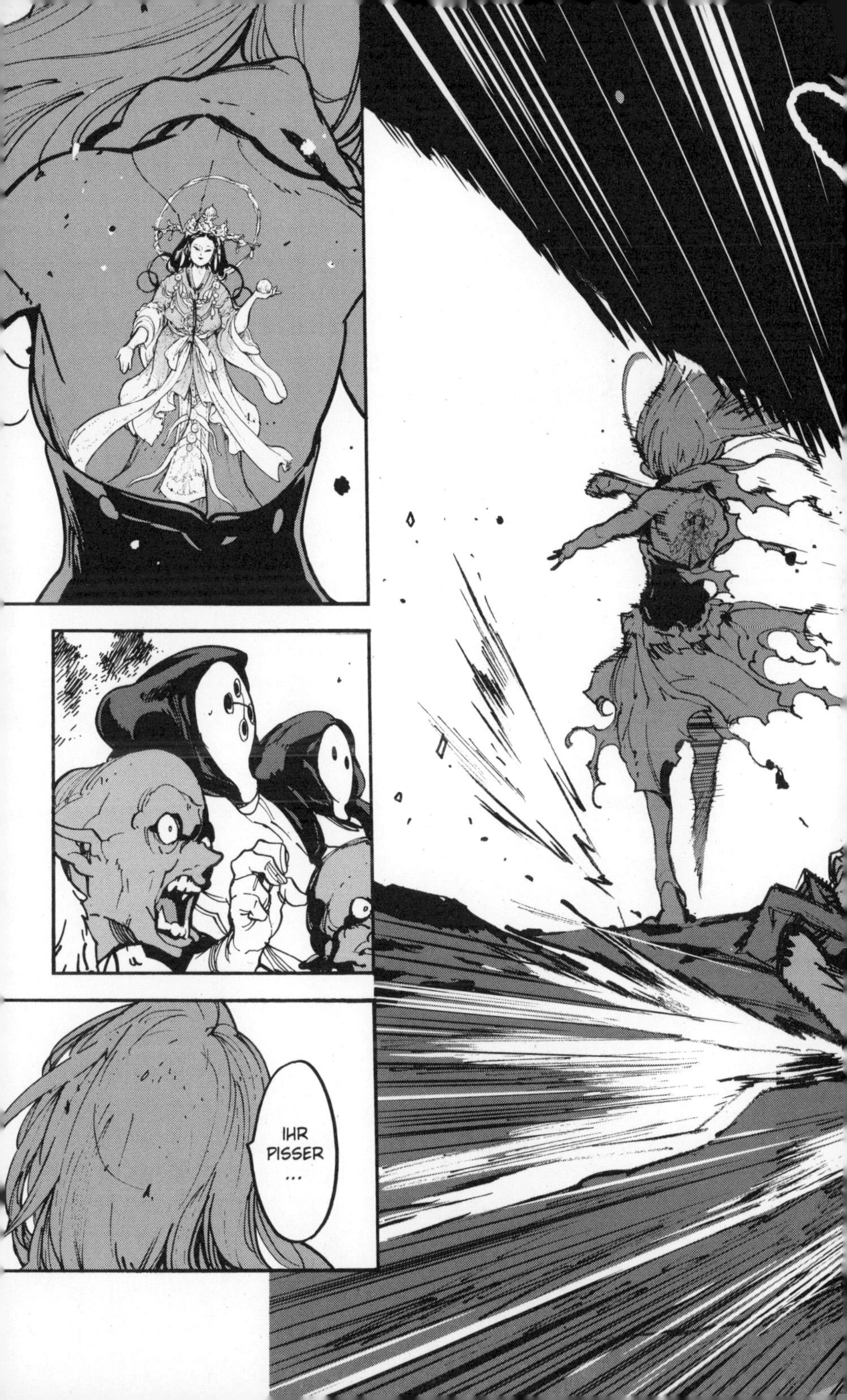
IHR PISSER ...

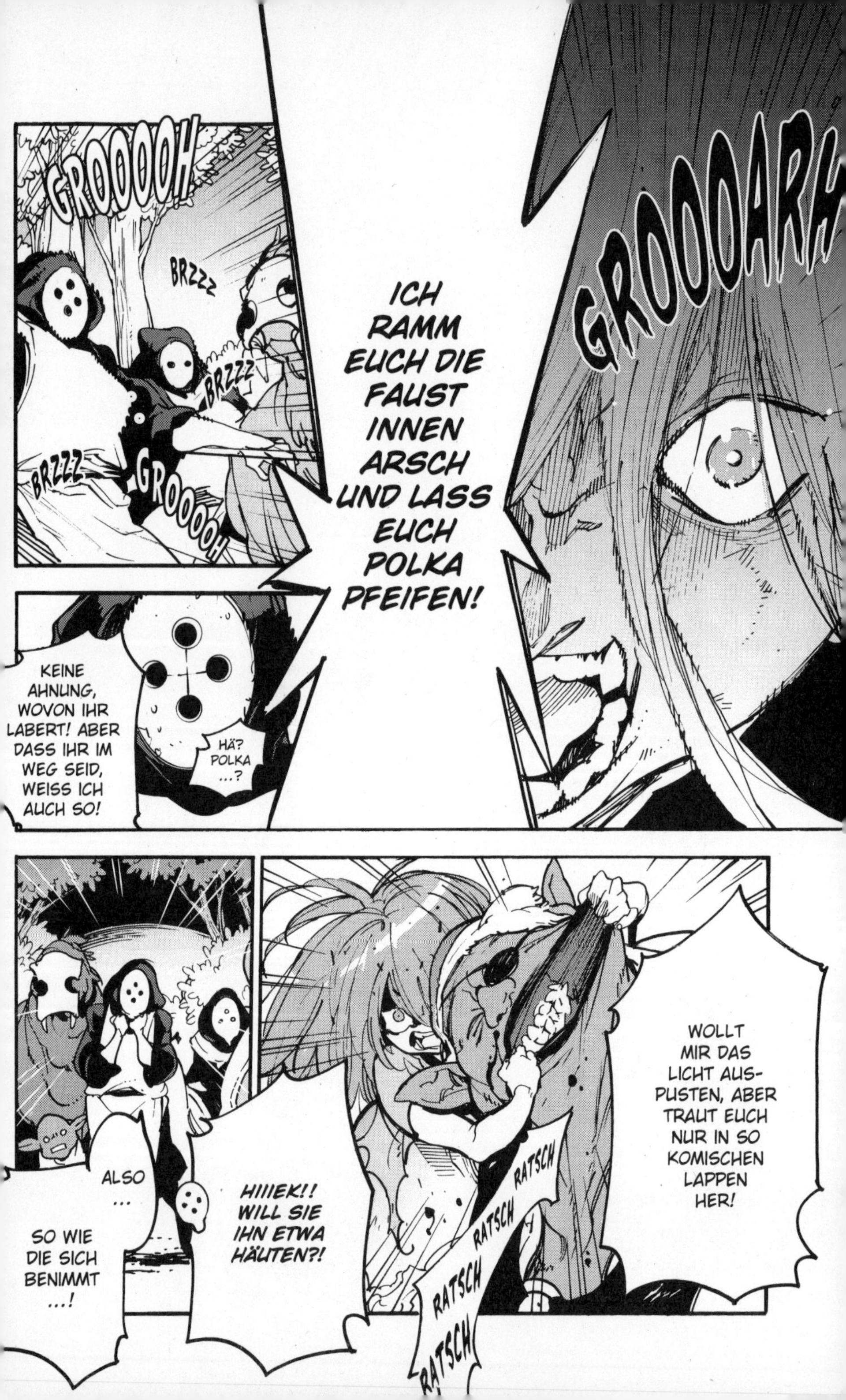
GROOOOH
BRZZZ
BRZZZ
BRZZZ
GROOOOOH
GROOOARH
ICH RAMM EUCH DIE FAUST INNEN ARSCH UND LASS EUCH POLKA PFEIFEN!
HÄ? POLKA …?
KEINE AHNUNG, WOVON IHR LABERT! ABER DASS IHR IM WEG SEID, WEISS ICH AUCH SO!
WOLLT MIR DAS LICHT AUS-PUSTEN, ABER TRAUT EUCH NUR IN SO KOMISCHEN LAPPEN HER!
RATSCH RATSCH RATSCH RATSCH
HIIIEK!! WILL SIE IHN ETWA HÄUTEN?!
ALSO …
SO WIE DIE SICH BENIMMT …!

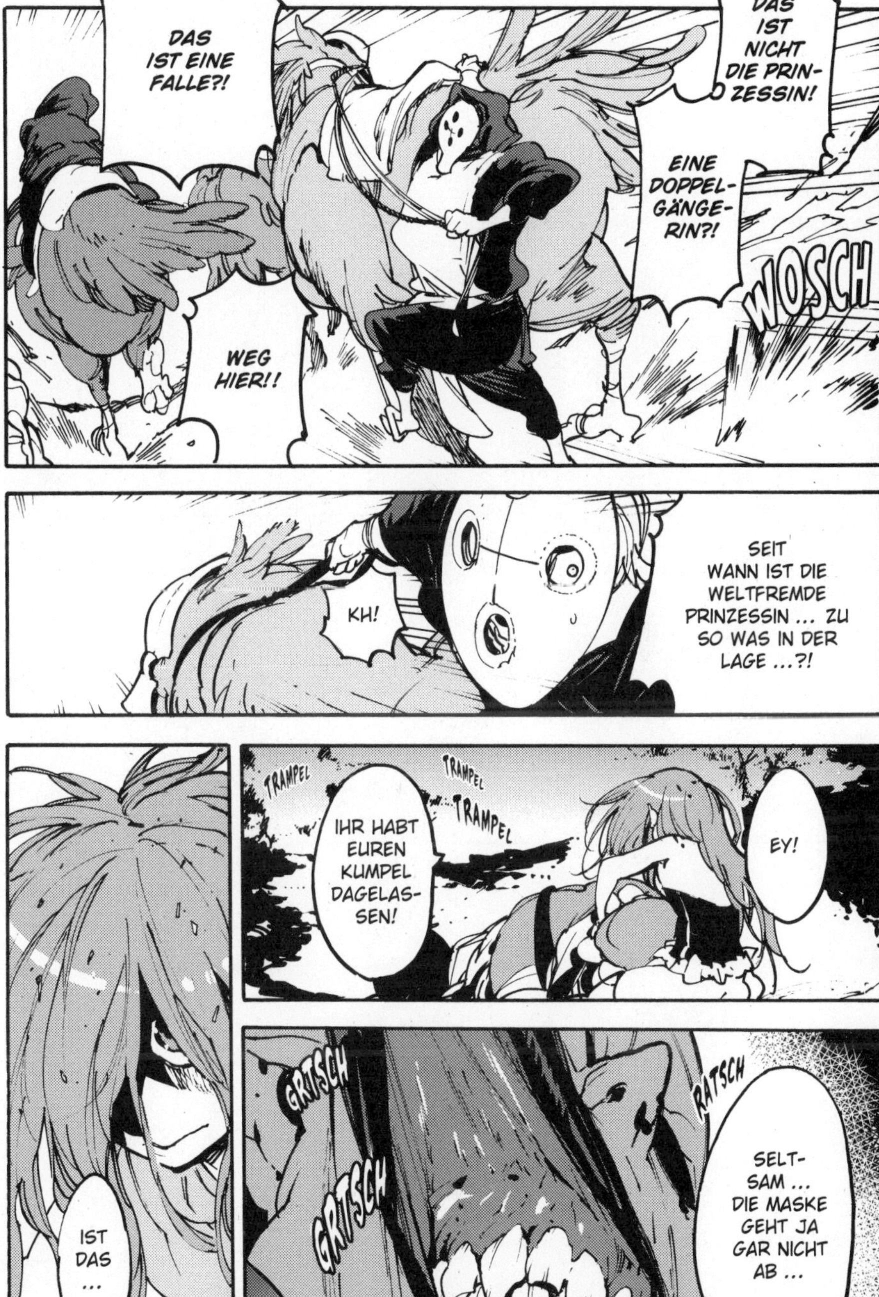
DAS IST NICHT DIE PRIN- ZESSIN!
EINE DOPPEL- GÄNGE- RIN?!
WOSCH
DAS IST EINE FALLE?!
WEG HIER!!
SEIT WANN IST DIE WELTFREMDE PRINZESSIN … ZU SO WAS IN DER LAGE …?!
KH!
EY!
TRAMPEL
TRAMPEL
TRAMPEL
IHR HABT EUREN KUMPEL DAGELAS- SEN!
RATSCH
SELT- SAM … DIE MASKE GEHT JA GAR NICHT AB …
RATSCH
RATSCH
GRTSCH
GRTSCH
GRTSCH
IST DAS …

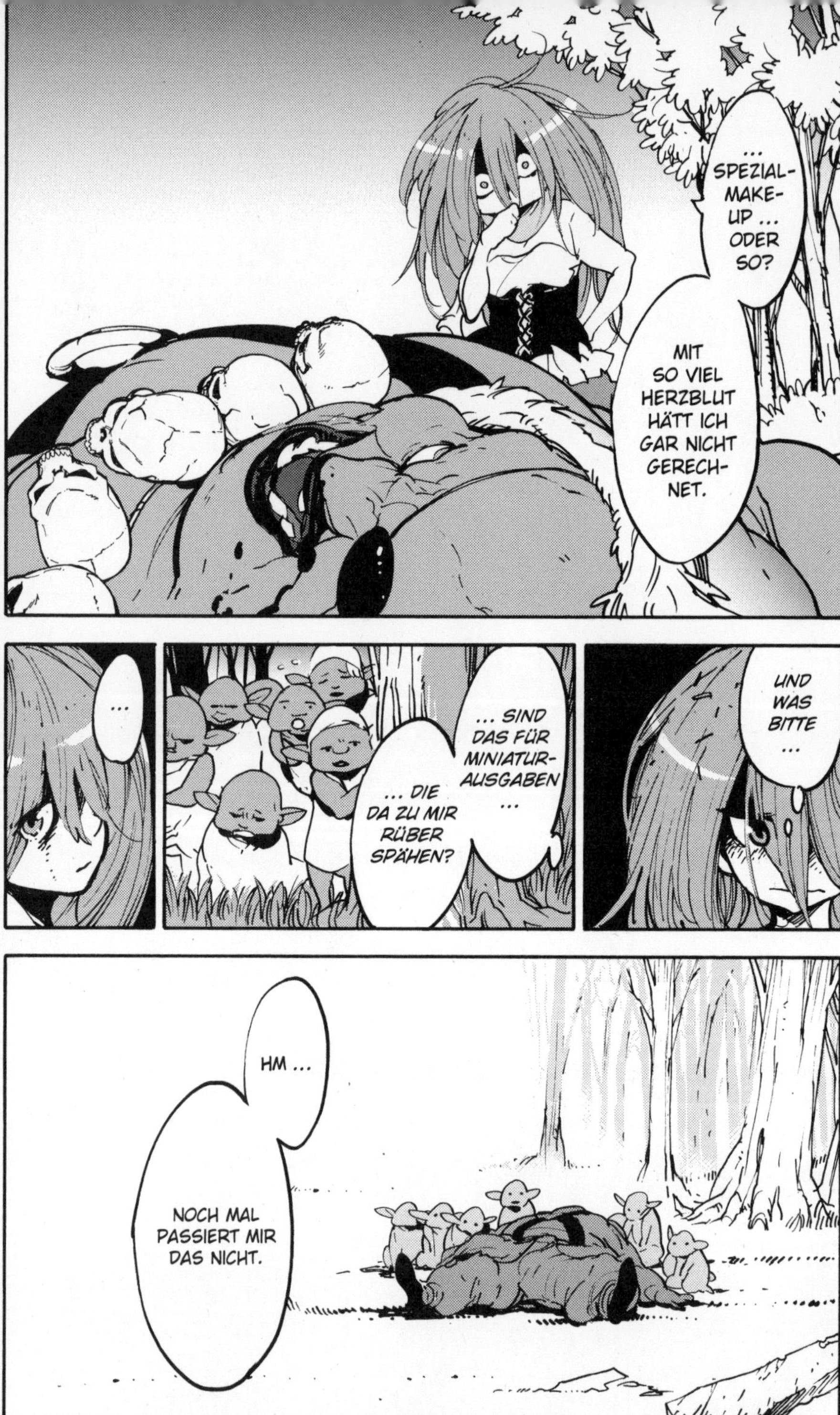

... SPEZIAL-MAKE-UP ... ODER SO?
MIT SO VIEL HERZBLUT HÄTT ICH GAR NICHT GERECH-NET.
UND WAS BITTE ...
... SIND DAS FÜR MINIATUR-AUSGABEN ...
... DIE DA ZU MIR RÜBER SPÄHEN?
...
HM ...
NOCH MAL PASSIERT MIR DAS NICHT.

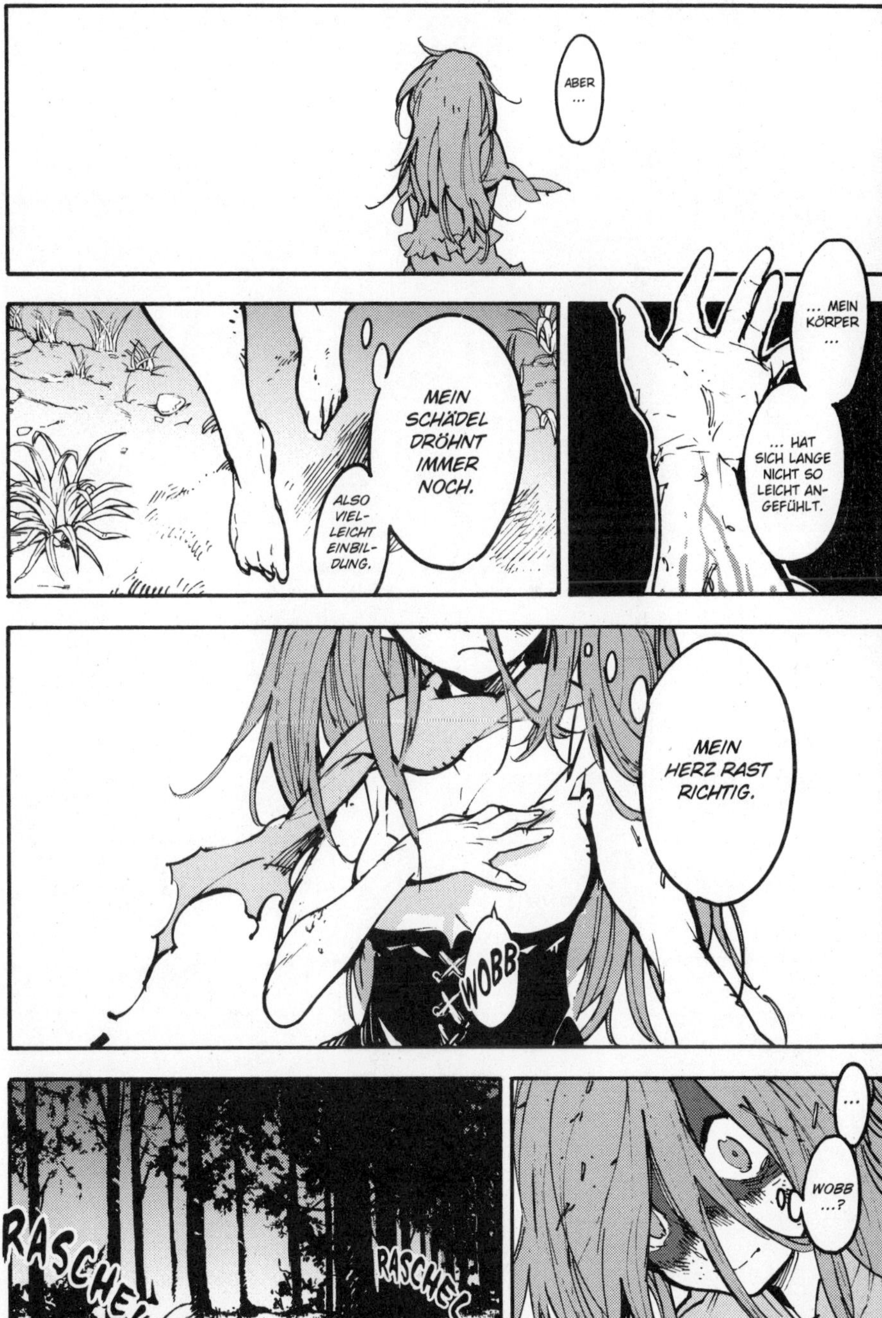
ABER ...
... MEIN KÖRPER ...
... HAT SICH LANGE NICHT SO LEICHT ANGEFÜHLT.
MEIN SCHÄDEL DRÖHNT IMMER NOCH.
ALSO VIELLEICHT EINBILDUNG.
MEIN HERZ RAST RICHTIG.
WOBB
...
WOBB ...?
RASCHEL
RASCHEL

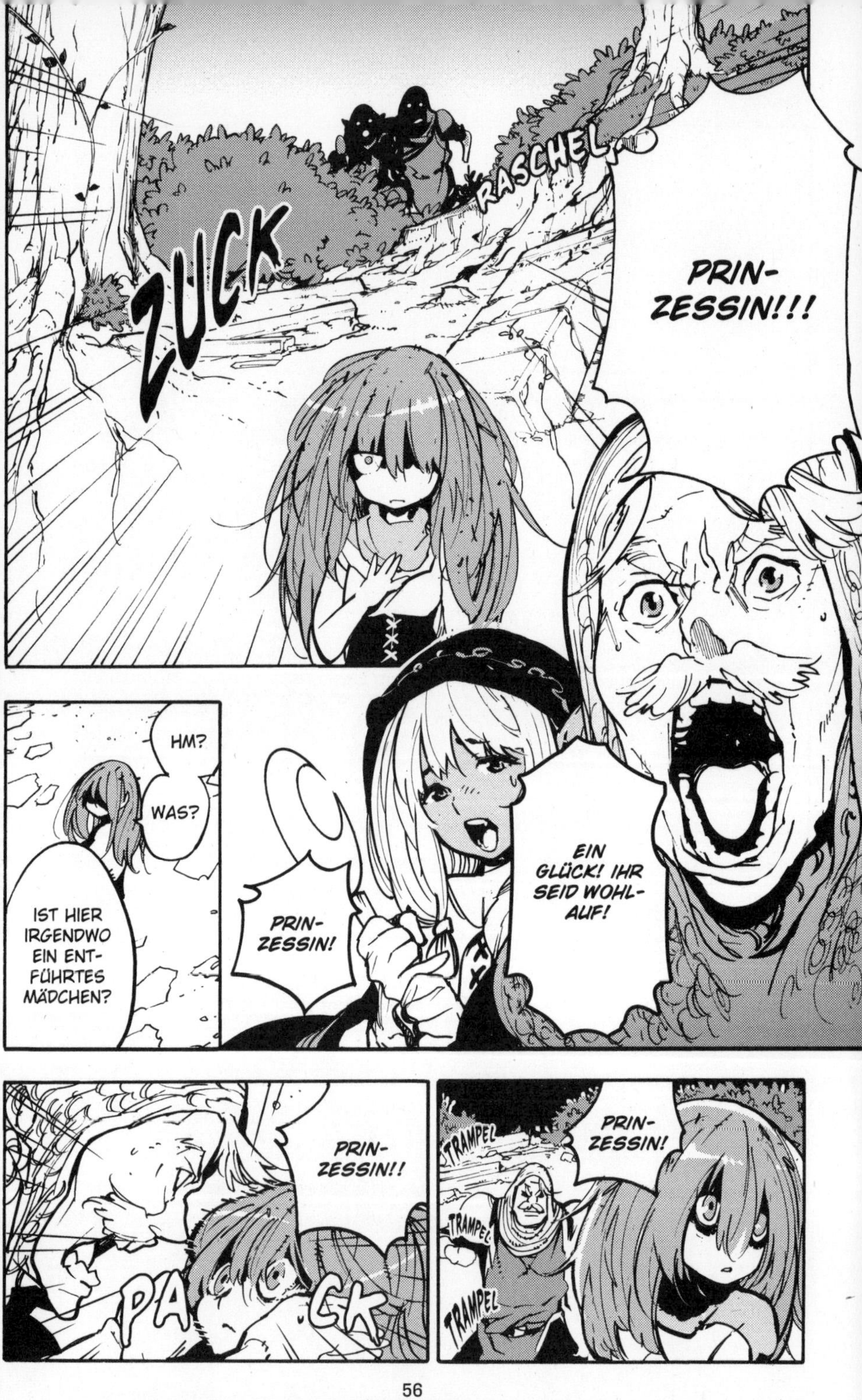
RASCHEL
ZUCK
PRIN-
ZESSIN!!!
EIN GLÜCK! IHR SEID WOHL-AUF!
PRIN-
ZESSIN!
HM?
WAS?
IST HIER IRGENDWO EIN ENT-FÜHRTES MÄDCHEN?
TRAMPEL
TRAMPEL
TRAMPEL
PRIN-
ZESSIN!
PRIN-
ZESSIN!!
PA CK

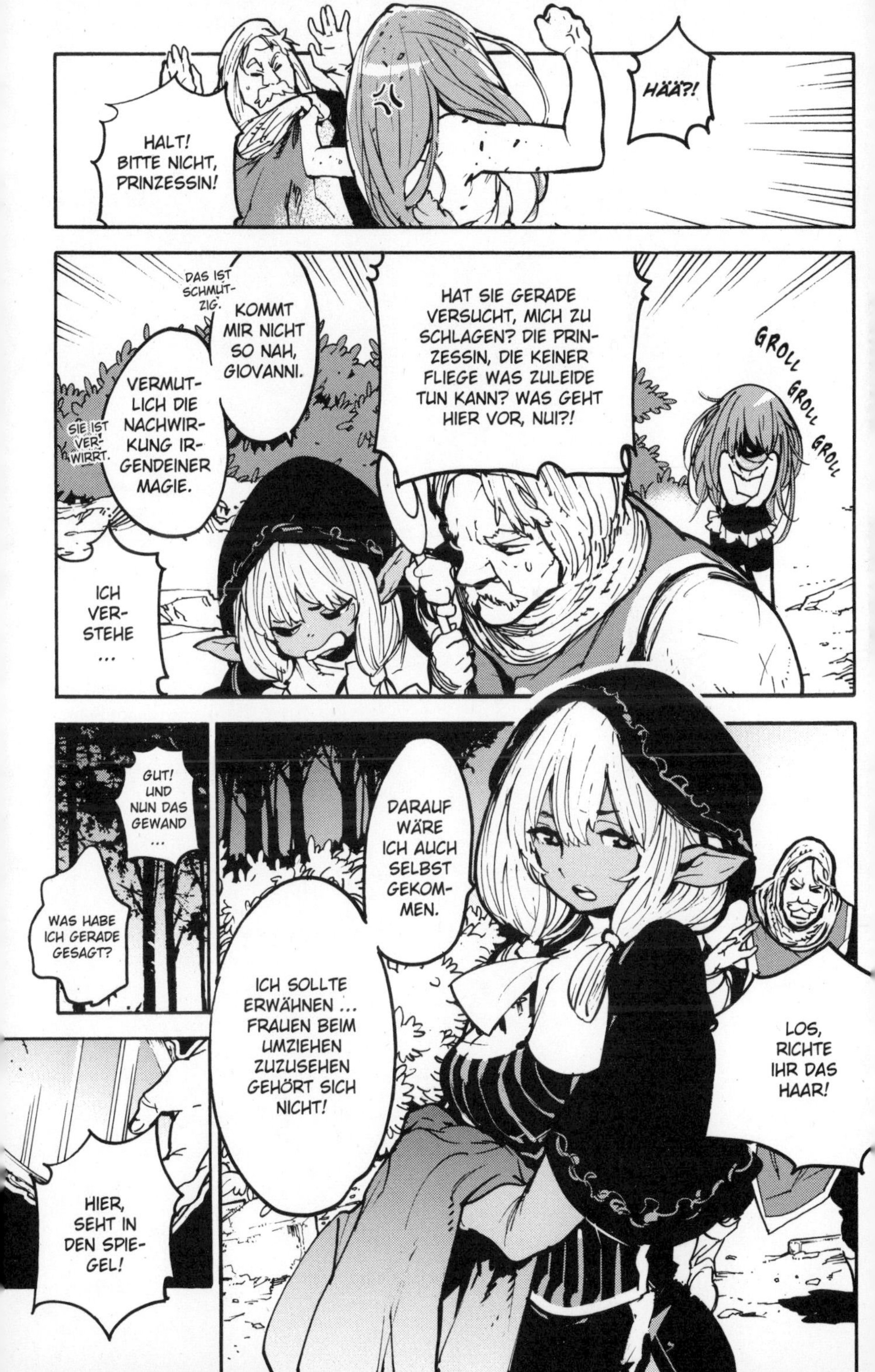
HÄÄ?!
HALT! BITTE NICHT, PRINZESSIN!
GROLL GROLL GROLL
HAT SIE GERADE VERSUCHT, MICH ZU SCHLAGEN? DIE PRINZESSIN, DIE KEINER FLIEGE WAS ZULEIDE TUN KANN? WAS GEHT HIER VOR, NUI?!
KOMMT MIR NICHT SO NAH, GIOVANNI.
DAS IST SCHMUTZIG.
VERMUTLICH DIE NACHWIRKUNG IRGENDEINER MAGIE.
SIE IST VERWIRRT.
ICH VERSTEHE …
LOS, RICHTE IHR DAS HAAR!
DARAUF WÄRE ICH AUCH SELBST GEKOMMEN.
ICH SOLLTE ERWÄHNEN … FRAUEN BEIM UMZIEHEN ZUZUSEHEN GEHÖRT SICH NICHT!
GUT! UND NUN DAS GEWAND …
WAS HABE ICH GERADE GESAGT?
HIER, SEHT IN DEN SPIEGEL!

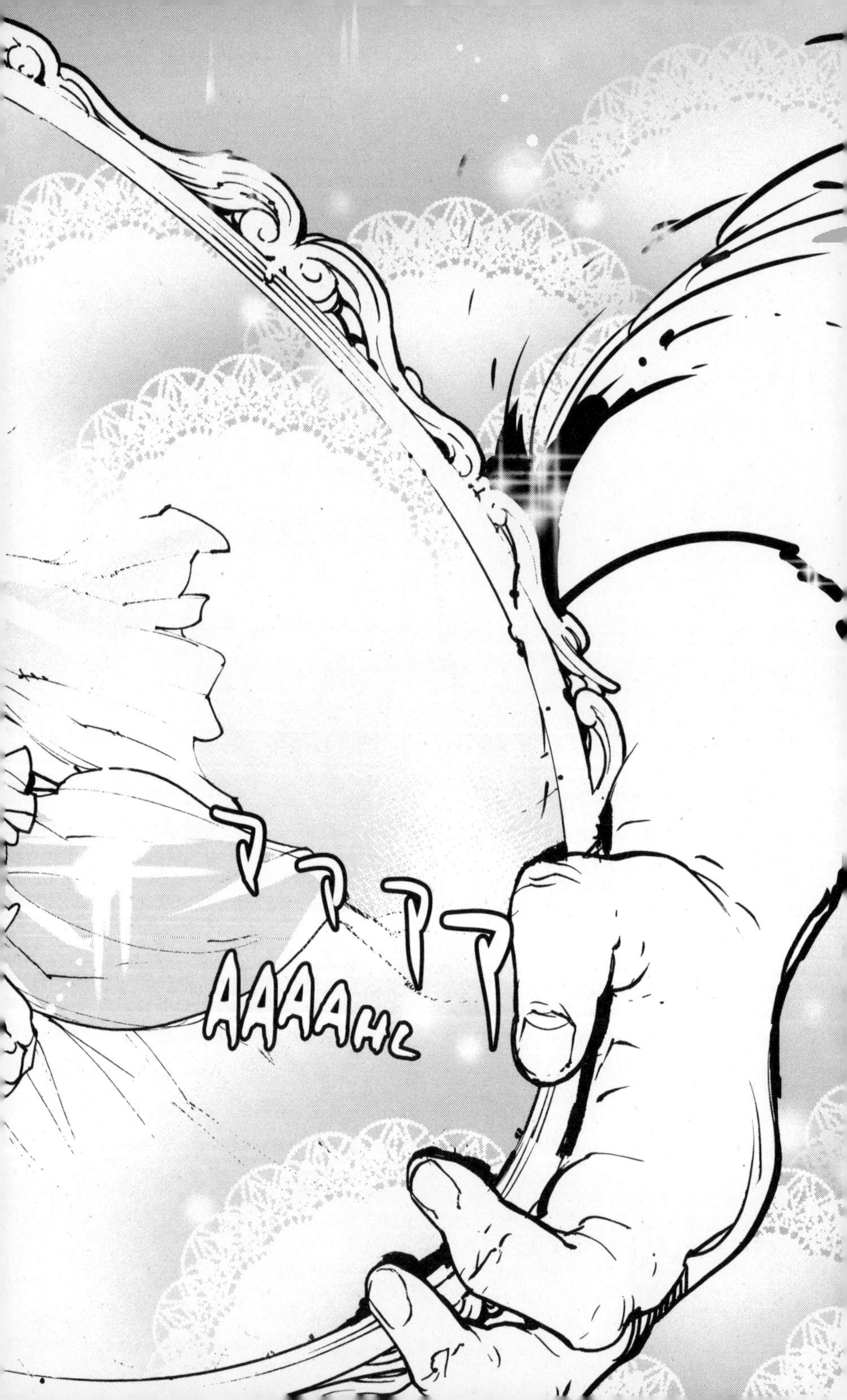
AAAAHL

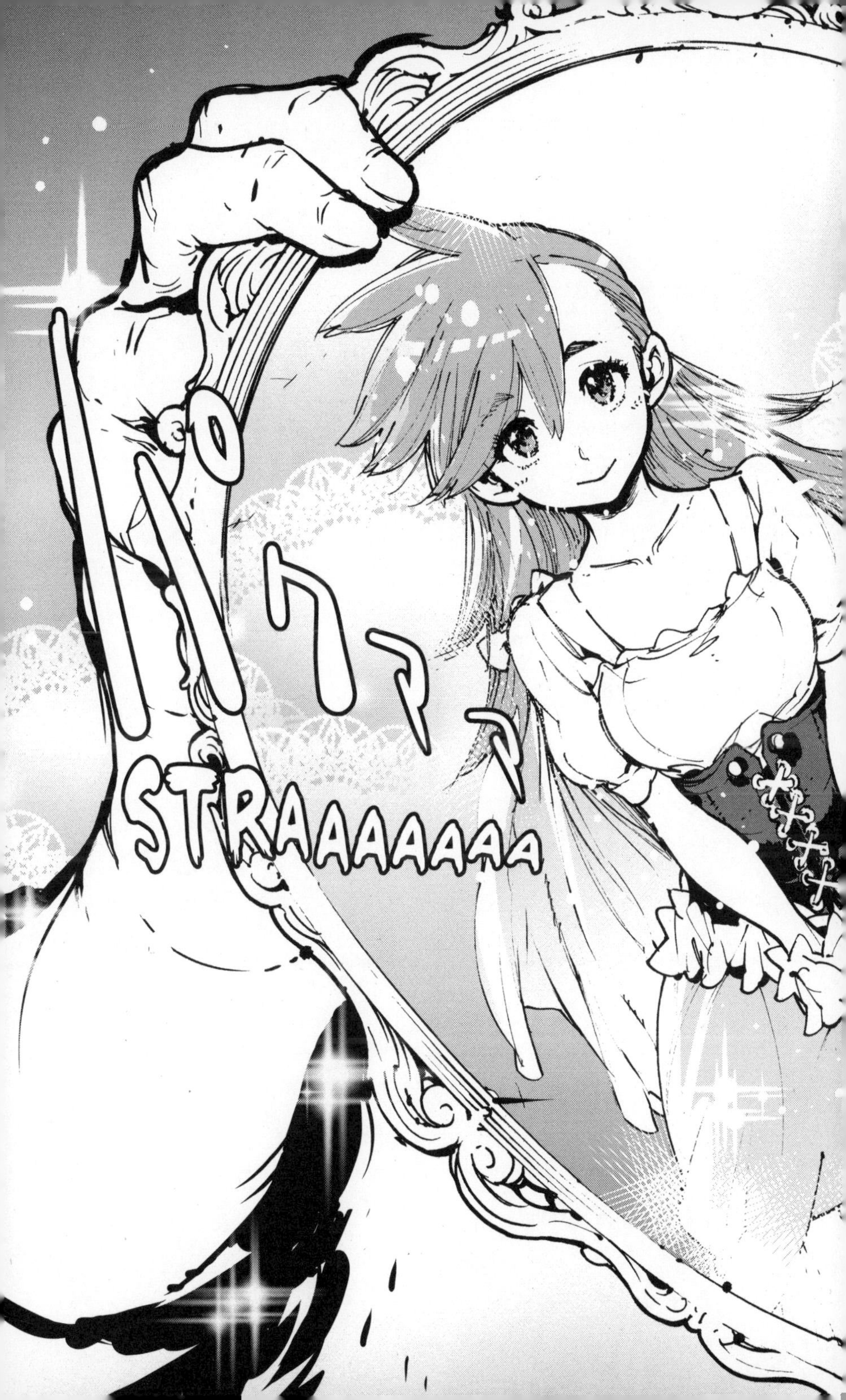
STRAAAAAAA

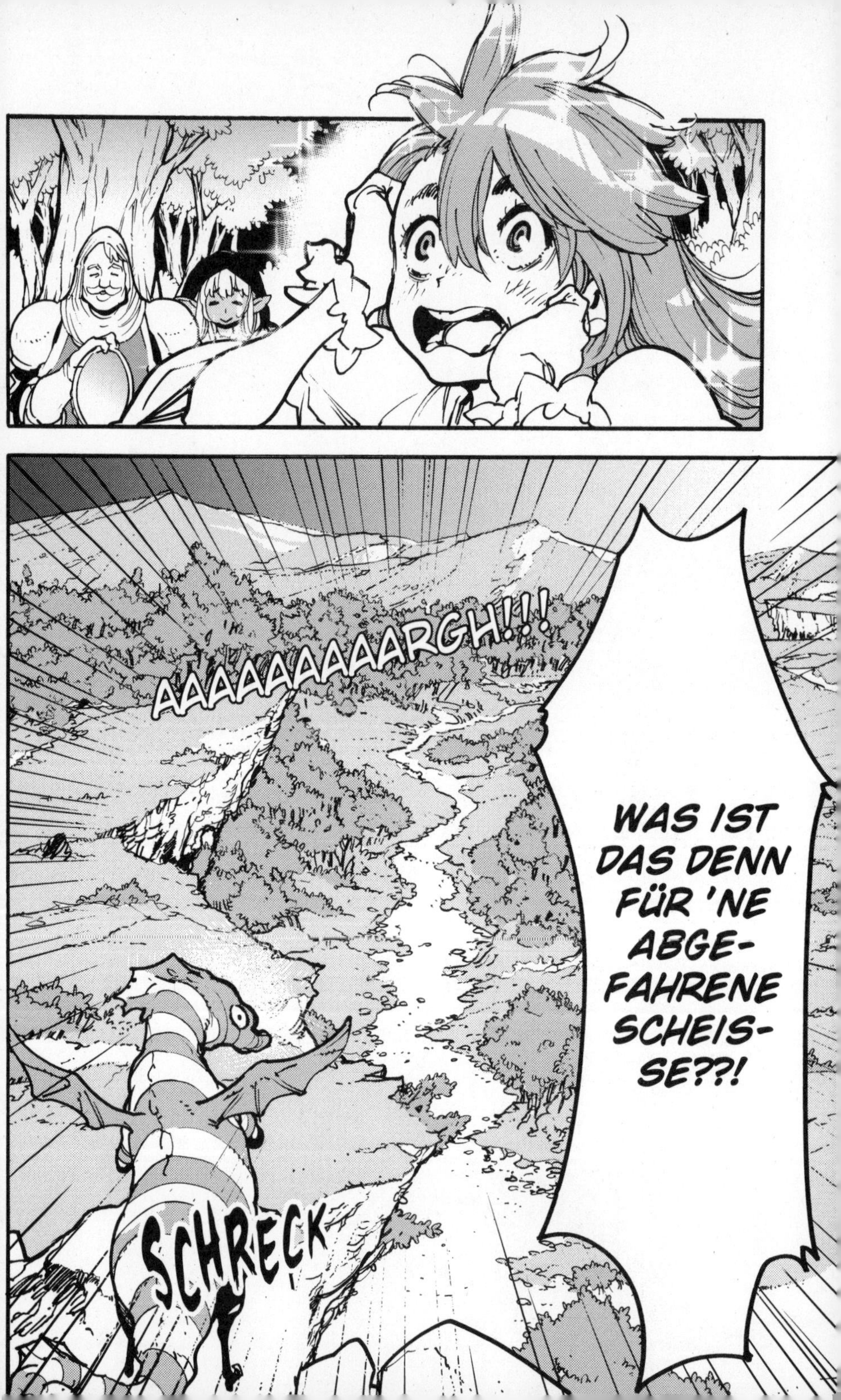
AAAAAAAAAARGH!!!
WAS IST DAS DENN FÜR 'NE ABGE-FAHRENE SCHEIS-SE??!
SCHRECK

YAKUZA
REINCARNATION

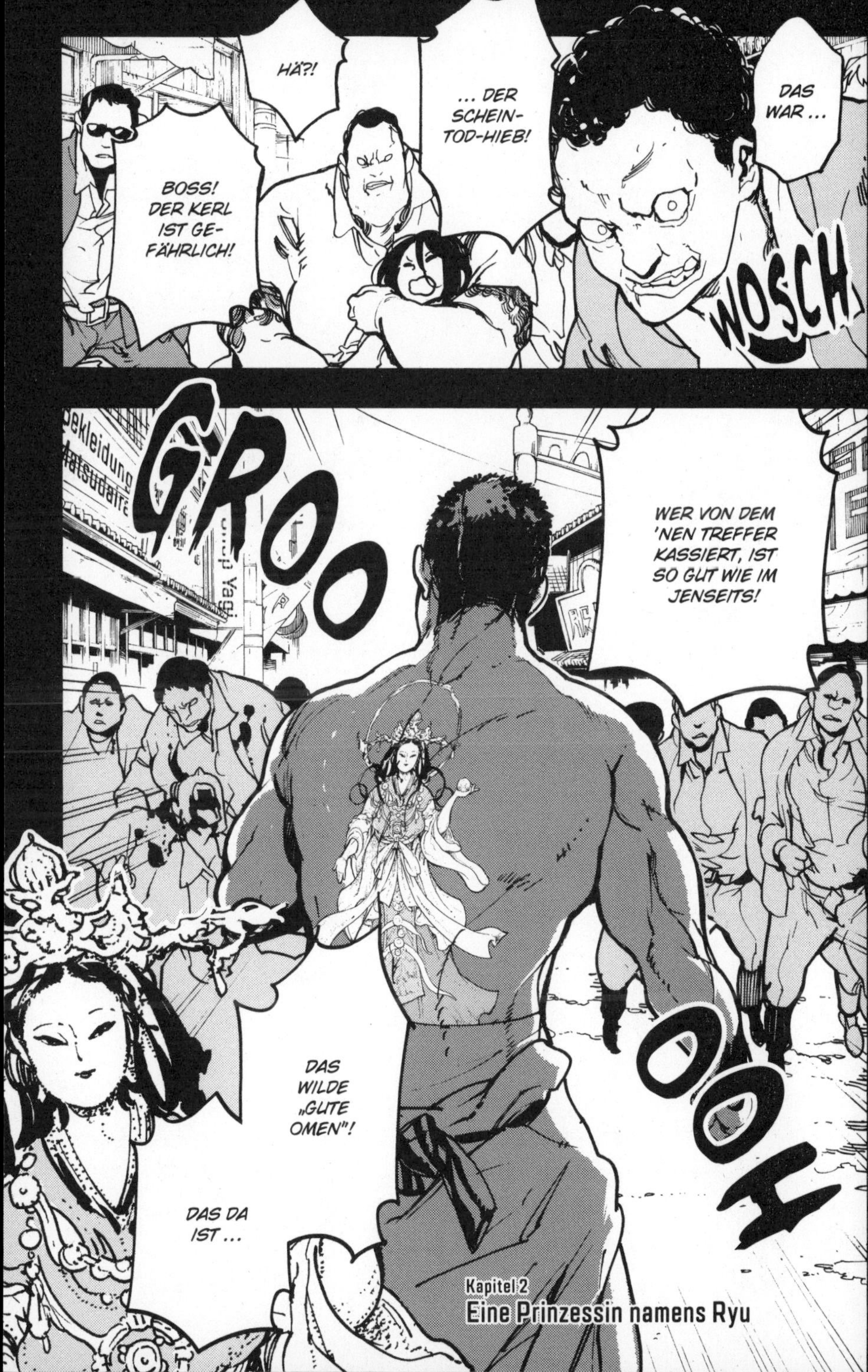
DAS WAR …
… DER SCHEIN-TOD-HIEB!
HÄ?!
BOSS! DER KERL IST GE-FÄHRLICH!
WOSCH
WER VON DEM 'NEN TREFFER KASSIERT, IST SO GUT WIE IM JENSEITS!
GROOOOOH
DAS WILDE „GUTE OMEN"!
DAS DA IST …
Kapitel 2
Eine Prinzessin namens Ryu

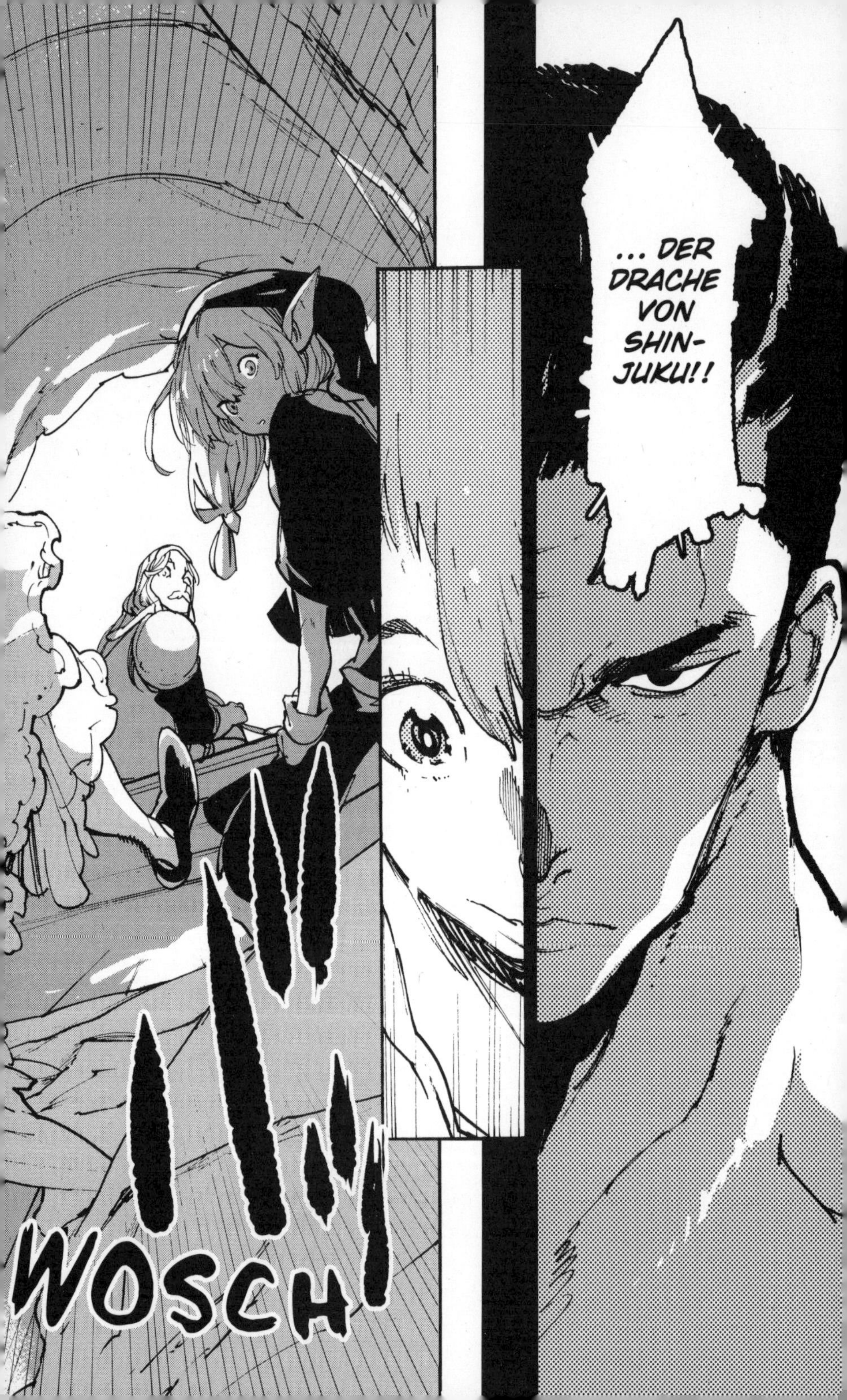
... DER DRACHE VON SHIN-JUKU!!
WOSCH

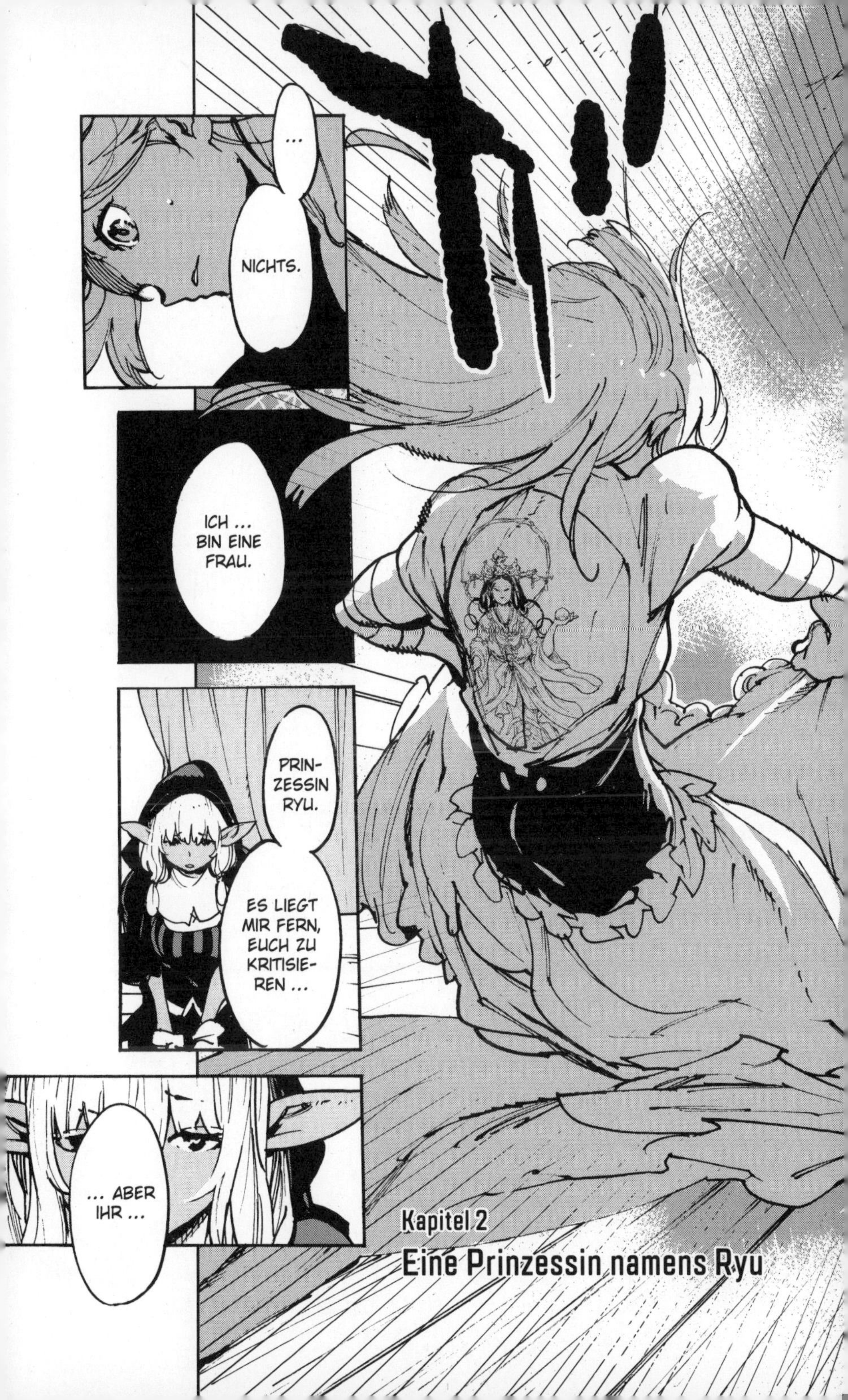

Kapitel 2

Eine Prinzessin namens Ryu

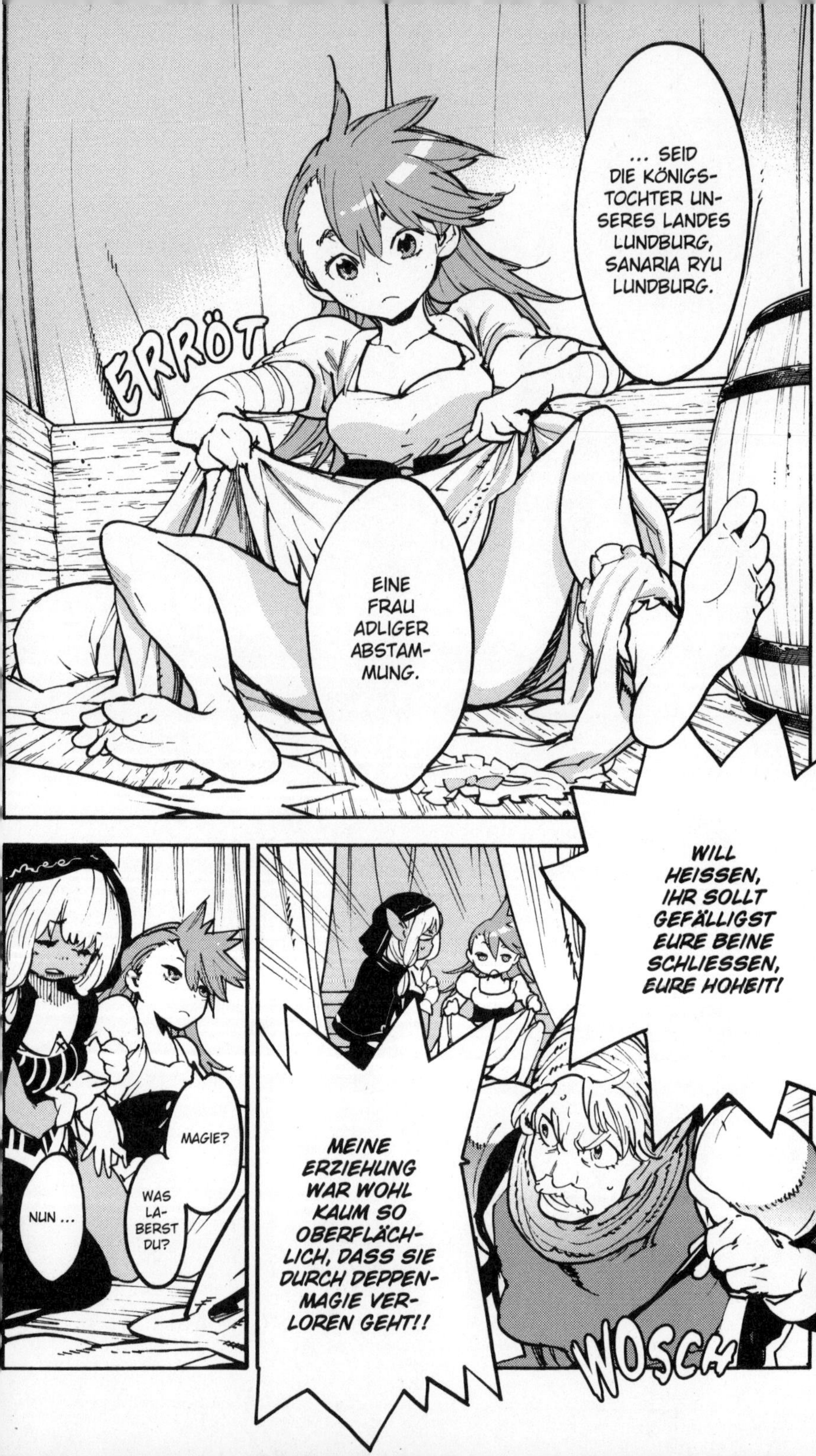
... SEID DIE KÖNIGSTOCHTER UNSERES LANDES LUNDBURG, SANARIA RYU LUNDBURG.
ERRÖT
EINE FRAU ADLIGER ABSTAMMUNG.
WILL HEISSEN, IHR SOLLT GEFÄLLIGST EURE BEINE SCHLIESSEN, EURE HOHEIT!
MEINE ERZIEHUNG WAR WOHL KAUM SO OBERFLÄCHLICH, DASS SIE DURCH DEPPENMAGIE VERLOREN GEHT!!
WOSCH
MAGIE?
WAS LABERST DU?
NUN ...

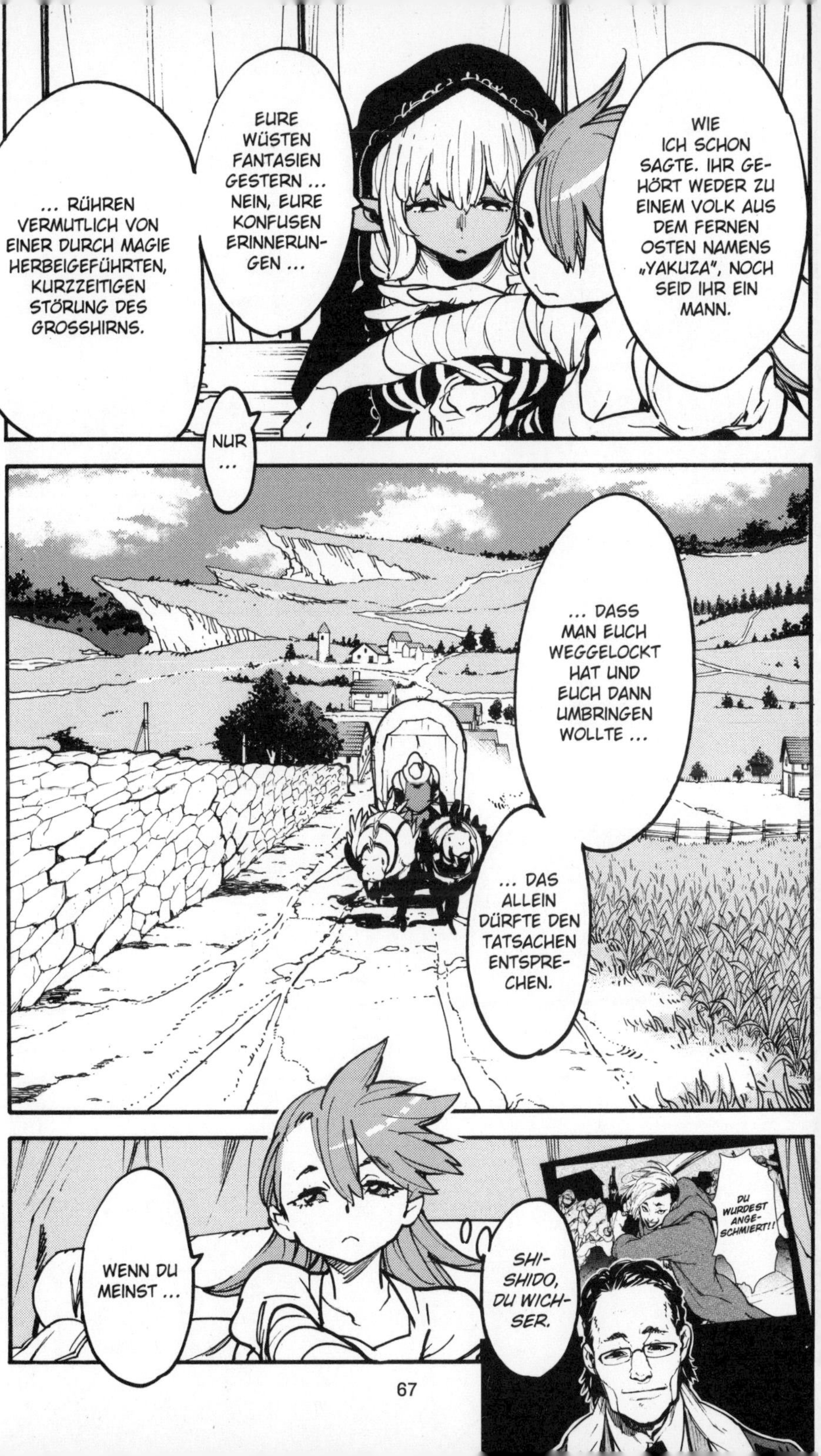
WIE ICH SCHON SAGTE. IHR GE-HÖRT WEDER ZU EINEM VOLK AUS DEM FERNEN OSTEN NAMENS „YAKUZA“, NOCH SEID IHR EIN MANN.
EURE WÜSTEN FANTASIEN GESTERN … NEIN, EURE KONFUSEN ERINNERUN-GEN …
… RÜHREN VERMUTLICH VON EINER DURCH MAGIE HERBEIGEFÜHRTEN, KURZZEITIGEN STÖRUNG DES GROSSHIRNS.
NUR …
… DASS MAN EUCH WEGGELOCKT HAT UND EUCH DANN UMBRINGEN WOLLTE …
… DAS ALLEIN DÜRFTE DEN TATSACHEN ENTSPRE-CHEN.
DU WURDEST ANGE-SCHMIERT!!
SHI-SHIDO, DU WICH-SER.
WENN DU MEINST …

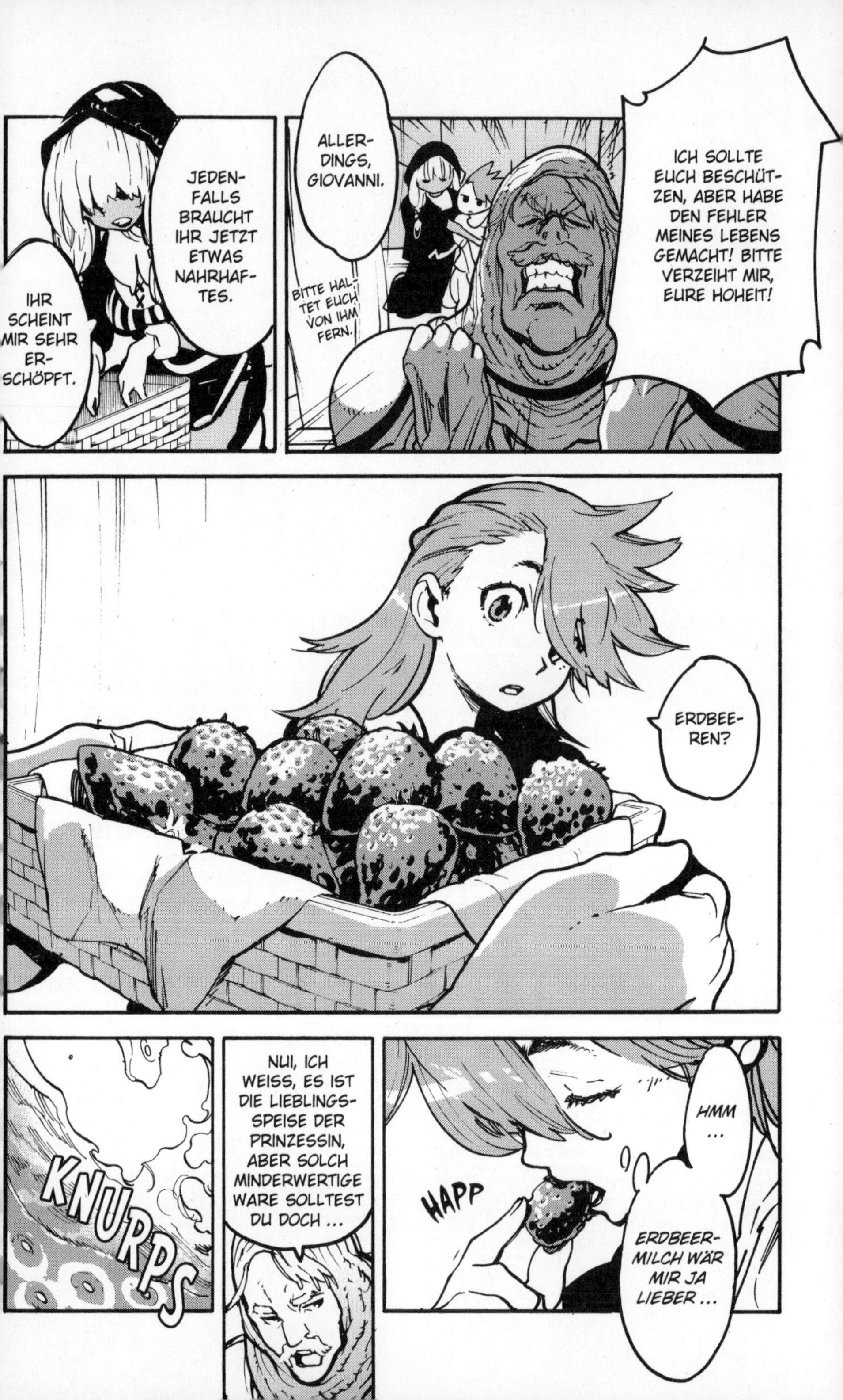
ICH SOLLTE EUCH BESCHÜTZEN, ABER HABE DEN FEHLER MEINES LEBENS GEMACHT! BITTE VERZEIHT MIR, EURE HOHEIT!
ALLERDINGS, GIOVANNI.
BITTE HALTET EUCH VON IHM FERN.
JEDENFALLS BRAUCHT IHR JETZT ETWAS NAHRHAFTES.
IHR SCHEINT MIR SEHR ERSCHÖPFT.
ERDBEEREN?
HMM …
HAPP
ERDBEERMILCH WÄR MIR JA LIEBER …
NUI, ICH WEISS, ES IST DIE LIEBLINGSSPEISE DER PRINZESSIN, ABER SOLCH MINDERWERTIGE WARE SOLLTEST DU DOCH …
KNURPS

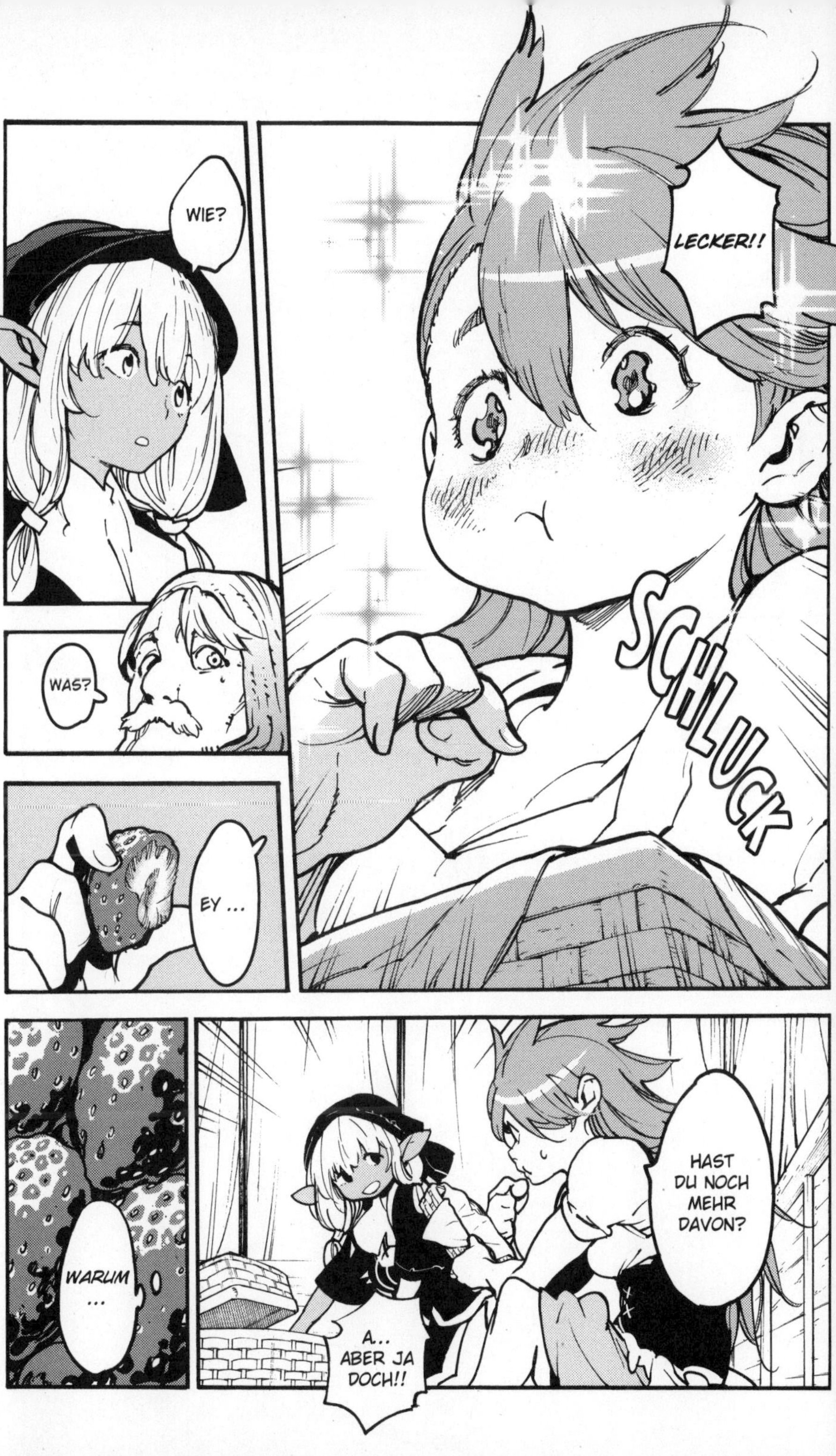
LECKER!!
SCHLUCK
WIE?
WAS?
EY ...
HAST DU NOCH MEHR DAVON?
A... ABER JA DOCH!!
WARUM ...

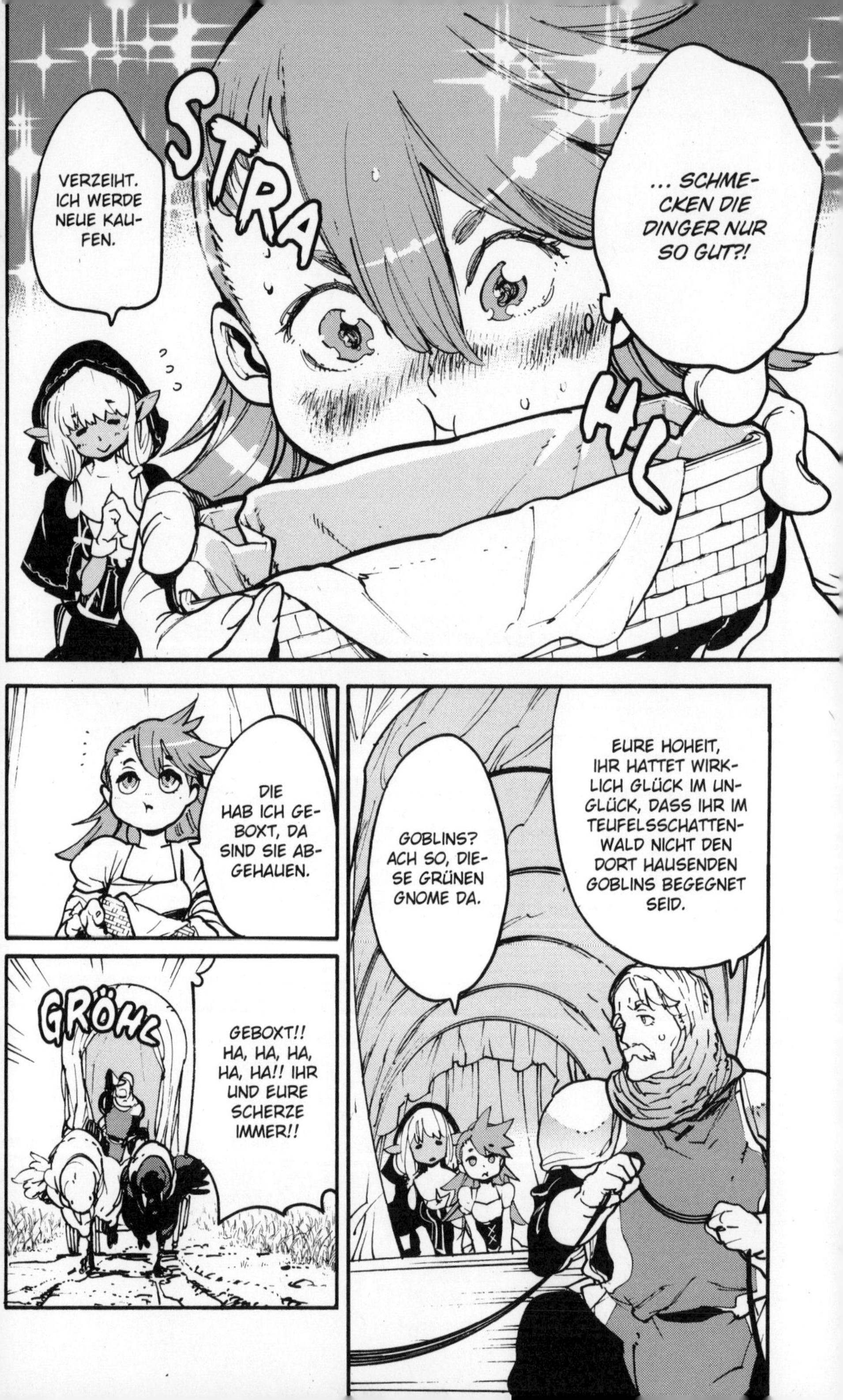
... SCHMECKEN DIE DINGER NUR SO GUT?!
STRAHL
VERZEIHT. ICH WERDE NEUE KAUFEN.
EURE HOHEIT, IHR HATTET WIRKLICH GLÜCK IM UNGLÜCK, DASS IHR IM TEUFELSSCHATTENWALD NICHT DEN DORT HAUSENDEN GOBLINS BEGEGNET SEID.
GOBLINS? ACH SO, DIESE GRÜNEN GNOME DA.
DIE HAB ICH GEBOXT, DA SIND SIE ABGEHAUEN.
GEBOXT!! HA, HA, HA, HA, HA!! IHR UND EURE SCHERZE IMMER!!
GRÖHL

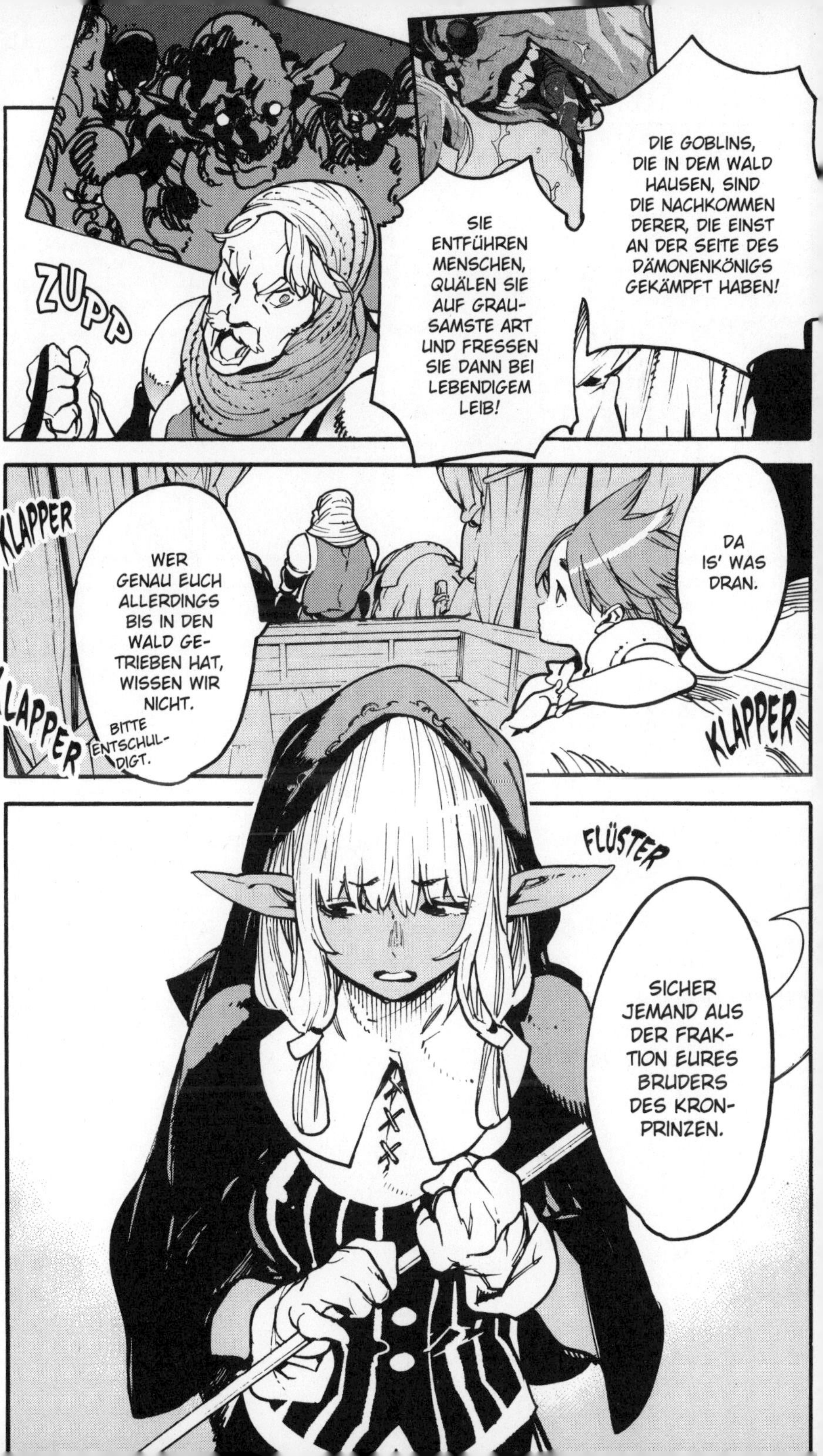
DIE GOBLINS, DIE IN DEM WALD HAUSEN, SIND DIE NACHKOMMEN DERER, DIE EINST AN DER SEITE DES DÄMONENKÖNIGS GEKÄMPFT HABEN!
SIE ENTFÜHREN MENSCHEN, QUÄLEN SIE AUF GRAUSAMSTE ART UND FRESSEN SIE DANN BEI LEBENDIGEM LEIB!
ZUPP
KLAPPER
DA IS' WAS DRAN.
WER GENAU EUCH ALLERDINGS BIS IN DEN WALD GETRIEBEN HAT, WISSEN WIR NICHT.
KLAPPER
BITTE ENTSCHULDIGT.
KLAPPER
FLÜSTER
SICHER JEMAND AUS DER FRAKTION EURES BRUDERS DES KRONPRINZEN.

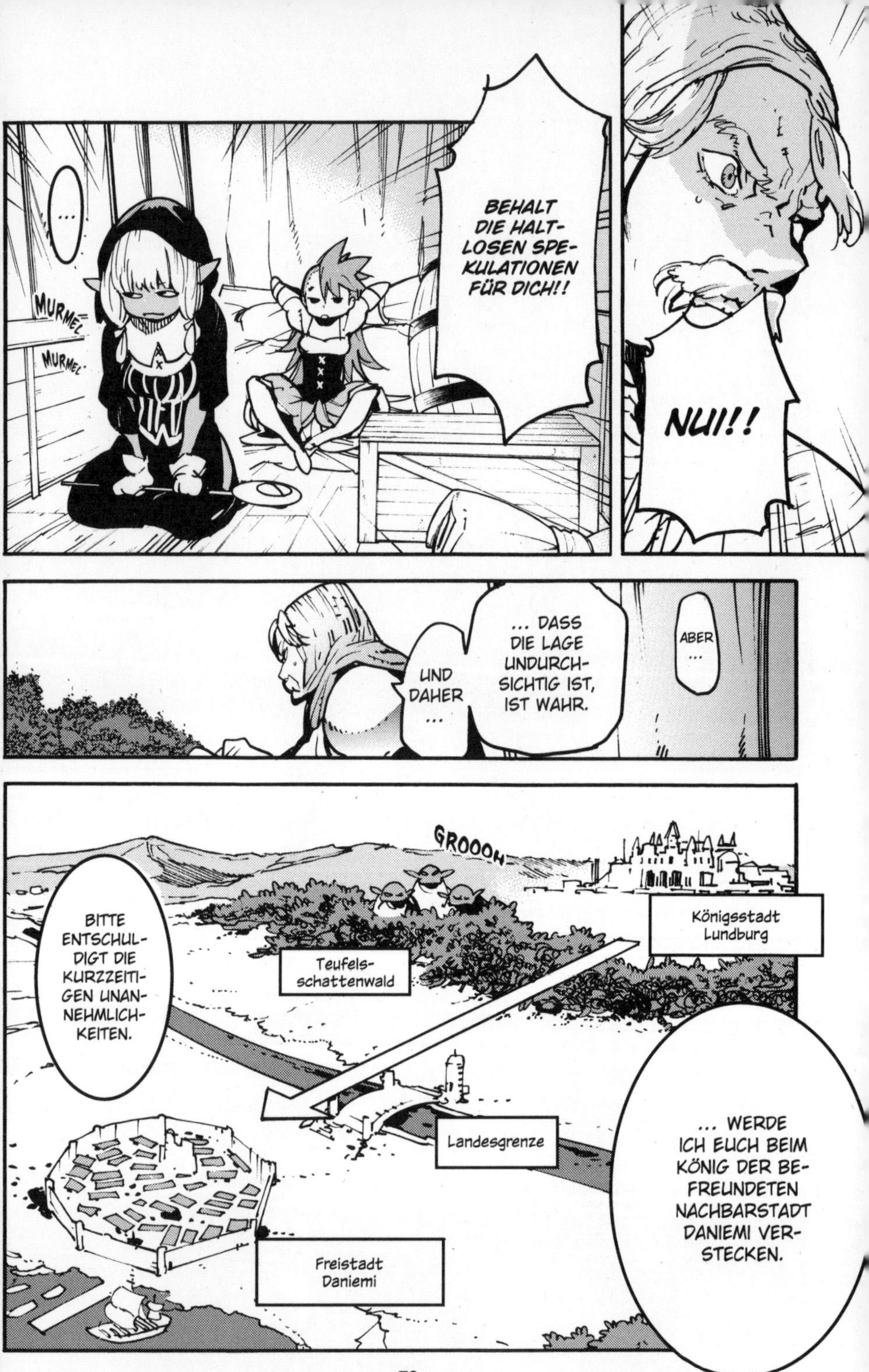
NUI!!
BEHALT DIE HALTLOSEN SPEKULATIONEN FÜR DICH!!
MURMEL
MURMEL
...
ABER ...
... DASS DIE LAGE UNDURCHSICHTIG IST, IST WAHR.
UND DAHER ...
GROOOH
Königsstadt Lundburg
Teufelsschattenwald
Landesgrenze
Freistadt Daniemi
... WERDE ICH EUCH BEIM KÖNIG DER BEFREUNDETEN NACHBARSTADT DANIEMI VERSTECKEN.
BITTE ENTSCHULDIGT DIE KURZZEITIGEN UNANNEHMLICHKEITEN.

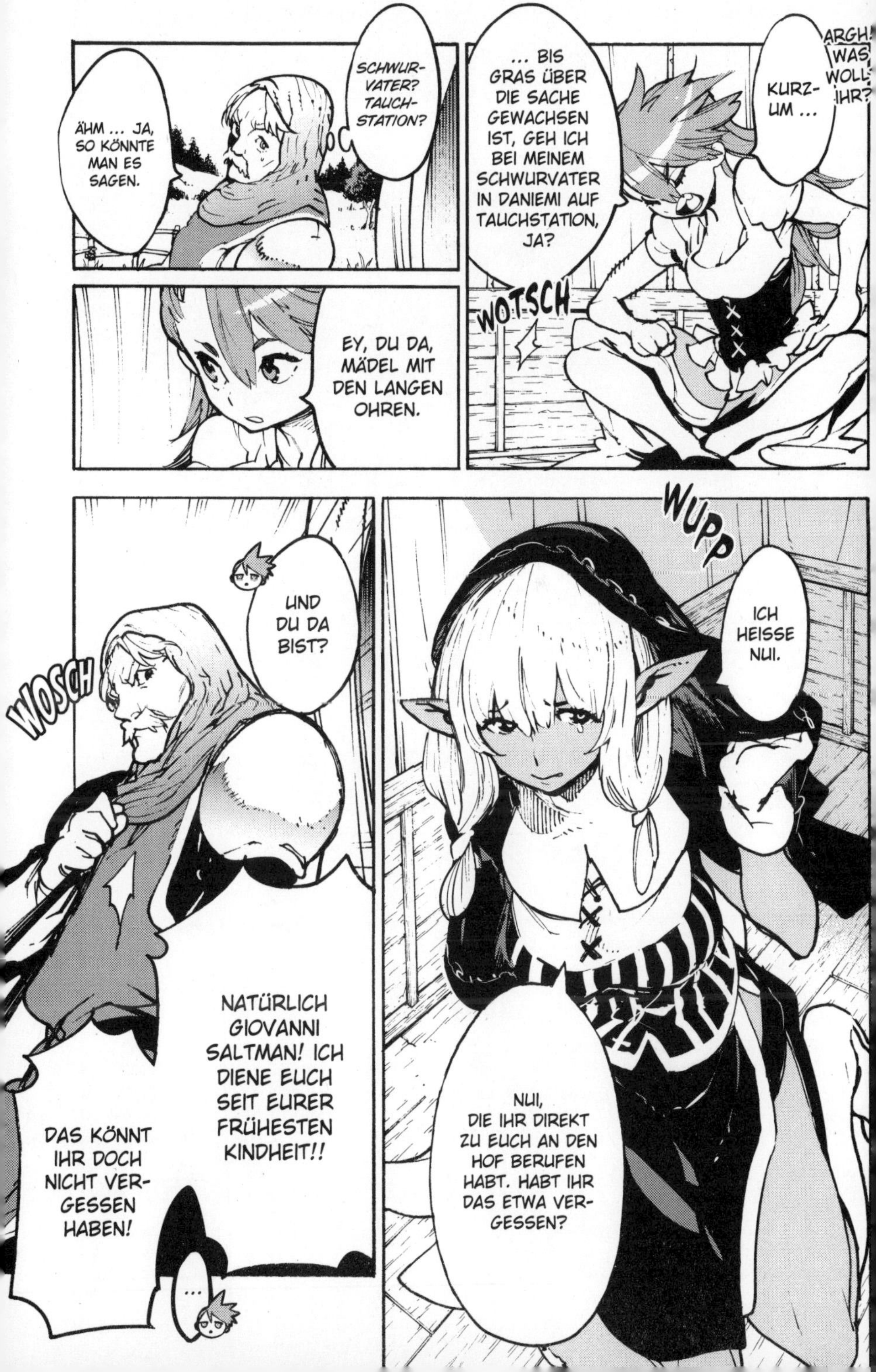
ARGH! WAS WOLL IHR?
KURZUM ...
... BIS GRAS ÜBER DIE SACHE GEWACHSEN IST, GEH ICH BEI MEINEM SCHWURVATER IN DANIEMI AUF TAUCHSTATION, JA?
WOTSCH
SCHWURVATER? TAUCHSTATION?
ÄHM ... JA, SO KÖNNTE MAN ES SAGEN.
EY, DU DA, MÄDEL MIT DEN LANGEN OHREN.
WUPP
ICH HEISSE NUI.
NUI, DIE IHR DIREKT ZU EUCH AN DEN HOF BERUFEN HABT. HABT IHR DAS ETWA VERGESSEN?
UND DU DA BIST?
WOSCH
NATÜRLICH GIOVANNI SALTMAN! ICH DIENE EUCH SEIT EURER FRÜHESTEN KINDHEIT!!
DAS KÖNNT IHR DOCH NICHT VERGESSEN HABEN!
...

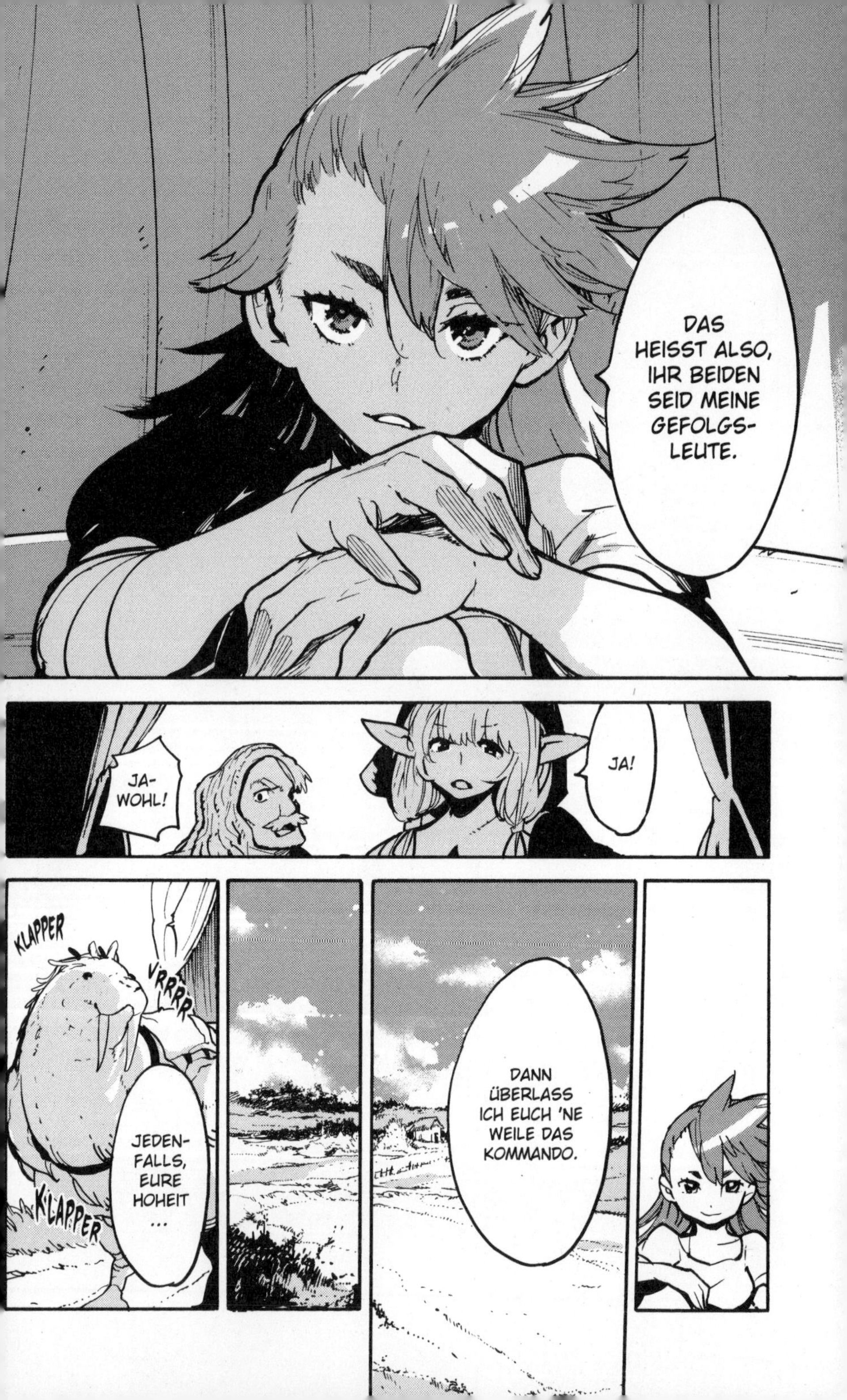
DAS HEISST ALSO, IHR BEIDEN SEID MEINE GEFOLGS-LEUTE.
JA!
JA-WOHL!
DANN ÜBERLASS ICH EUCH 'NE WEILE DAS KOMMANDO.
JEDEN-FALLS, EURE HOHEIT ...
VRRRRR
KLAPPER
KLAPPER

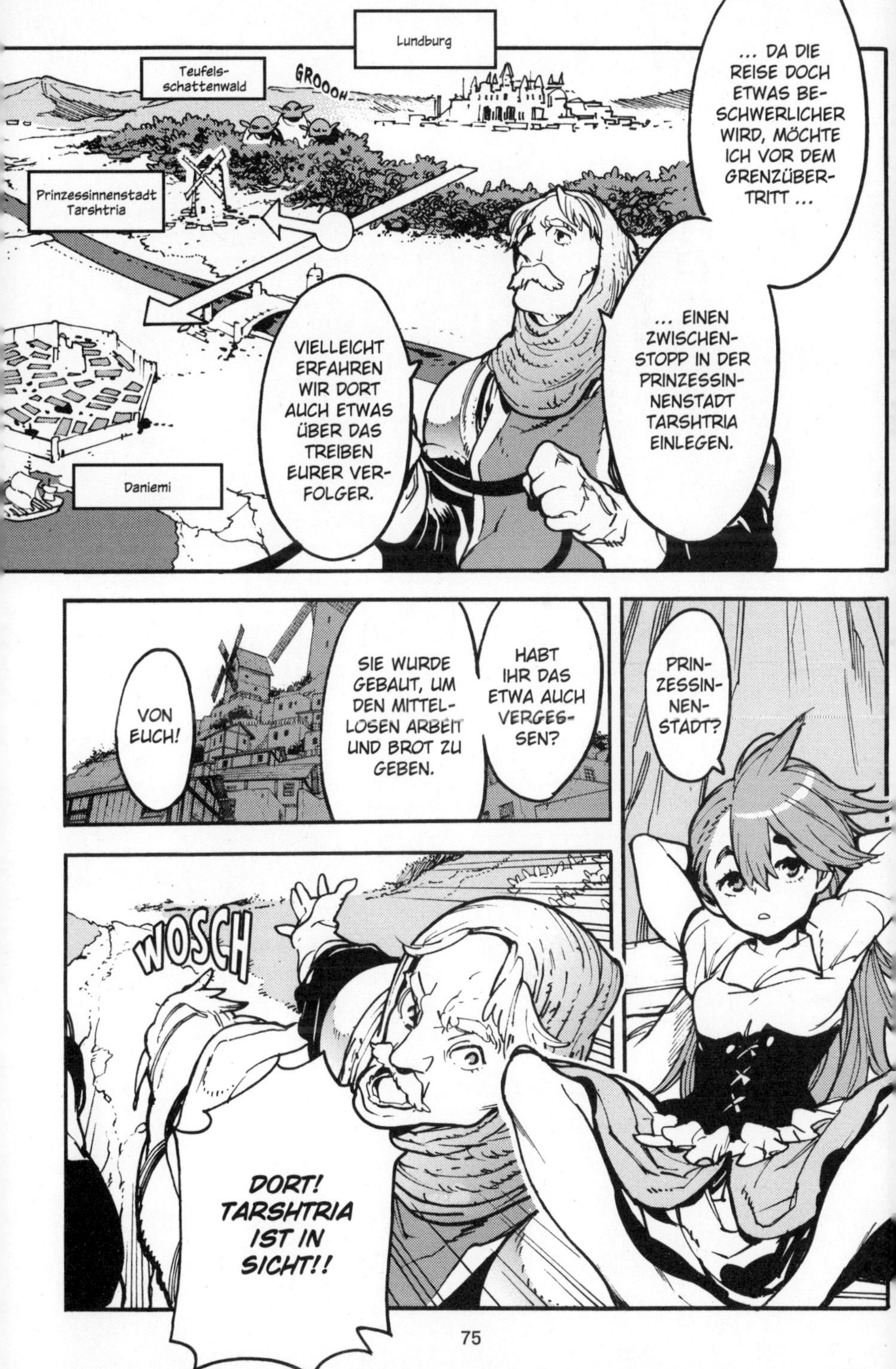
… DA DIE REISE DOCH ETWAS BE-SCHWERLICHER WIRD, MÖCHTE ICH VOR DEM GRENZÜBER-TRITT …
… EINEN ZWISCHEN-STOPP IN DER PRINZESSIN-NENSTADT TARSHTRIA EINLEGEN.
VIELLEICHT ERFAHREN WIR DORT AUCH ETWAS ÜBER DAS TREIBEN EURER VER-FOLGER.
Lundburg
Teufels-schattenwald
GROOOH
Prinzessinnenstadt Tarshtria
Daniemi
PRIN-ZESSIN-NEN-STADT?
HABT IHR DAS ETWA AUCH VERGES-SEN?
SIE WURDE GEBAUT, UM DEN MITTEL-LOSEN ARBEIT UND BROT ZU GEBEN.
VON EUCH!
WOSCH
DORT! TARSHTRIA IST IN SICHT!!

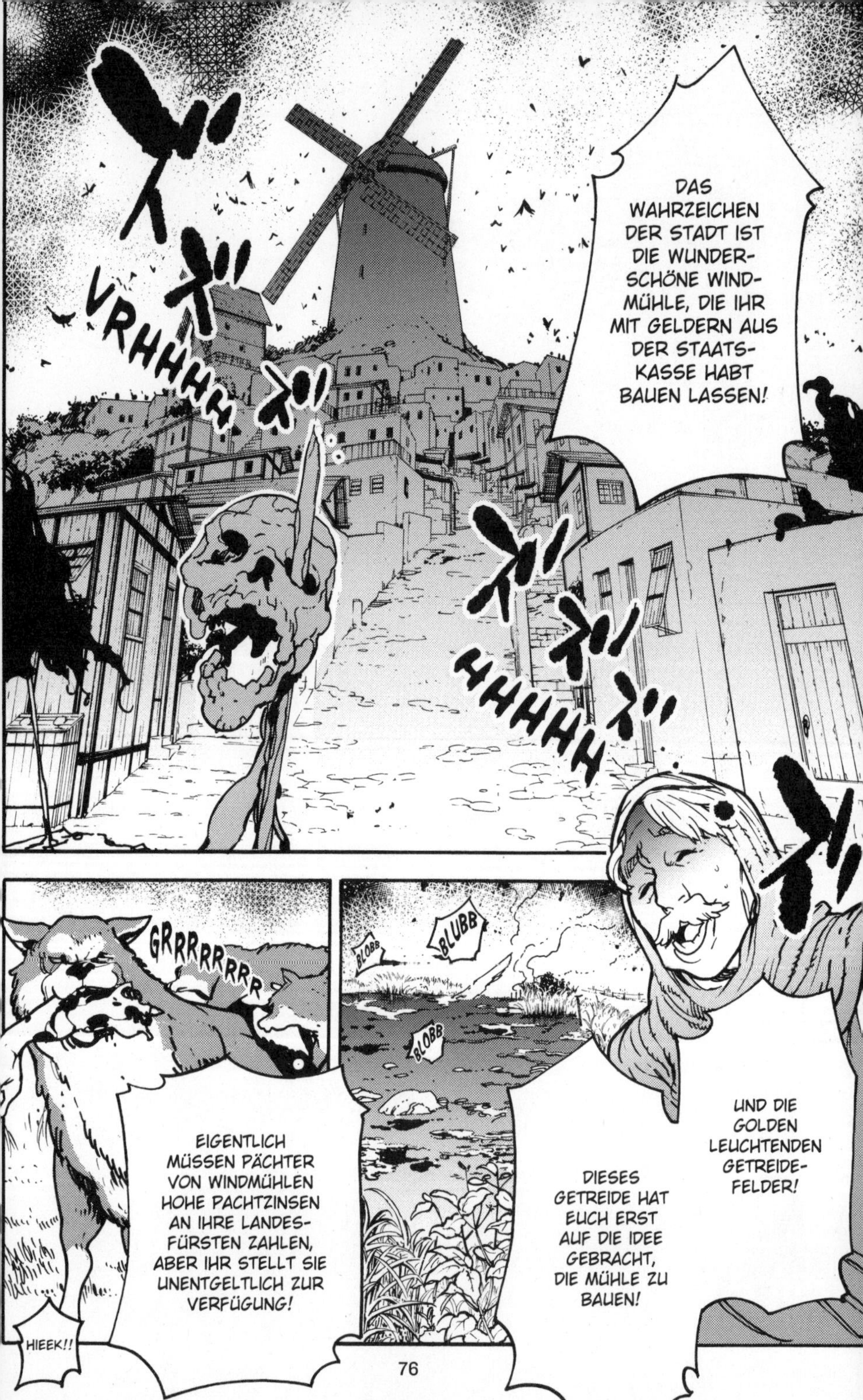
VRHHHHH
DAS WAHRZEICHEN DER STADT IST DIE WUNDERSCHÖNE WINDMÜHLE, DIE IHR MIT GELDERN AUS DER STAATSKASSE HABT BAUEN LASSEN!
HHHHHH
UND DIE GOLDEN LEUCHTENDEN GETREIDEFELDER!
BLUBB
BLOBB
BLOBB
DIESES GETREIDE HAT EUCH ERST AUF DIE IDEE GEBRACHT, DIE MÜHLE ZU BAUEN!
GRRRRRRRR
EIGENTLICH MÜSSEN PÄCHTER VON WINDMÜHLEN HOHE PACHTZINSEN AN IHRE LANDESFÜRSTEN ZAHLEN, ABER IHR STELLT SIE UNENTGELTLICH ZUR VERFÜGUNG!
HIEEK!!

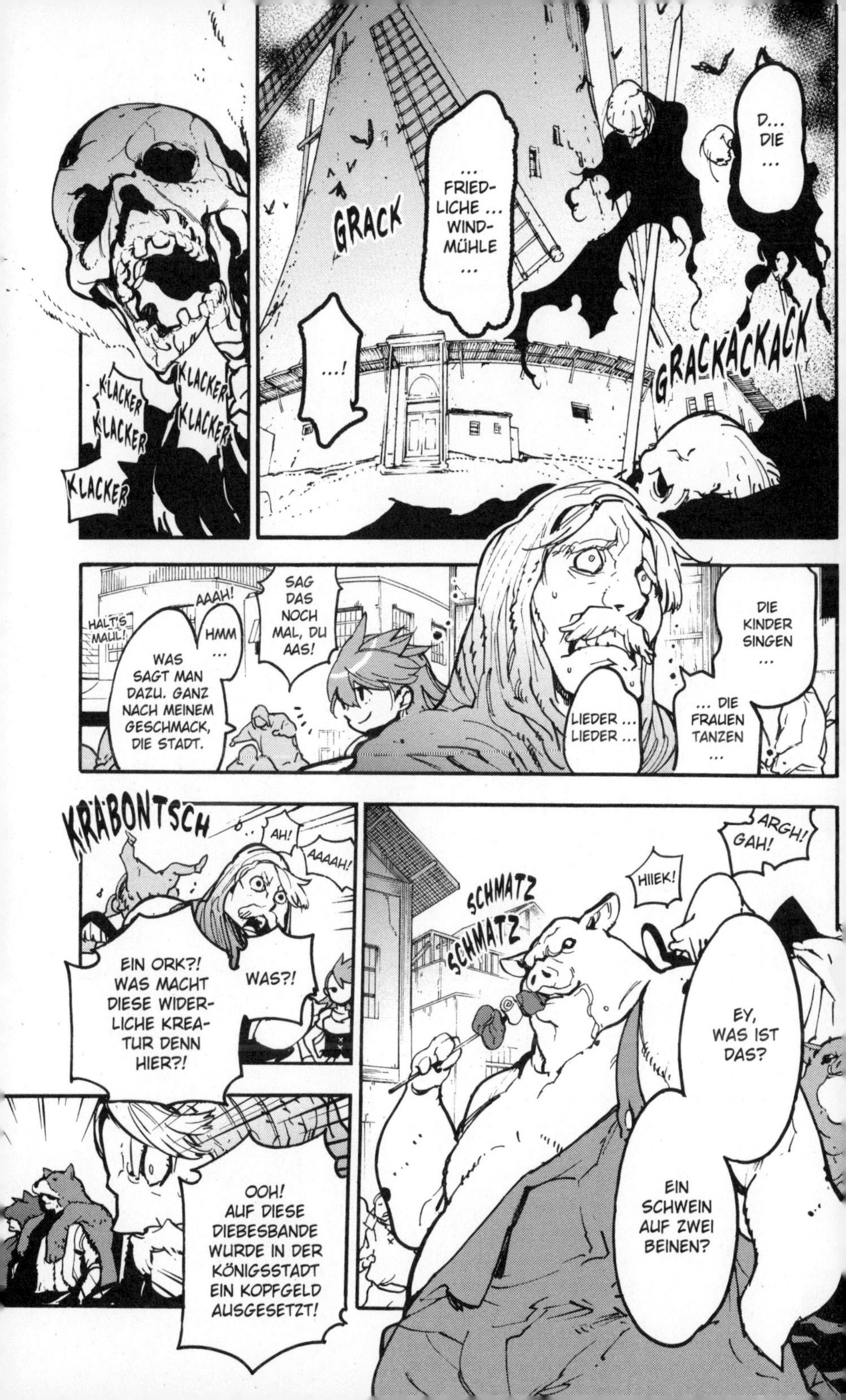
... FRIED-
LICHE ...
WIND-
MÜHLE
...
GRACK
D...
DIE
...
GRACKACKACK
...!
KLACKER
KLACKER
KLACKER
KLACKER
KLACKER
DIE
KINDER
SINGEN
...
... DIE
FRAUEN
TANZEN
...
LIEDER ...
LIEDER ...
SAG
DAS
NOCH
MAL, DU
AAS!
AAAH!
HMM
...
WAS
SAGT MAN
DAZU. GANZ
NACH MEINEM
GESCHMACK,
DIE STADT.
HALT'S
MAUL!
ARGH!
GAH!
HIIEK!
SCHMATZ
SCHMATZ
EY,
WAS IST
DAS?
EIN
SCHWEIN
AUF ZWEI
BEINEN?
KRABONTSCH
AH!
AAAAH!
WAS?!
EIN ORK?!
WAS MACHT
DIESE WIDER-
LICHE KREA-
TUR DENN
HIER?!
OOH!
AUF DIESE
DIEBESBANDE
WURDE IN DER
KÖNIGSSTADT
EIN KOPFGELD
AUSGESETZT!

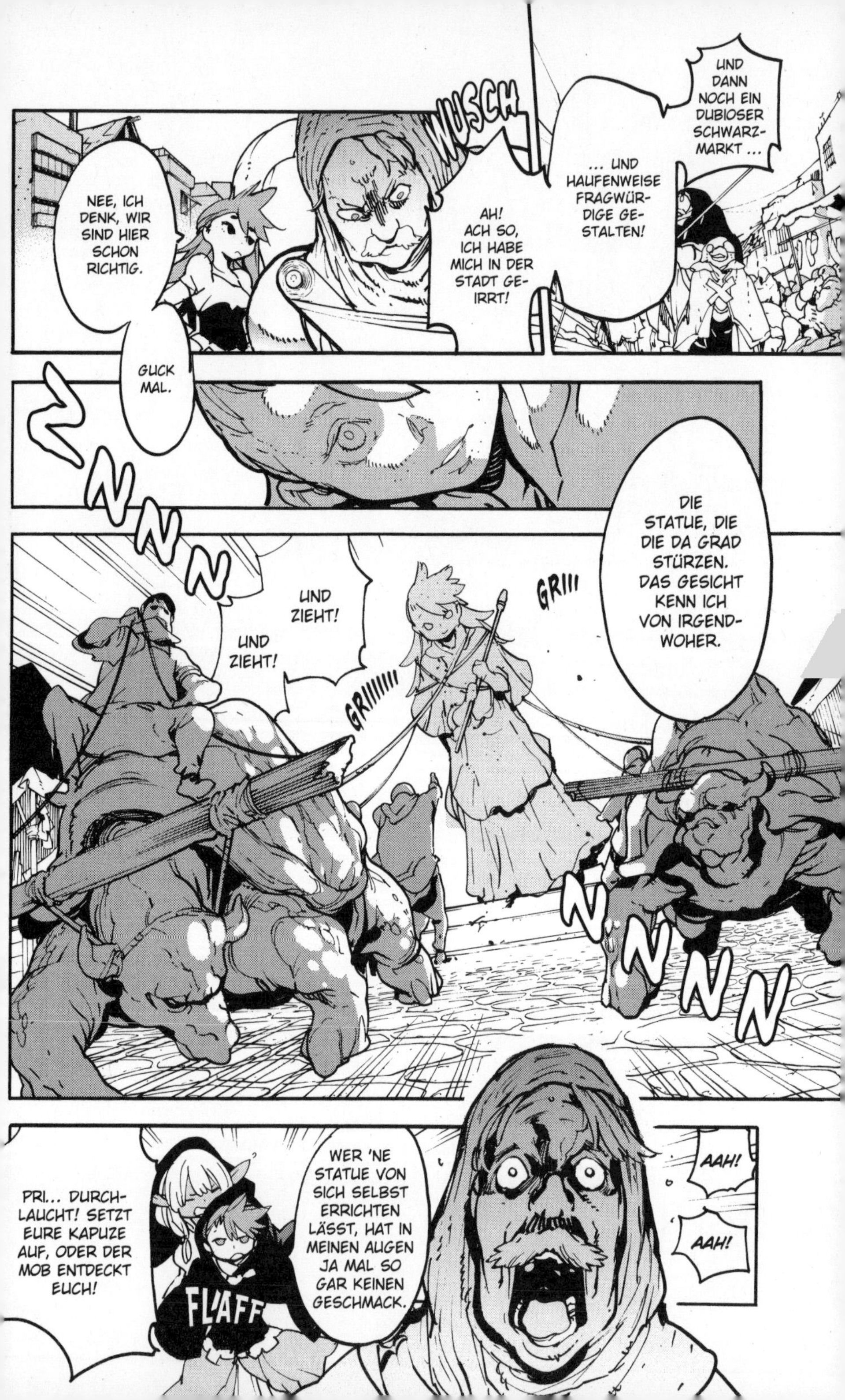
UND DANN NOCH EIN DUBIOSER SCHWARZ-MARKT ...
... UND HAUFENWEISE FRAGWÜR-DIGE GE-STALTEN!
WUSCH
AH! ACH SO, ICH HABE MICH IN DER STADT GE-IRRT!
NEE, ICH DENK, WIR SIND HIER SCHON RICHTIG.
GUCK MAL.
NNNNN
DIE STATUE, DIE DIE DA GRAD STÜRZEN. DAS GESICHT KENN ICH VON IRGEND-WOHER.
GRIII
UND ZIEHT!
UND ZIEHT!
GRIIIIIII
NNNNN
AAH!
AAH!
WER 'NE STATUE VON SICH SELBST ERRICHTEN LÄSST, HAT IN MEINEN AUGEN JA MAL SO GAR KEINEN GESCHMACK.
PRI... DURCH-LAUCHT! SETZT EURE KAPUZE AUF, ODER DER MOB ENTDECKT EUCH!
FLAFF

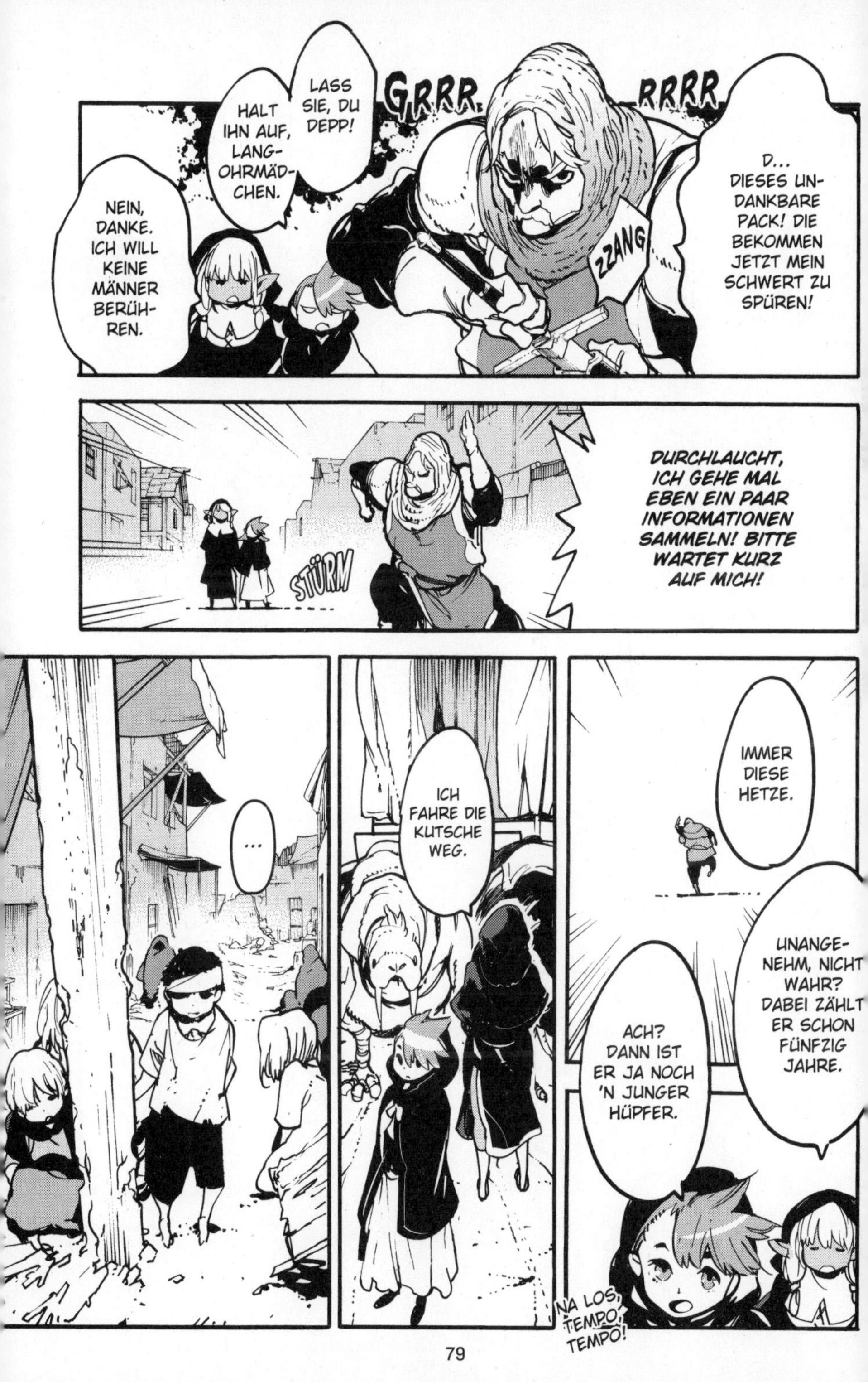
GRRR...RRRR
D... DIESES UNDANKBARE PACK! DIE BEKOMMEN JETZT MEIN SCHWERT ZU SPÜREN!
ZZANG
LASS SIE, DU DEPP!
HALT IHN AUF, LANGOHRMÄDCHEN.
NEIN, DANKE. ICH WILL KEINE MÄNNER BERÜHREN.
DURCHLAUCHT, ICH GEHE MAL EBEN EIN PAAR INFORMATIONEN SAMMELN! BITTE WARTET KURZ AUF MICH!
STÜRM
IMMER DIESE HETZE.
UNANGENEHM, NICHT WAHR? DABEI ZÄHLT ER SCHON FÜNFZIG JAHRE.
ACH? DANN IST ER JA NOCH 'N JUNGER HÜPFER.
NA LOS, TEMPO! TEMPO!
ICH FAHRE DIE KUTSCHE WEG.
...

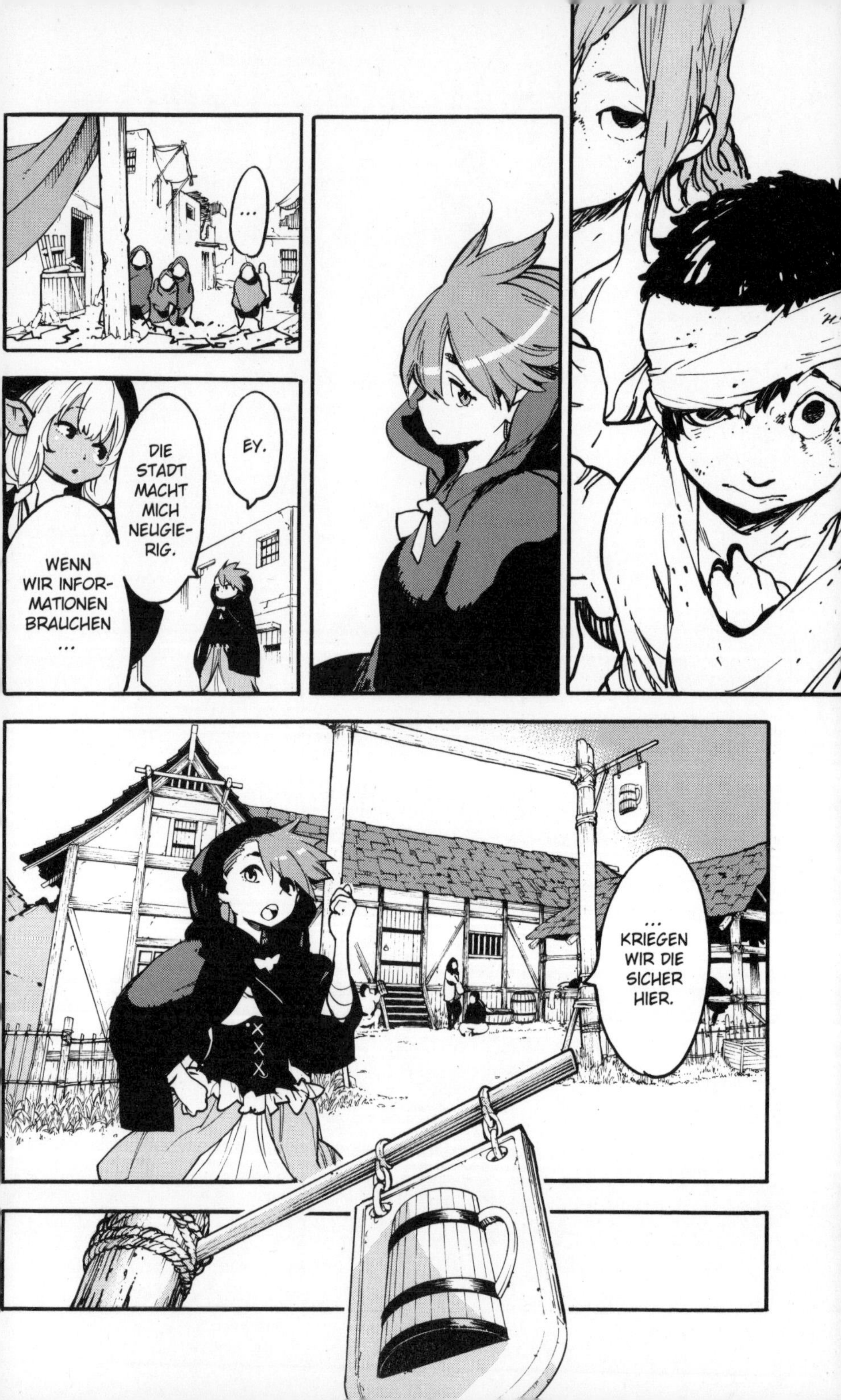
...
EY.
DIE STADT MACHT MICH NEUGIE-RIG.
WENN WIR INFOR-MATIONEN BRAUCHEN ...
... KRIEGEN WIR DIE SICHER HIER.

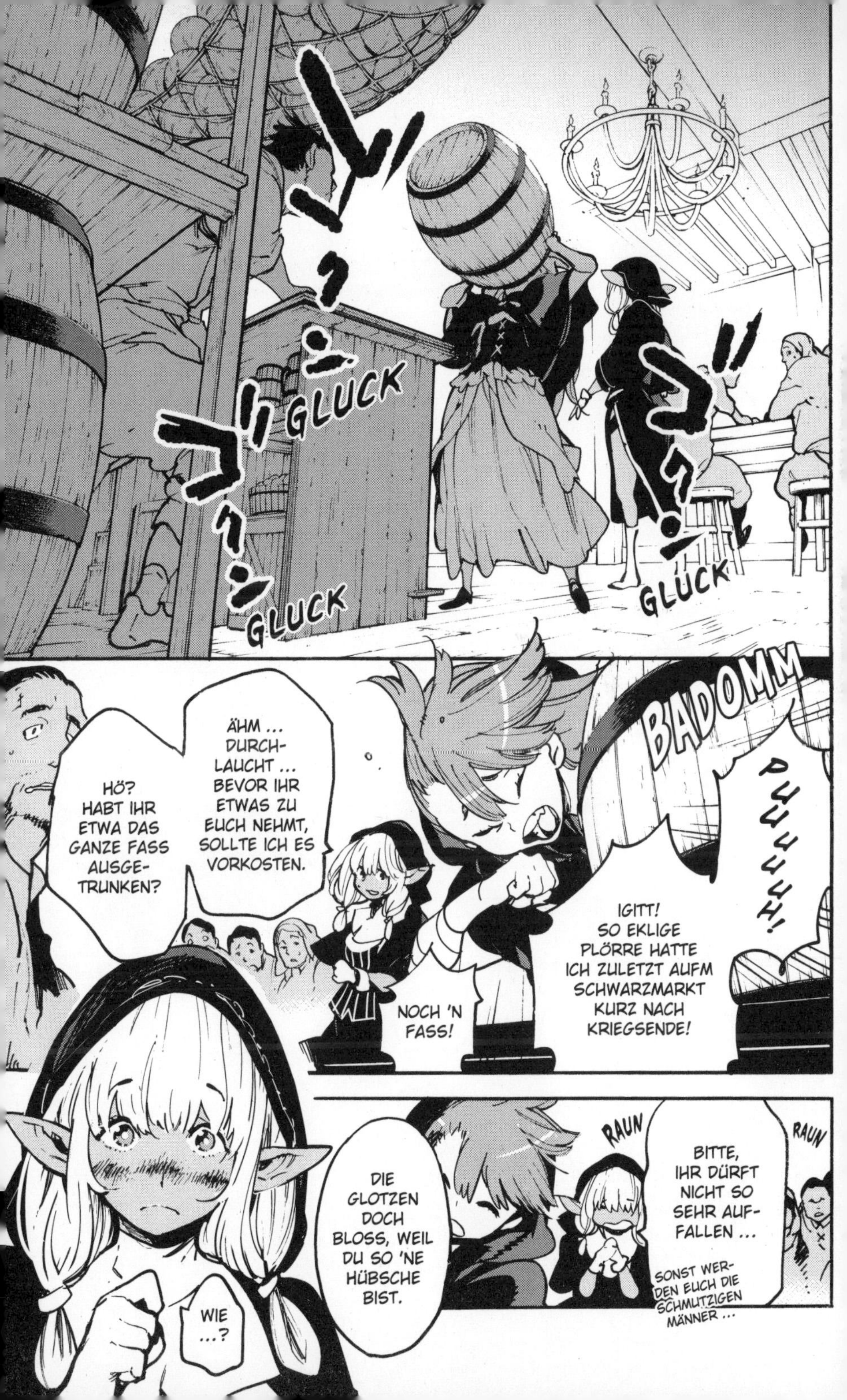
GLUCK
GLUCK
GLUCK
BADOMM
PUUUUUH!
IGITT! SO EKLIGE PLÖRRE HATTE ICH ZULETZT AUFM SCHWARZMARKT KURZ NACH KRIEGSENDE!
NOCH 'N FASS!
ÄHM ... DURCH-LAUCHT ... BEVOR IHR ETWAS ZU EUCH NEHMT, SOLLTE ICH ES VORKOSTEN.
HÖ? HABT IHR ETWA DAS GANZE FASS AUSGE-TRUNKEN?
RAUN
RAUN
BITTE, IHR DÜRFT NICHT SO SEHR AUF-FALLEN ...
SONST WER-DEN EUCH DIE SCHMUTZIGEN MÄNNER ...
DIE GLOTZEN DOCH BLOSS, WEIL DU SO 'NE HÜBSCHE BIST.
WIE ...?

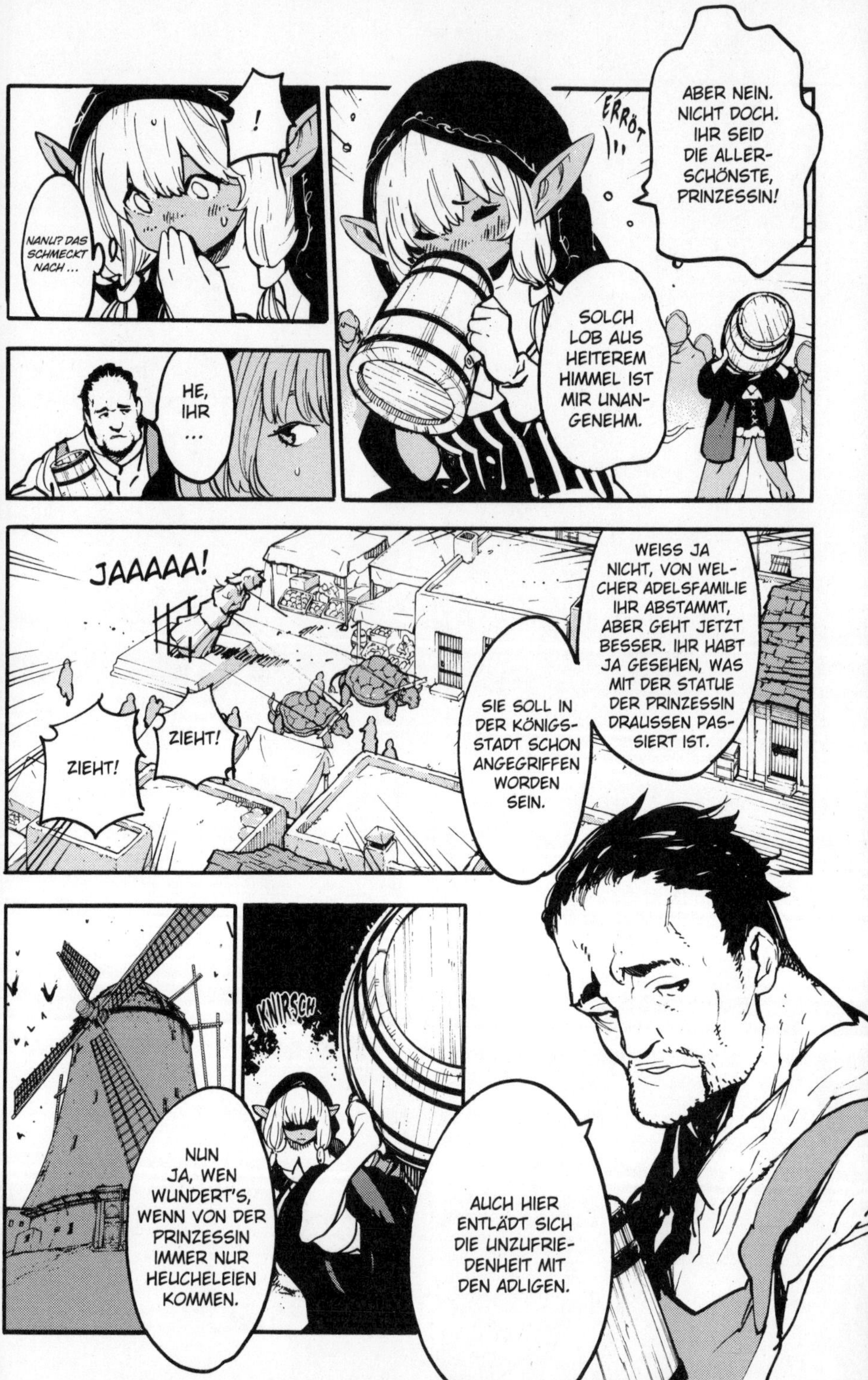

ABER NEIN. NICHT DOCH. IHR SEID DIE ALLERSCHÖNSTE, PRINZESSIN!
ERRÖT
SOLCH LOB AUS HEITEREM HIMMEL IST MIR UNANGENEHM.
!
NANU? DAS SCHMECKT NACH …
HE, IHR …
WEISS JA NICHT, VON WELCHER ADELSFAMILIE IHR ABSTAMMT, ABER GEHT JETZT BESSER. IHR HABT JA GESEHEN, WAS MIT DER STATUE DER PRINZESSIN DRAUSSEN PASSIERT IST.
SIE SOLL IN DER KÖNIGSSTADT SCHON ANGEGRIFFEN WORDEN SEIN.
JAAAAA!
ZIEHT!
ZIEHT!
AUCH HIER ENTLÄDT SICH DIE UNZUFRIEDENHEIT MIT DEN ADLIGEN.
KNIRSCH
NUN JA, WEN WUNDERT'S, WENN VON DER PRINZESSIN IMMER NUR HEUCHELEIEN KOMMEN.

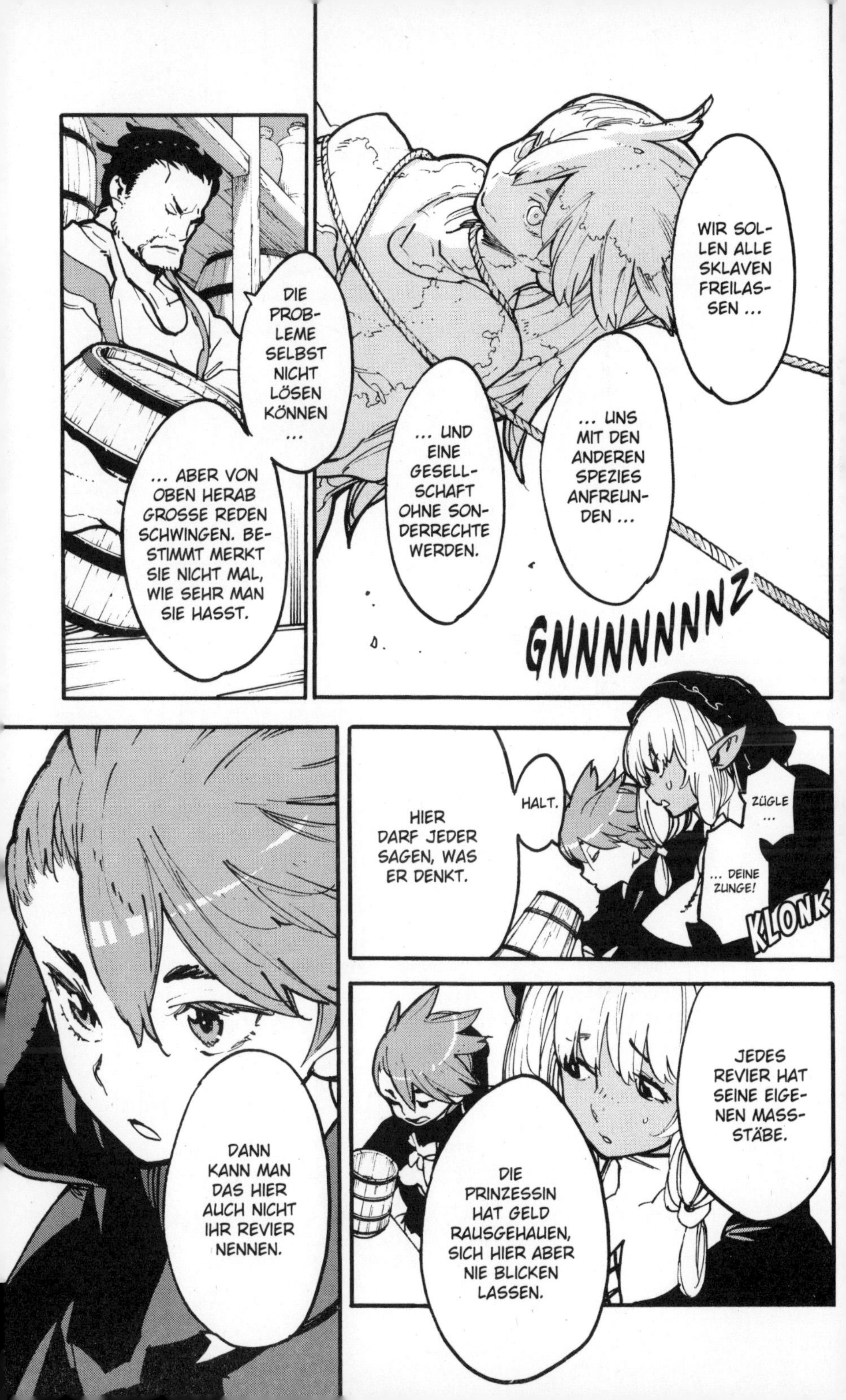
WIR SOLLEN ALLE SKLAVEN FREILASSEN ...
... UNS MIT DEN ANDEREN SPEZIES ANFREUNDEN ...
... UND EINE GESELLSCHAFT OHNE SONDERRECHTE WERDEN.
GNNNNNNNZ
DIE PROBLEME SELBST NICHT LÖSEN KÖNNEN ...
... ABER VON OBEN HERAB GROSSE REDEN SCHWINGEN. BESTIMMT MERKT SIE NICHT MAL, WIE SEHR MAN SIE HASST.
ZÜGLE ...
... DEINE ZUNGE!
KLONK
HALT.
HIER DARF JEDER SAGEN, WAS ER DENKT.
JEDES REVIER HAT SEINE EIGENEN MASSSTÄBE.
DIE PRINZESSIN HAT GELD RAUSGEHAUEN, SICH HIER ABER NIE BLICKEN LASSEN.
DANN KANN MAN DAS HIER AUCH NICHT IHR REVIER NENNEN.

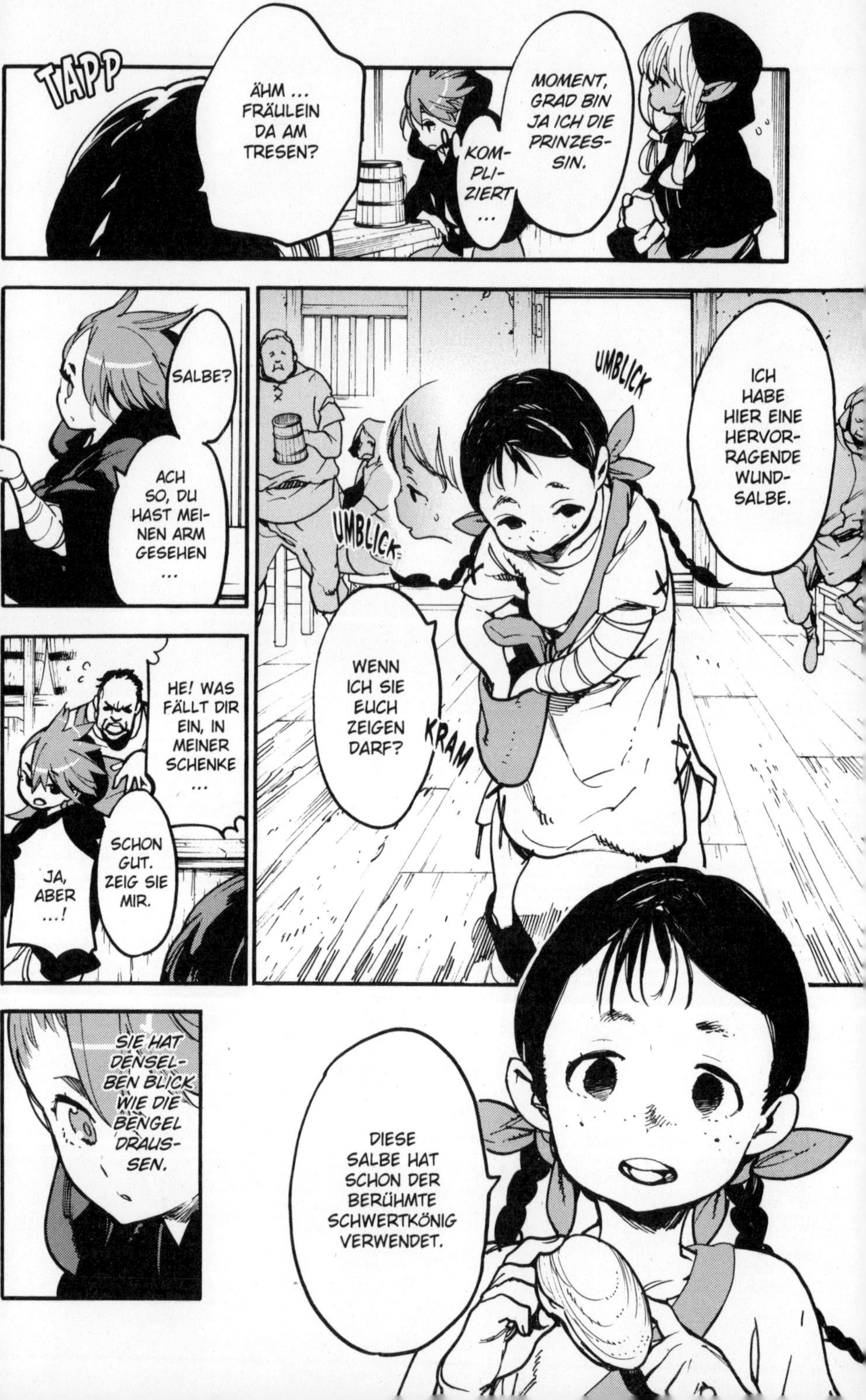
MOMENT, GRAD BIN JA ICH DIE PRINZES-SIN.
KOM-PLI-ZIERT …
ÄHM … FRÄULEIN DA AM TRESEN?
TAPP
ICH HABE HIER EINE HERVOR-RAGENDE WUND-SALBE.
UMBLICK
UMBLICK
WENN ICH SIE EUCH ZEIGEN DARF?
KRAM
SALBE?
ACH SO, DU HAST MEI-NEN ARM GESEHEN …
HE! WAS FÄLLT DIR EIN, IN MEINER SCHENKE …
SCHON GUT. ZEIG SIE MIR.
JA, ABER …!
DIESE SALBE HAT SCHON DER BERÜHMTE SCHWERTKÖNIG VERWENDET.
SIE HAT DENSEL-BEN BLICK WIE DIE BENGEL DRAUS-SEN.

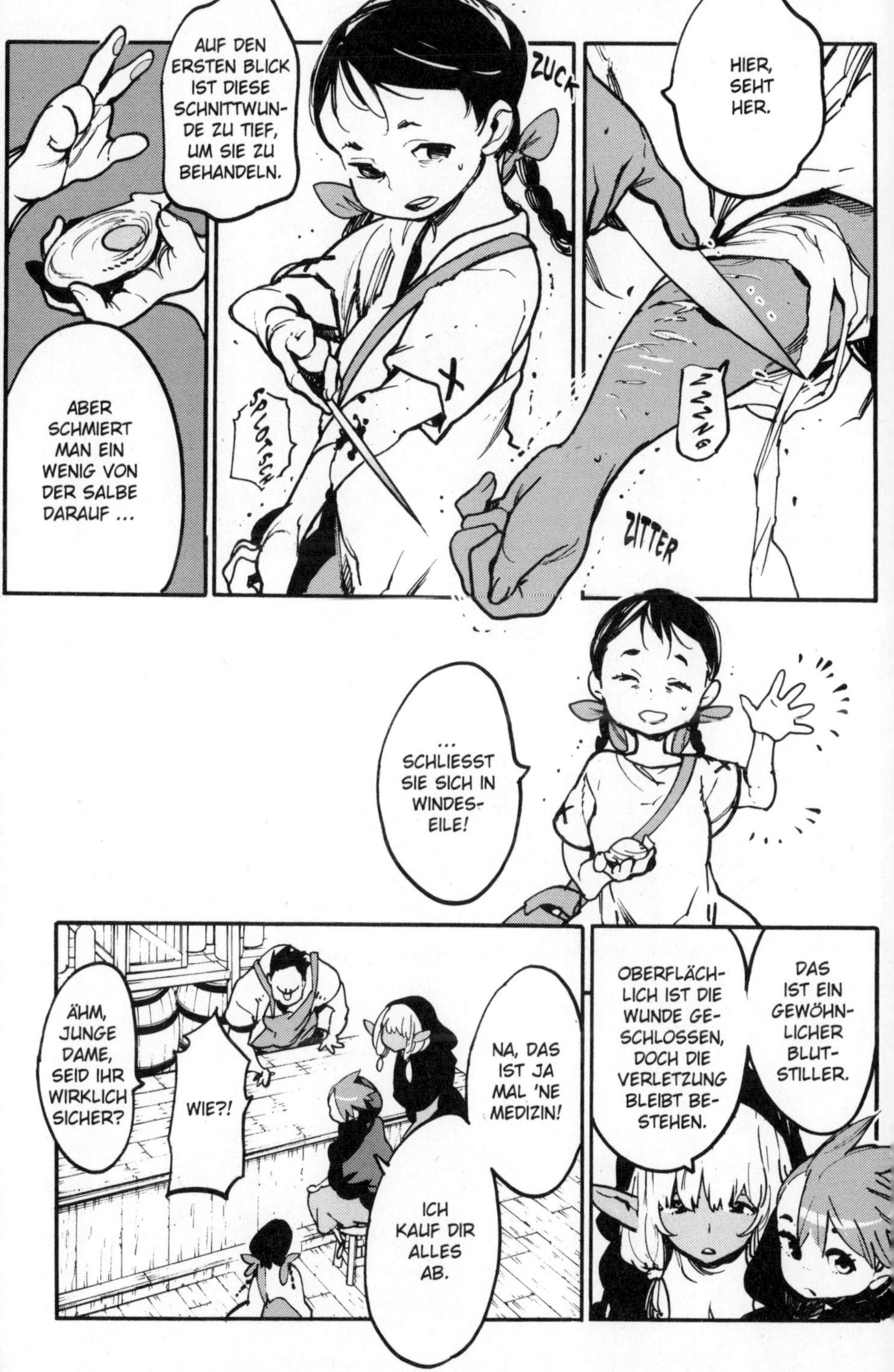
HIER, SEHT HER.
ZITTER
NNNG
ZUCK
SPLOTSCH
AUF DEN ERSTEN BLICK IST DIESE SCHNITTWUNDE ZU TIEF, UM SIE ZU BEHANDELN.
ABER SCHMIERT MAN EIN WENIG VON DER SALBE DARAUF …
… SCHLIESST SIE SICH IN WINDESEILE!
DAS IST EIN GEWÖHNLICHER BLUTSTILLER.
OBERFLÄCHLICH IST DIE WUNDE GESCHLOSSEN, DOCH DIE VERLETZUNG BLEIBT BESTEHEN.
NA, DAS IST JA MAL 'NE MEDIZIN!
ICH KAUF DIR ALLES AB.
WIE?!
ÄHM, JUNGE DAME, SEID IHR WIRKLICH SICHER?

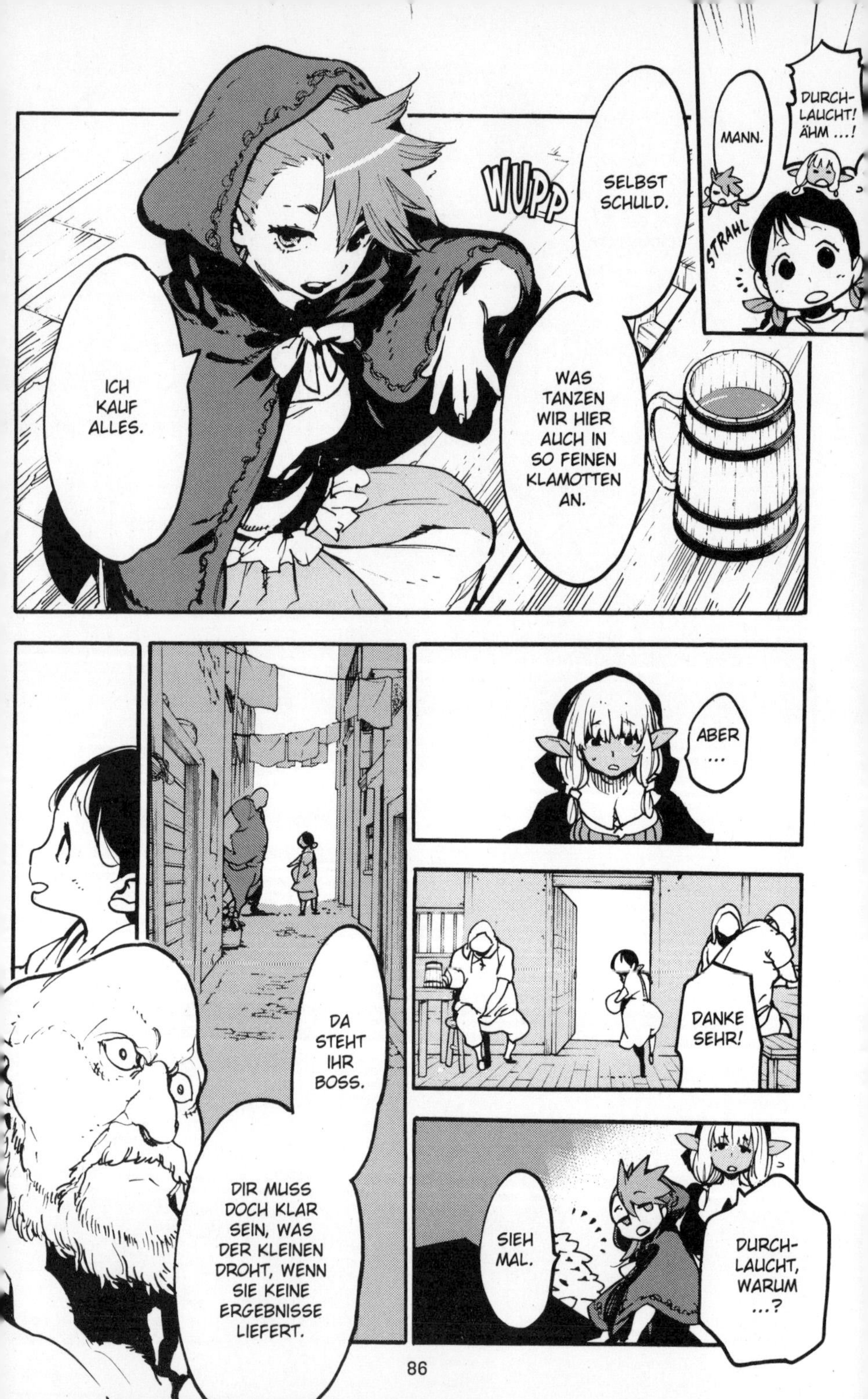
DURCH-LAUCHT! ÄHM ...!
MANN.
STRAHL
SELBST SCHULD.
WUPP
WAS TANZEN WIR HIER AUCH IN SO FEINEN KLAMOTTEN AN.
ICH KAUF ALLES.
ABER ...
DANKE SEHR!
DURCH-LAUCHT, WARUM ...?
SIEH MAL.
DA STEHT IHR BOSS.
DIR MUSS DOCH KLAR SEIN, WAS DER KLEINEN DROHT, WENN SIE KEINE ERGEBNISSE LIEFERT.

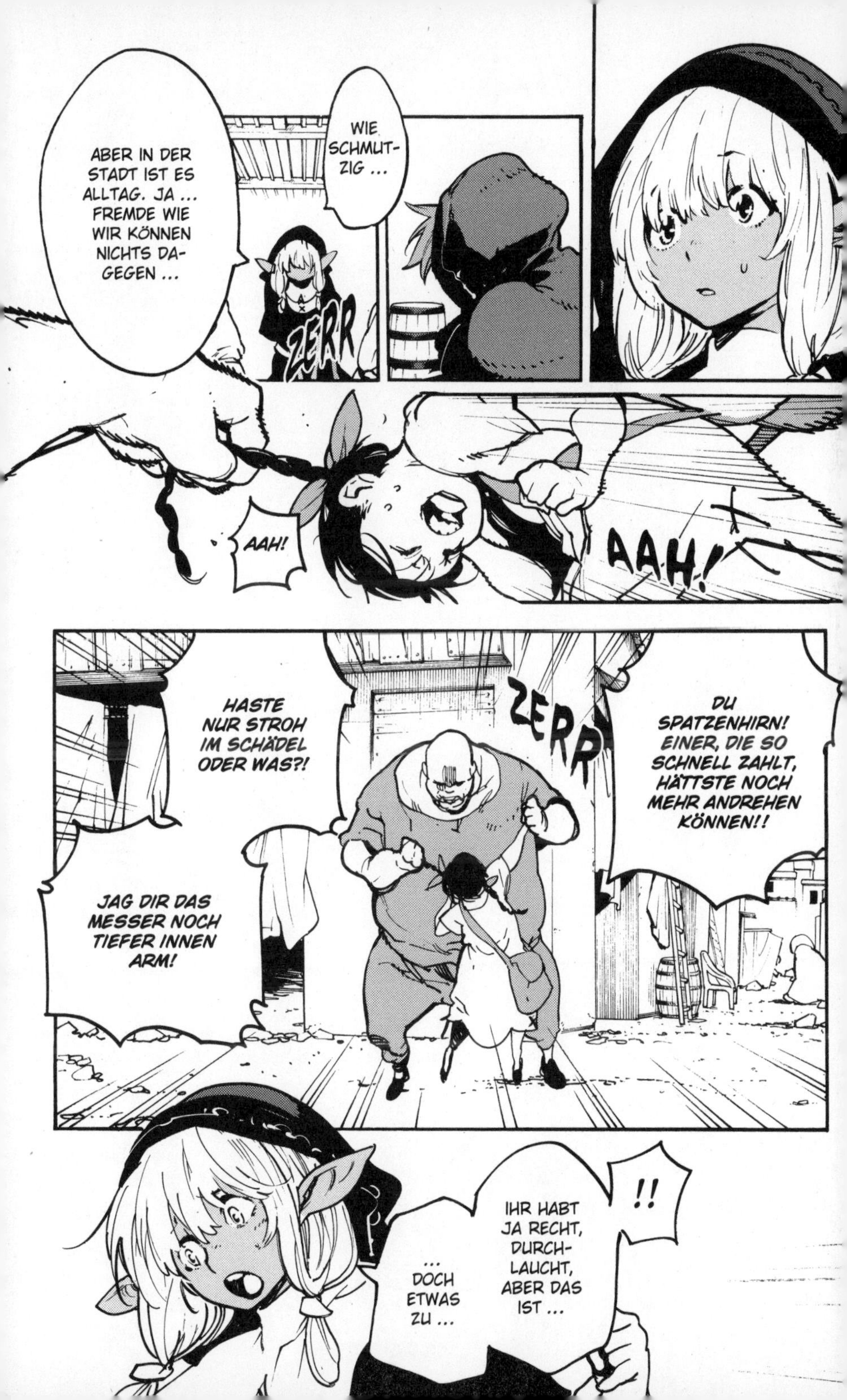
WIE SCHMUT-ZIG …
ABER IN DER STADT IST ES ALLTAG. JA … FREMDE WIE WIR KÖNNEN NICHTS DA-GEGEN …
ZERR
AAH!
AAH!
DU SPATZENHIRN! EINER, DIE SO SCHNELL ZAHLT, HÄTTSTE NOCH MEHR ANDREHEN KÖNNEN!!
ZERR
HASTE NUR STROH IM SCHÄDEL ODER WAS?!
JAG DIR DAS MESSER NOCH TIEFER INNEN ARM!
!!
IHR HABT JA RECHT, DURCH-LAUCHT, ABER DAS IST …
… DOCH ETWAS ZU …

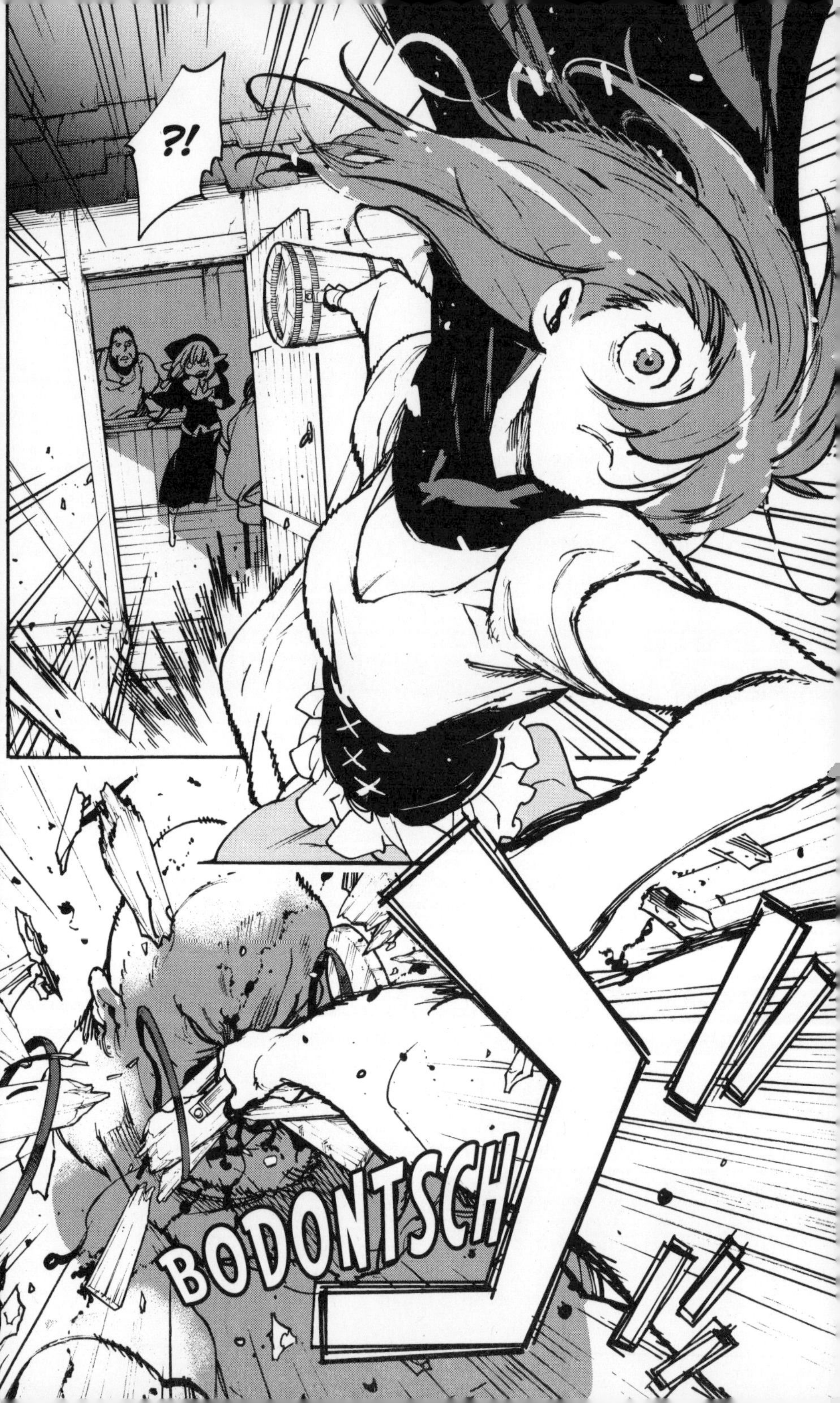
?!
BODONTSCH

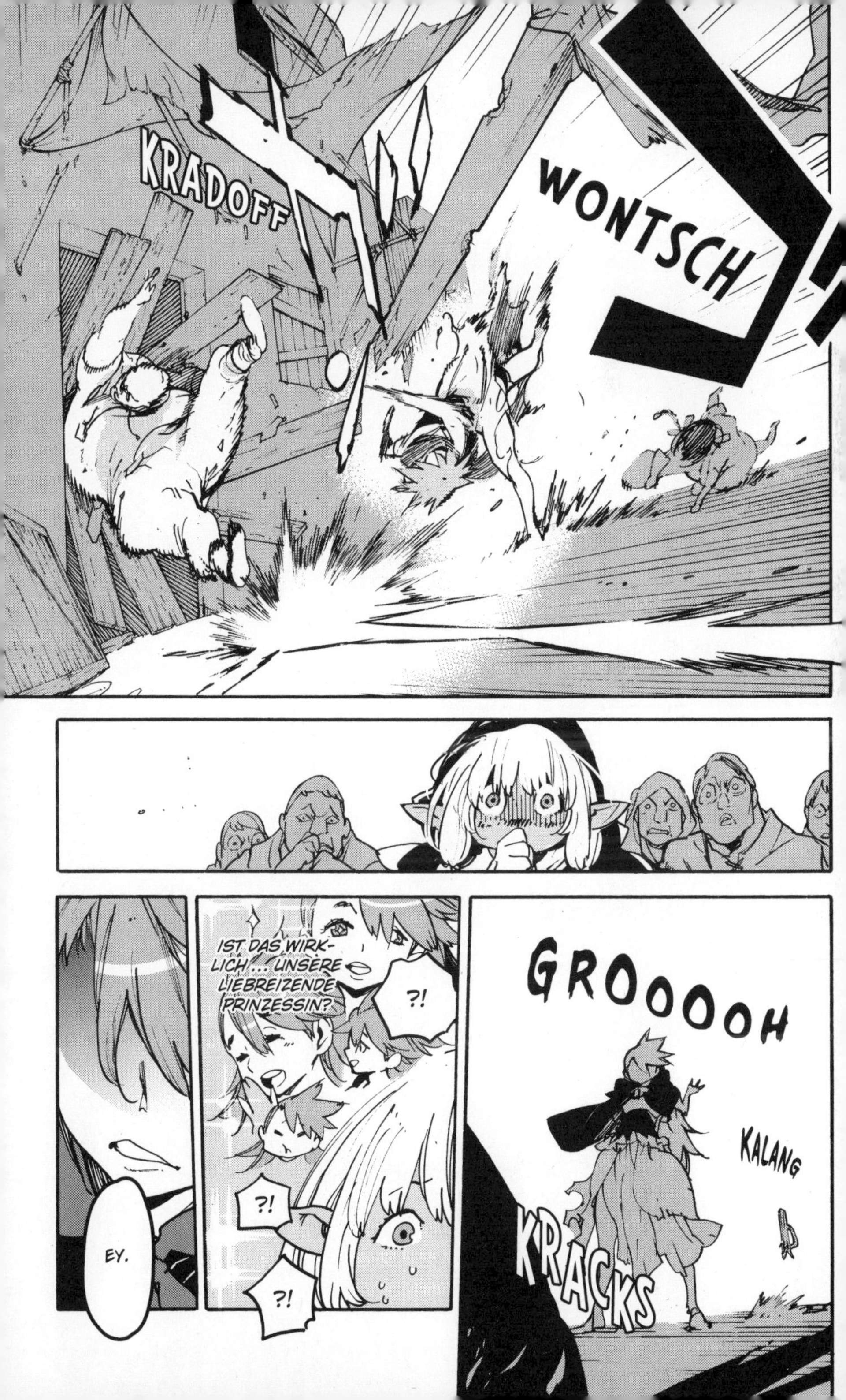

KRADOFF
WONTSCH
...
GROOOOOH
KALANG
KRACKS
IST DAS WIRK-LICH ... UNSERE LIEBREIZENDE PRINZESSIN?
?!
?!
?!
EY.

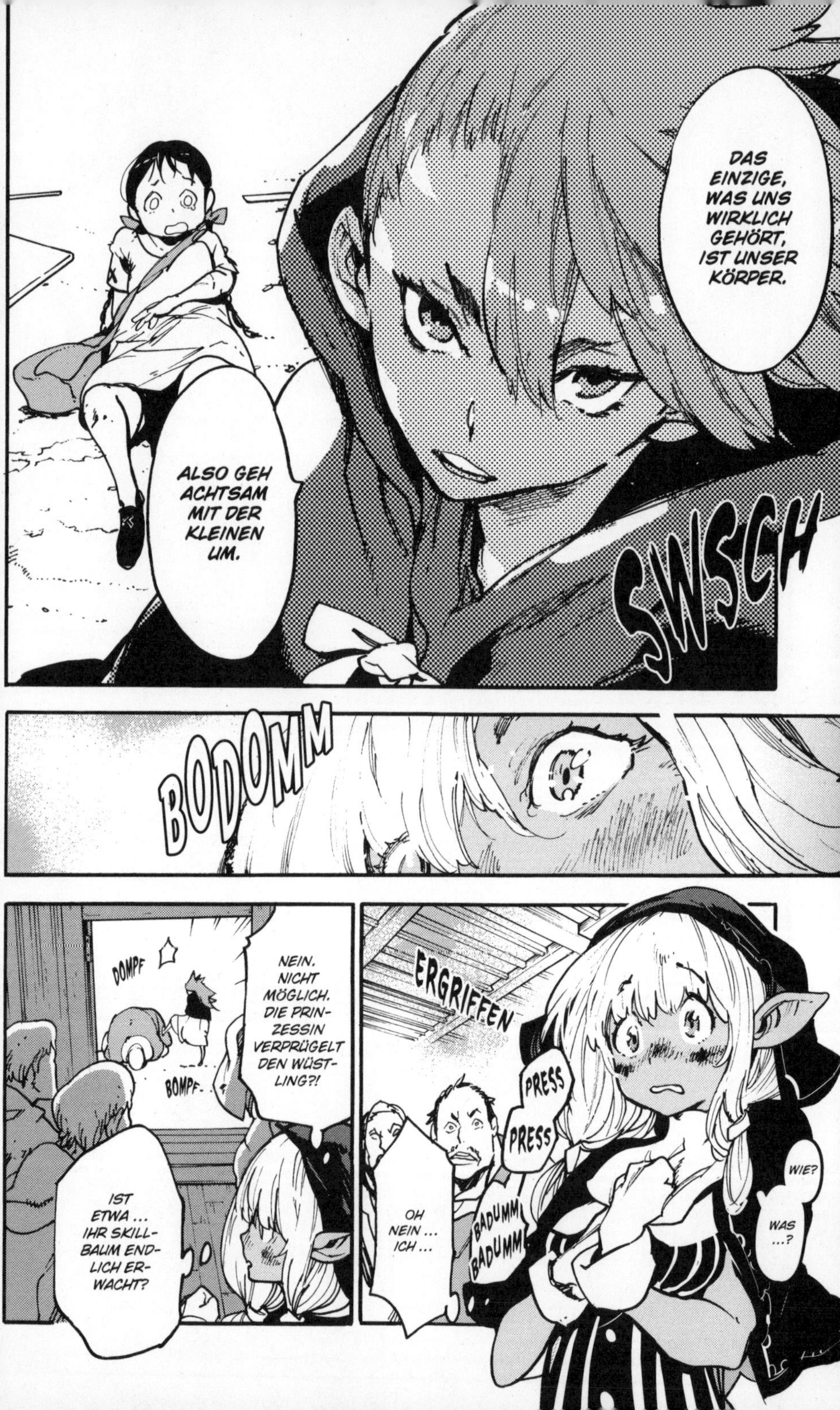
DAS EINZIGE, WAS UNS WIRKLICH GEHÖRT, IST UNSER KÖRPER.
ALSO GEH ACHTSAM MIT DER KLEINEN UM.
SWSCH
BODOMM
ERGRIFFEN
WIE?
WAS …?
PRESS
PRESS
BADUMM
BADUMM
OH NEIN … ICH …
NEIN. NICHT MÖGLICH. DIE PRINZESSIN VERPRÜGELT DEN WÜSTLING?!
DOMPF
BOMPF
IST ETWA … IHR SKILLBAUM ENDLICH ERWACHT?

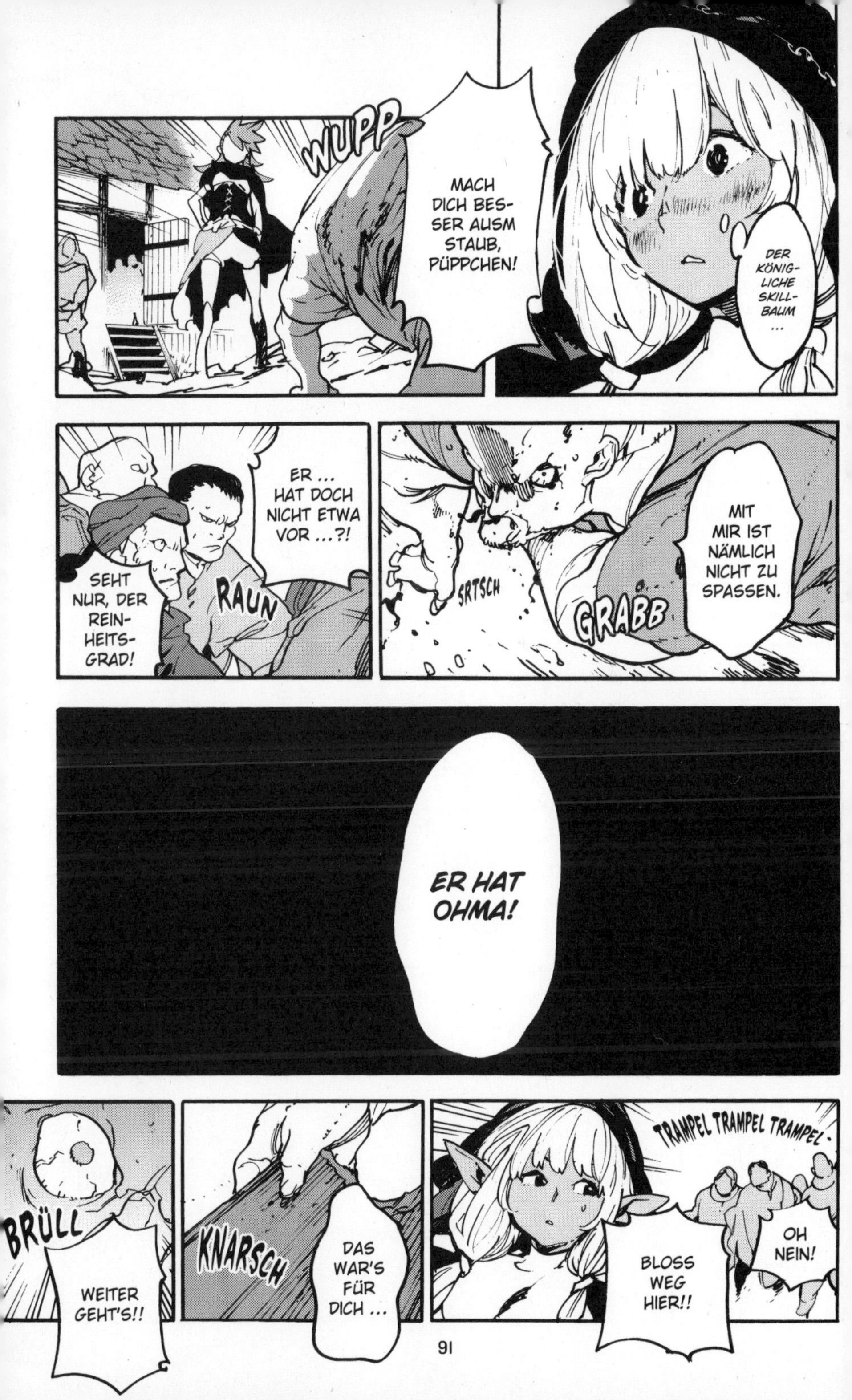
DER KÖNIGLICHE SKILLBAUM …
MACH DICH BESSER AUSM STAUB, PÜPPCHEN!
WUPP
MIT MIR IST NÄMLICH NICHT ZU SPASSEN.
GRABB
SRTSCH
ER … HAT DOCH NICHT ETWA VOR …?!
SEHT NUR, DER REINHEITSGRAD!
RAUN
ER HAT OHMA!
TRAMPEL TRAMPEL TRAMPEL
OH NEIN!
BLOSS WEG HIER!!
DAS WAR'S FÜR DICH …
KNARSCH
WEITER GEHT'S!!
BRÜLL

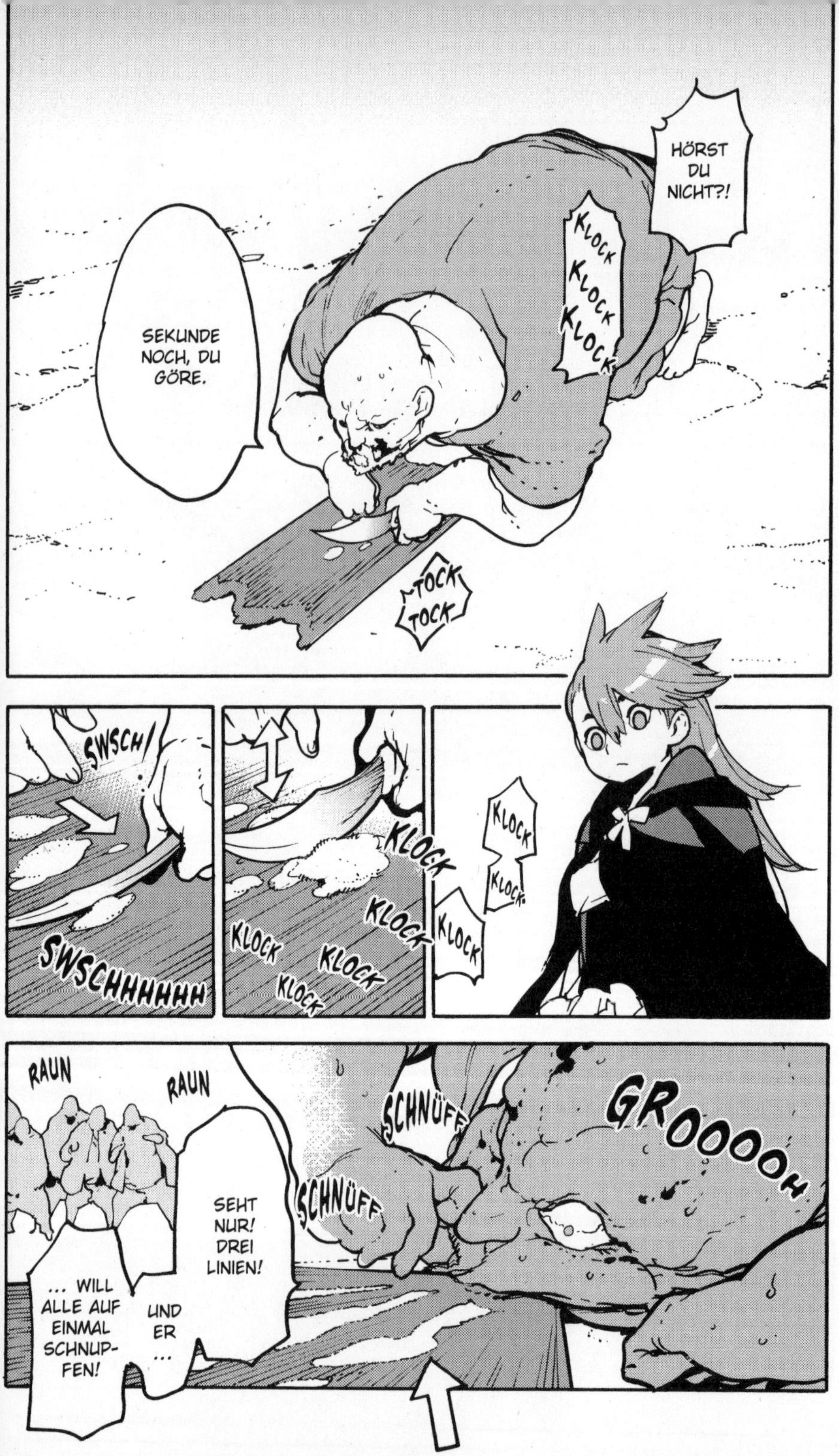
HÖRST DU NICHT?!
KLOCK KLOCK KLOCK
SEKUNDE NOCH, DU GÖRE.
TOCK TOCK
KLOCK KLOCK KLOCK
KLOCK KLOCK KLOCK KLOCK KLOCK
SWSCH SWSCHHHHHHH
GROOOOOH
SCHNÜFF
SCHNÜFF
SEHT NUR! DREI LINIEN!
UND ER ...
... WILL ALLE AUF EINMAL SCHNUPFEN!
RAUN
RAUN

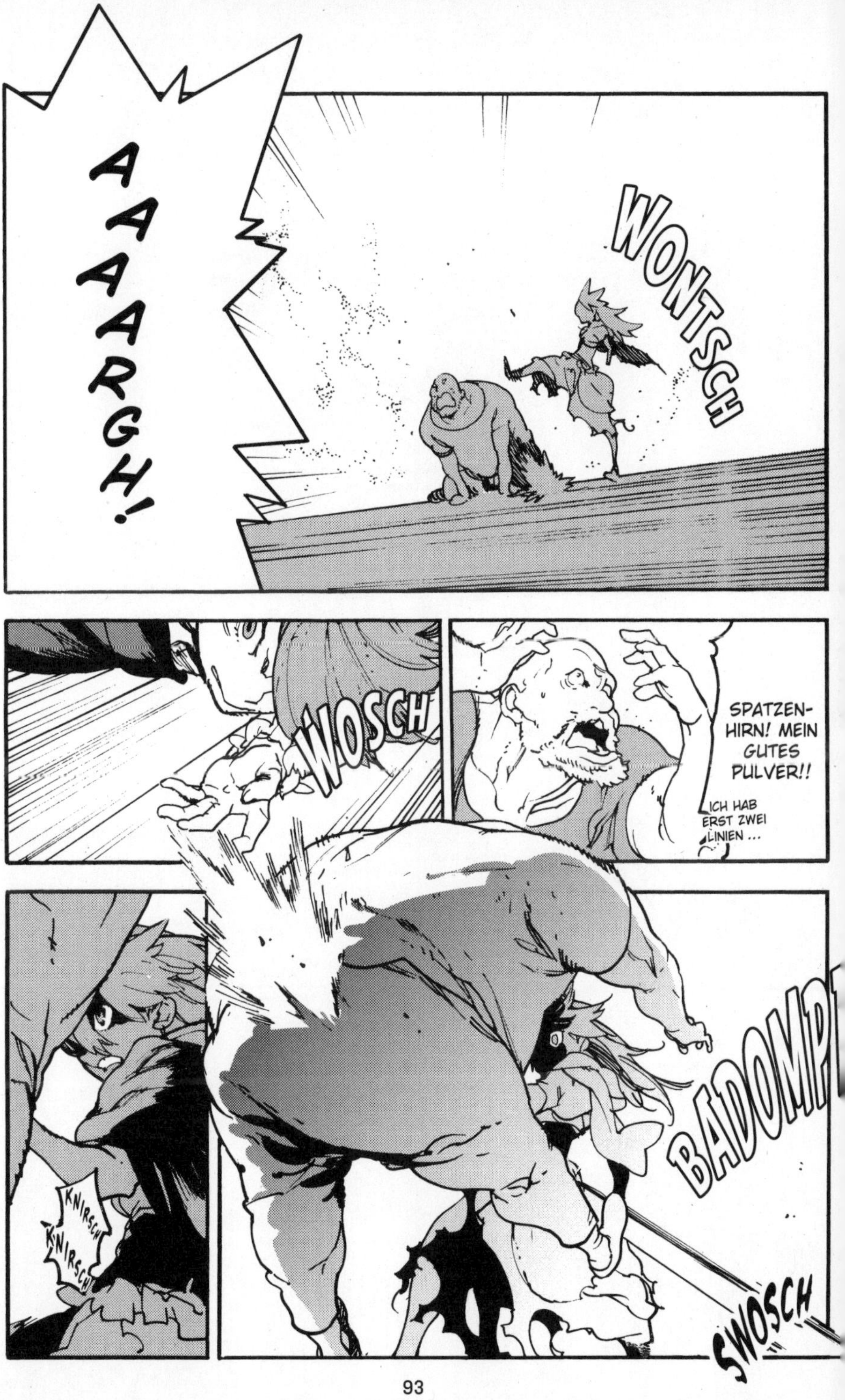

AAAAARGH!
WONTSCH
SPATZEN-HIRN! MEIN GUTES PULVER!!
ICH HAB ERST ZWEI LINIEN ...
WOSCH
BADOMP
KNIRSCH KNIRSCH
SWOSCH

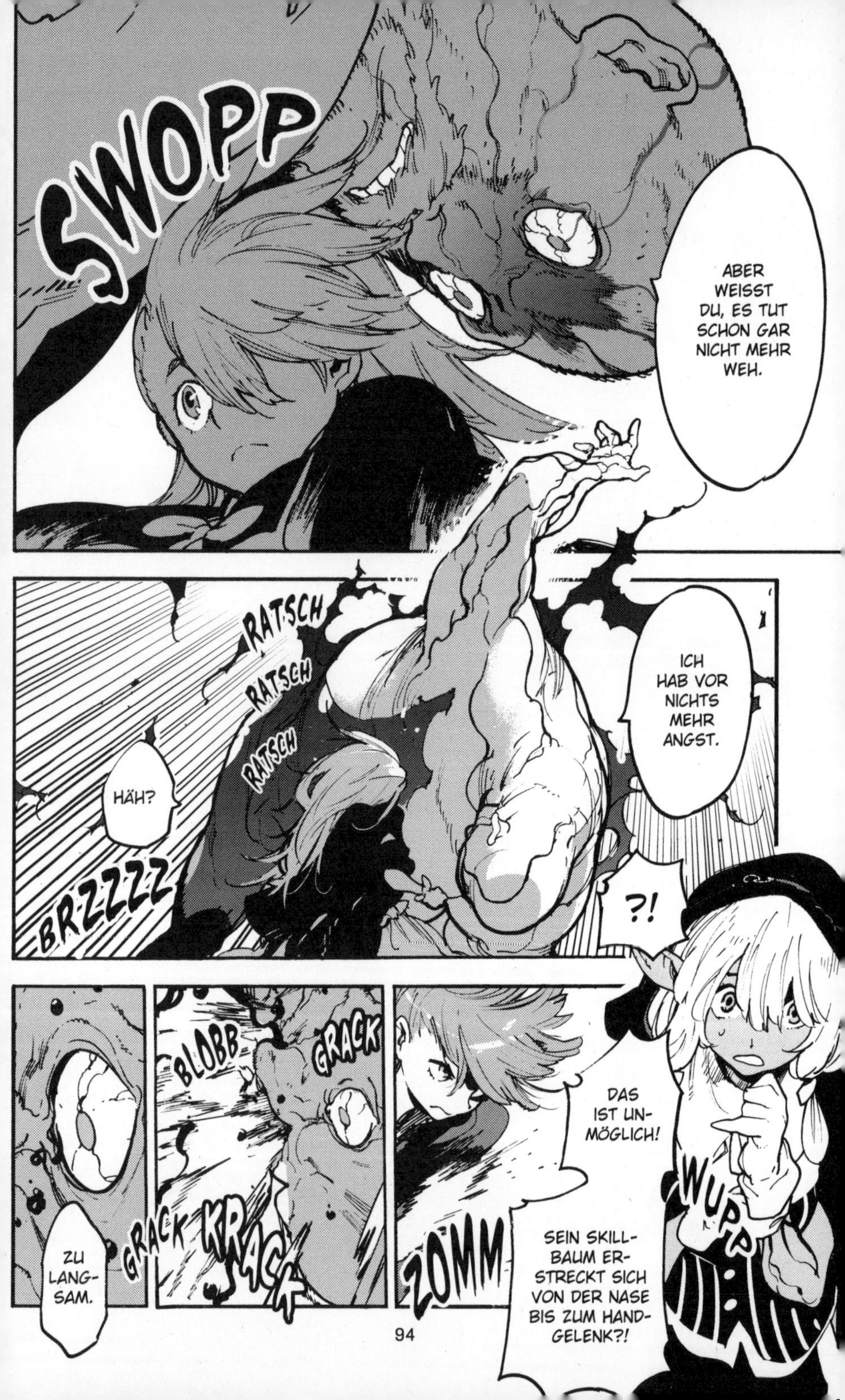
SWOPP
ABER WEISST DU, ES TUT SCHON GAR NICHT MEHR WEH.
ICH HAB VOR NICHTS MEHR ANGST.
RATSCH
RATSCH
RATSCH
HÄH?
BRZZZZ
?!
GRACK
BLOBB
ZU LANG-SAM.
GRACK
KRACK
ZOMM
DAS IST UN-MÖGLICH!
WUPP
SEIN SKILL-BAUM ER-STRECKT SICH VON DER NASE BIS ZUM HAND-GELENK?!

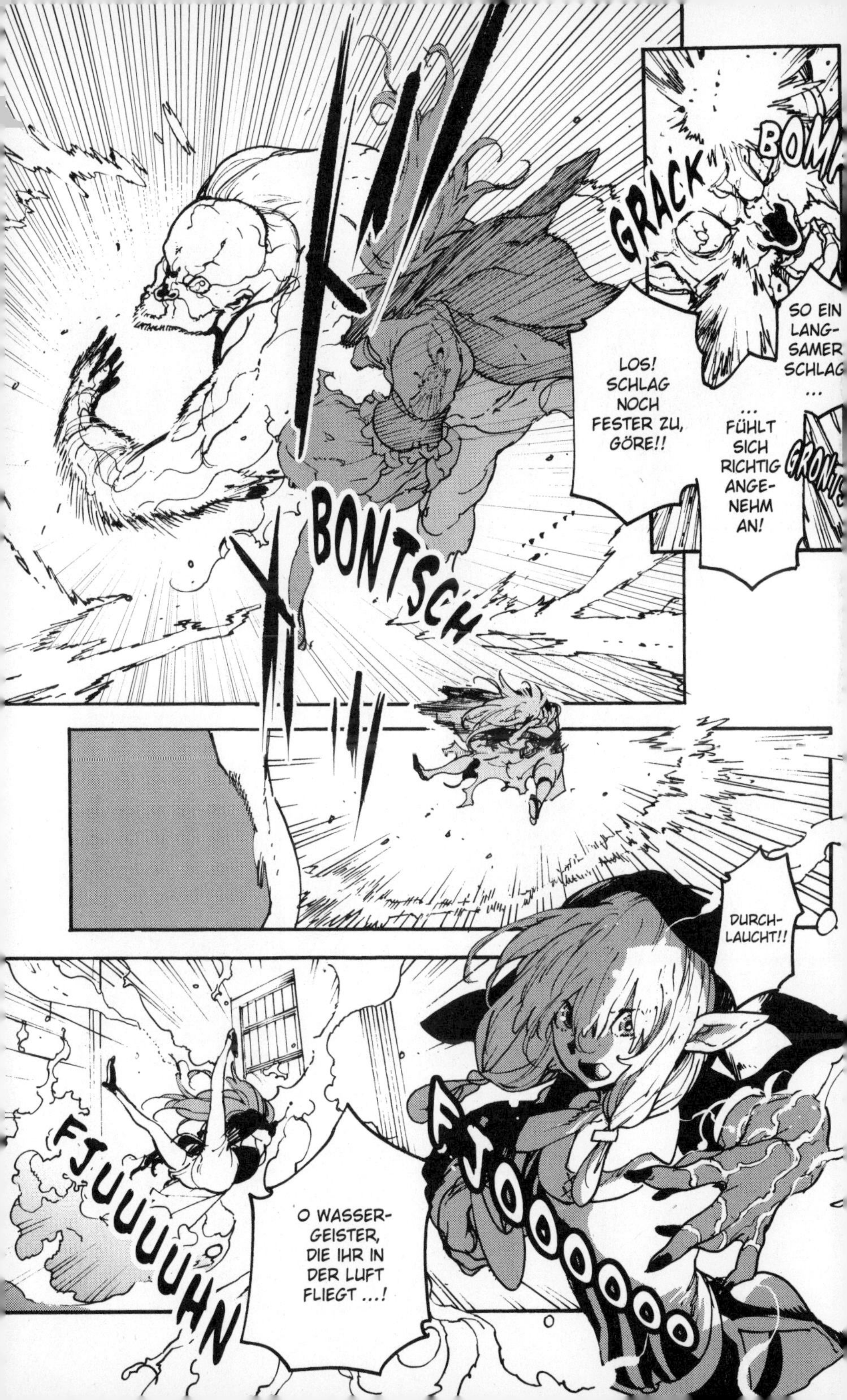
GRACK
BOM
SO EIN LANG-SAMER SCHLAG ...
... FÜHLT SICH RICHTIG ANGE-NEHM AN!
LOS! SCHLAG NOCH FESTER ZU, GÖRE!!
BONTSCH
DURCH-LAUCHT!!
FJOOOOOOO
O WASSER-GEISTER, DIE IHR IN DER LUFT FLIEGT ...!
FJUUUUUHN

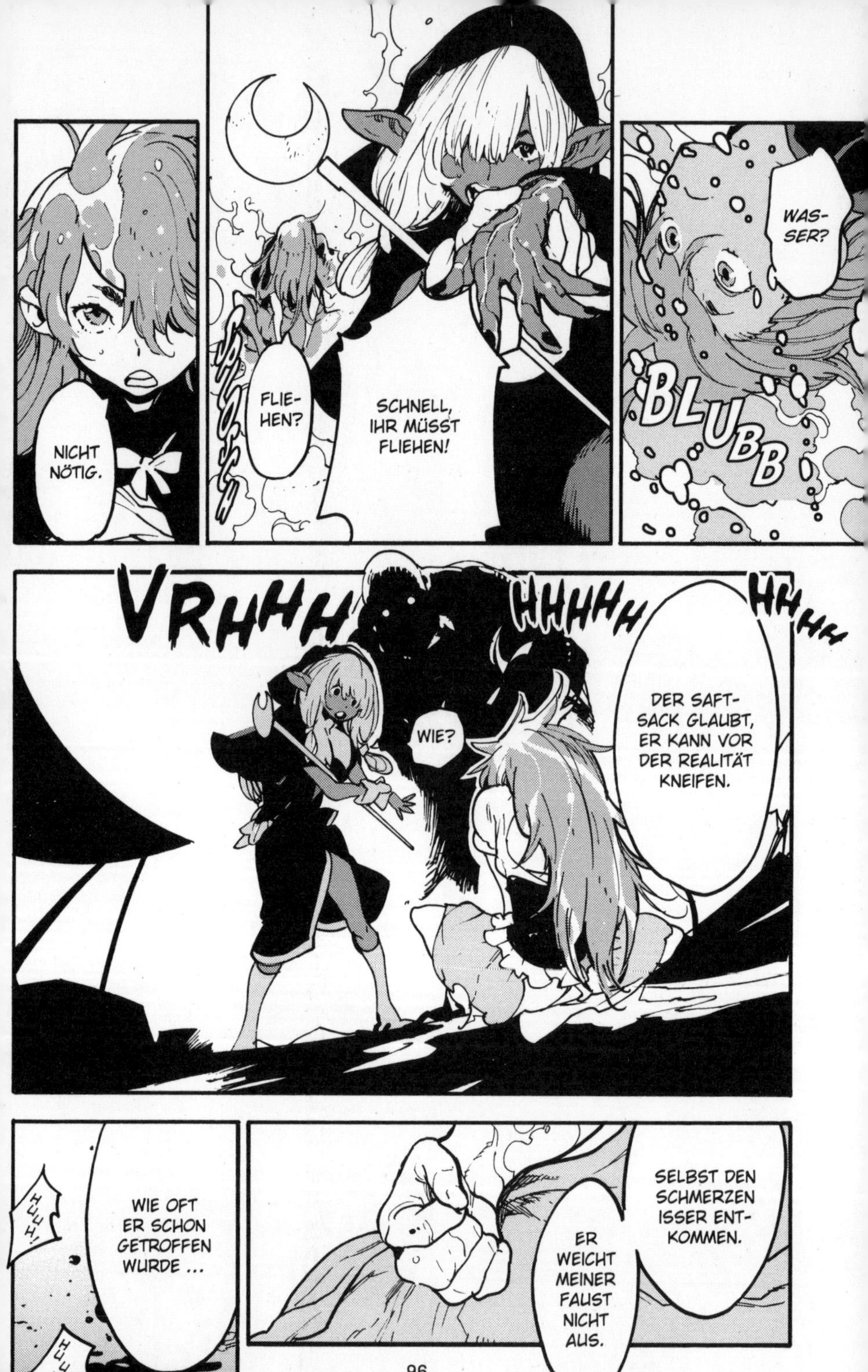
WAS-SER?
BLUBB
SCHNELL, IHR MÜSST FLIEHEN!
FLIE-HEN?
NICHT NÖTIG.
VRHHHHHHHHHHHHHH
DER SAFT-SACK GLAUBT, ER KANN VOR DER REALITÄT KNEIFEN.
WIE?
SELBST DEN SCHMERZEN ISSER ENT-KOMMEN.
ER WEICHT MEINER FAUST NICHT AUS.
WIE OFT ER SCHON GETROFFEN WURDE ...
HUUH!
HUUH!

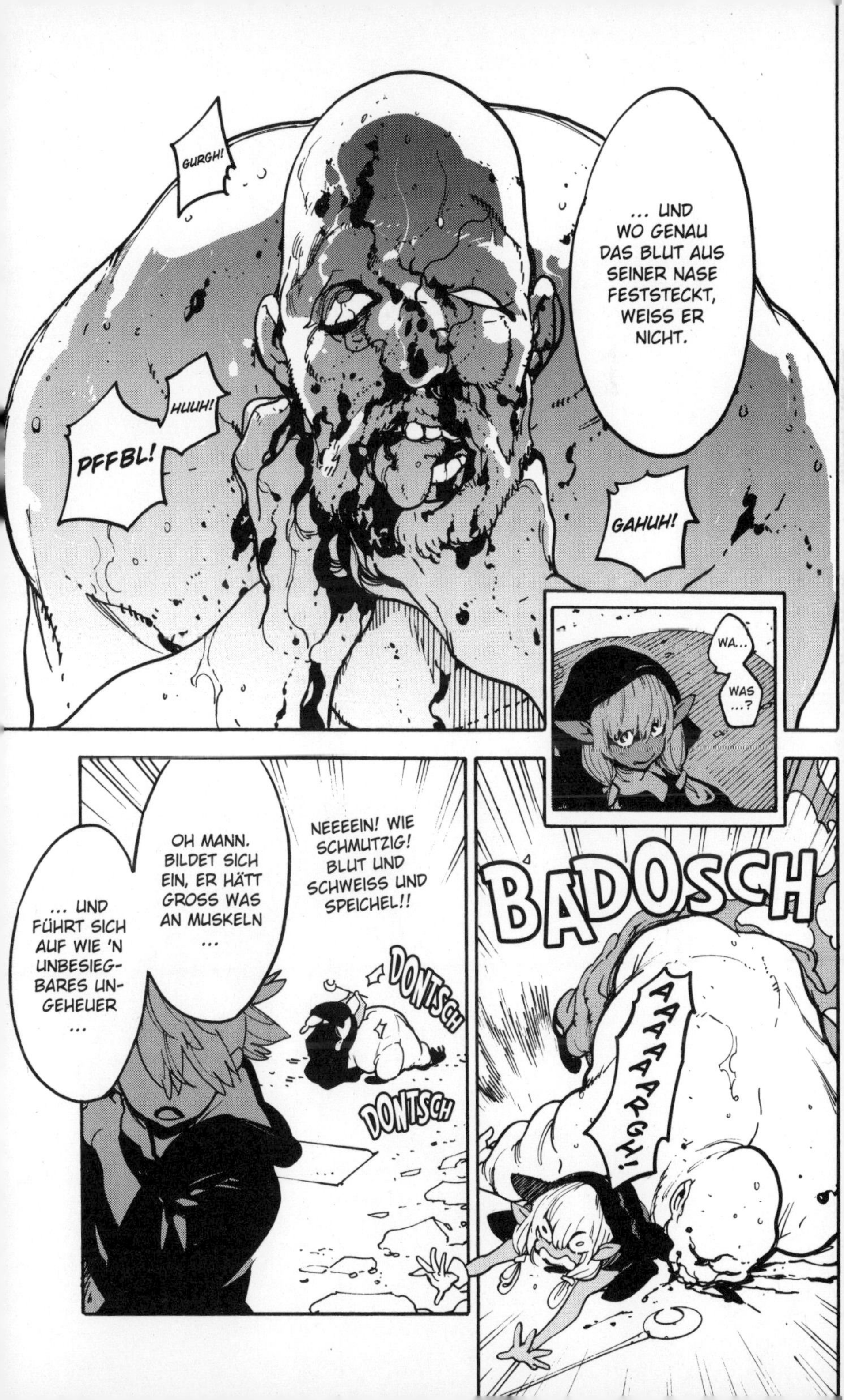
… UND WO GENAU DAS BLUT AUS SEINER NASE FESTSTECKT, WEISS ER NICHT.
GURGH!
GAHUH!
HUUH!
PFFBL!
WA…
WAS …?
BADOSCH
AAAAAARGH!
NEEEEIN! WIE SCHMUTZIG! BLUT UND SCHWEISS UND SPEICHEL!!
DONTSCH
DONTSCH
OH MANN. BILDET SICH EIN, ER HÄTT GROSS WAS AN MUSKELN …
… UND FÜHRT SICH AUF WIE 'N UNBESIEG-BARES UN-GEHEUER …
…

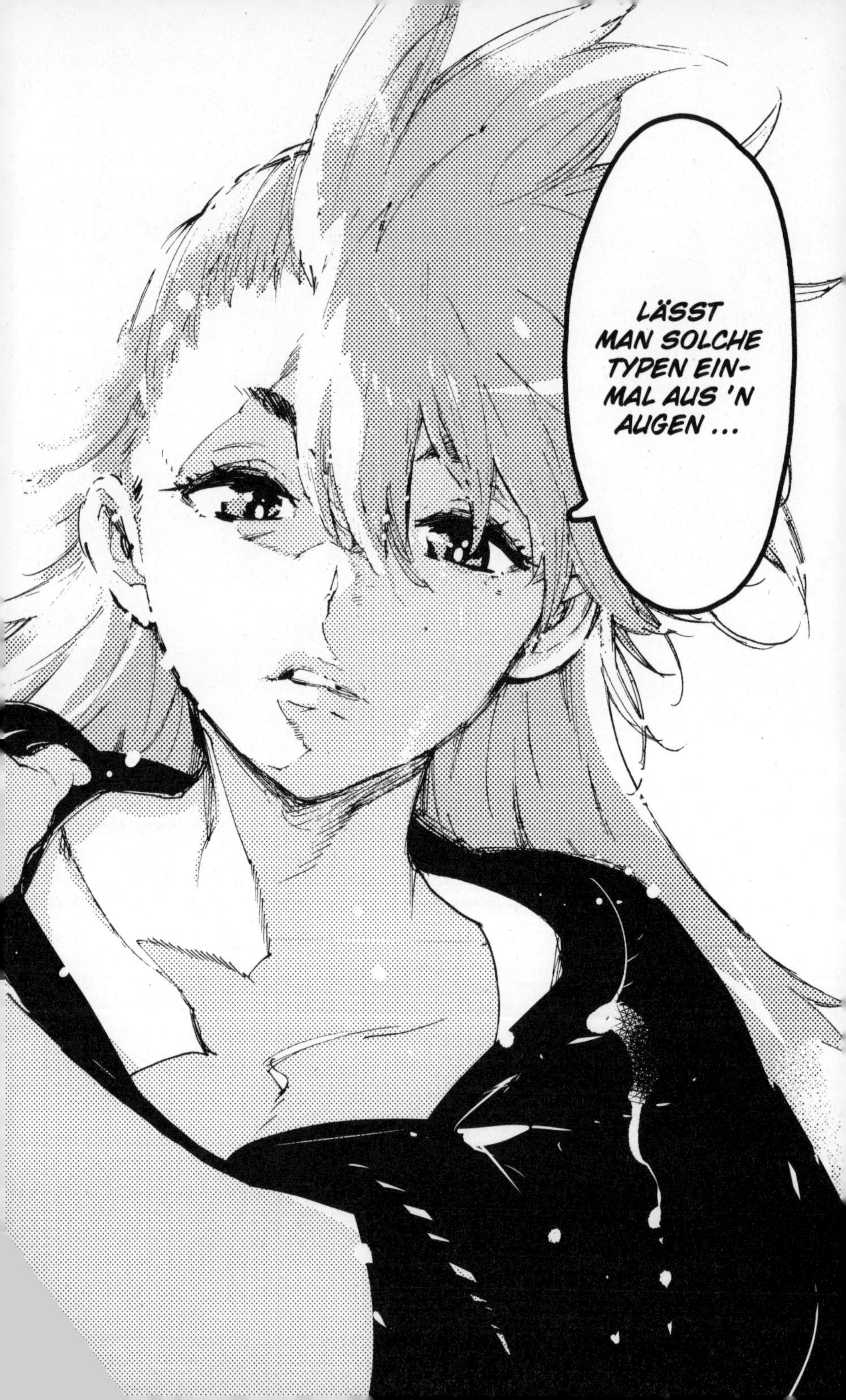
LÄSST MAN SOLCHE TYPEN EIN-MAL AUS 'N AUGEN ...

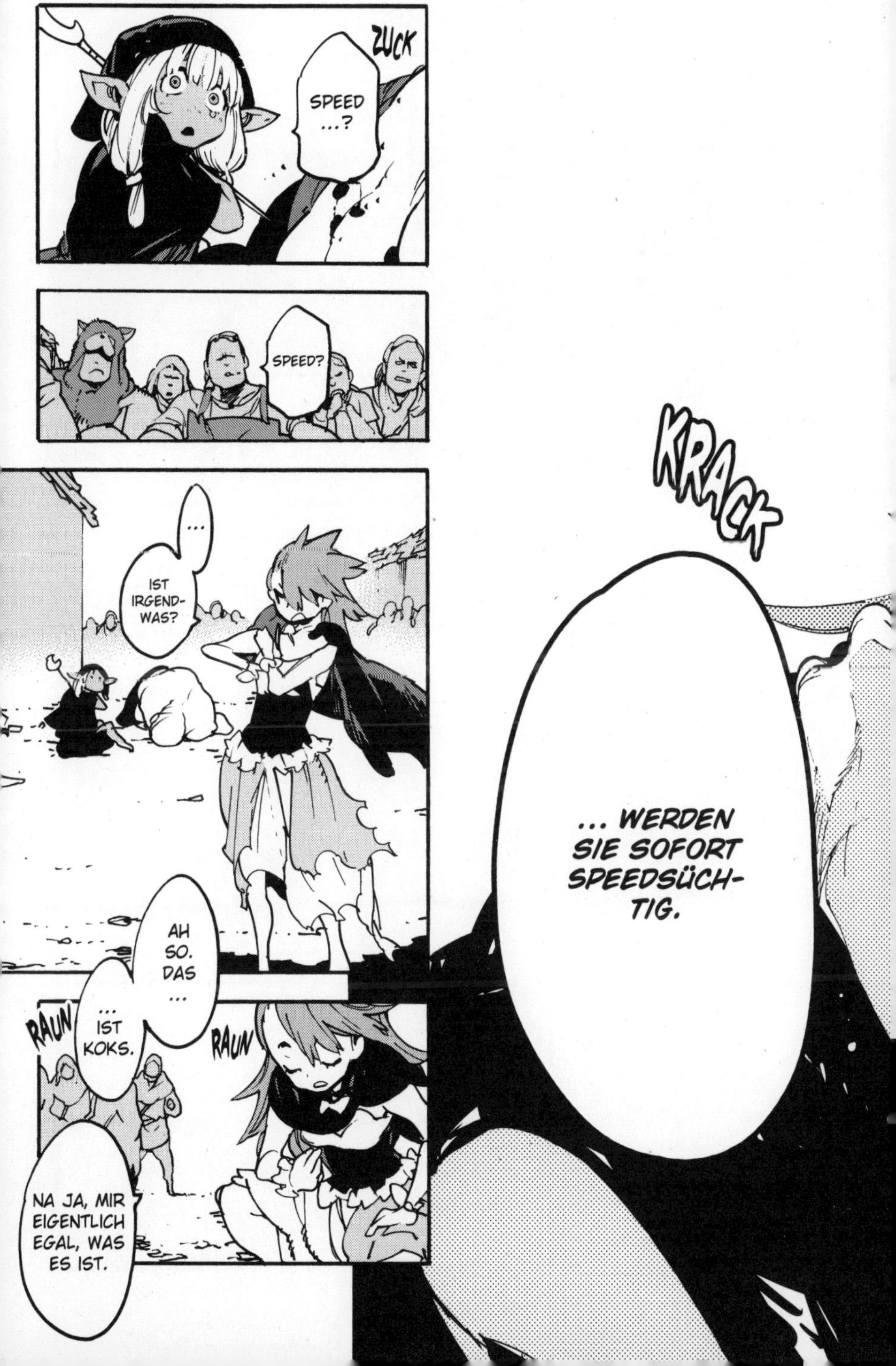
KRACK
... WERDEN SIE SOFORT SPEEDSÜCHTIG.
ZUCK
SPEED ...?
SPEED?
...
IST IRGENDWAS?
AH SO. DAS ...
... IST KOKS.
RAUN
RAUN
NA JA, MIR EIGENTLICH EGAL, WAS ES IST.

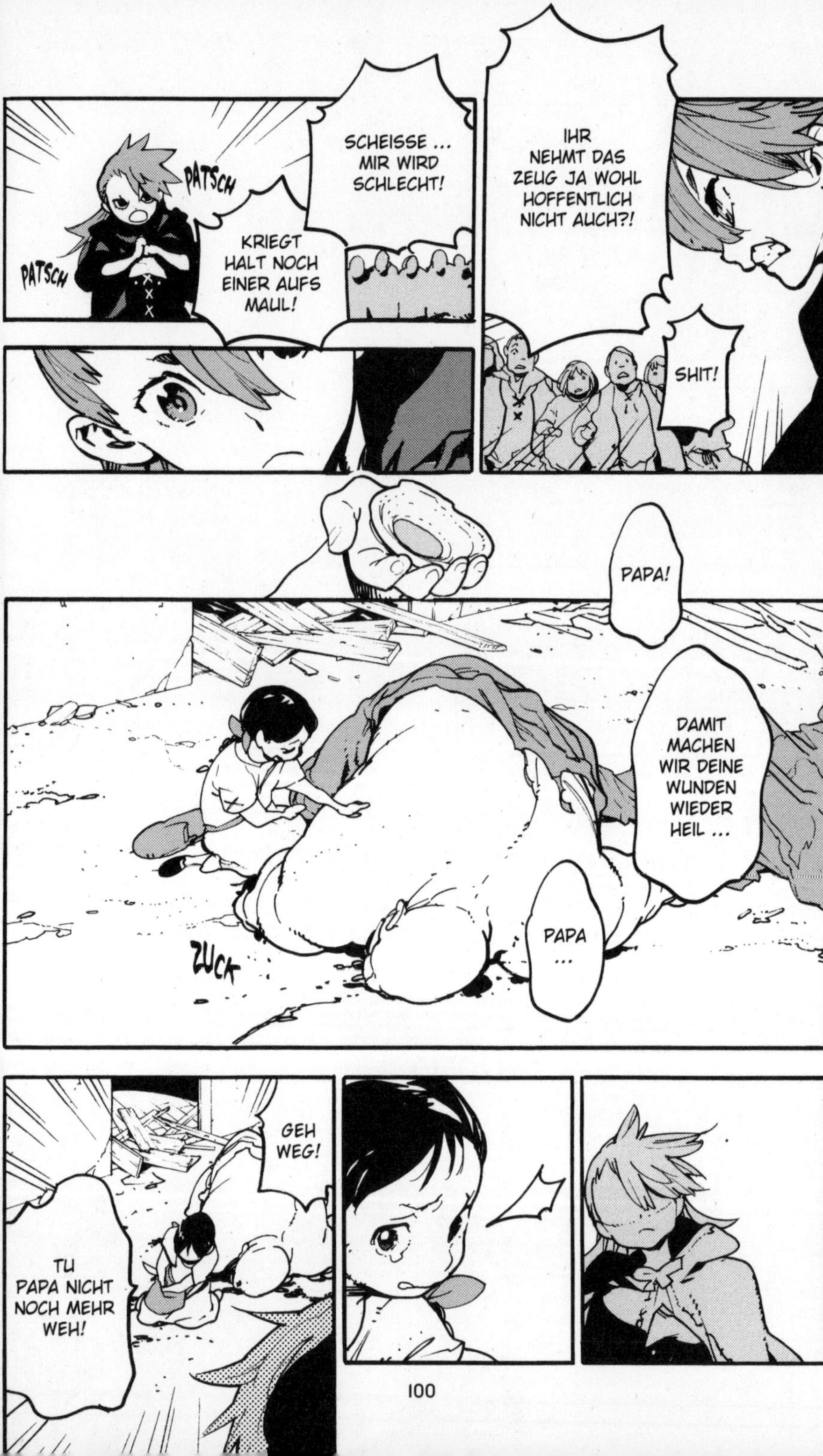
IHR NEHMT DAS ZEUG JA WOHL HOFFENTLICH NICHT AUCH?!
SCHEISSE ... MIR WIRD SCHLECHT!
PATSCH
PATSCH
KRIEGT HALT NOCH EINER AUFS MAUL!
SHIT!
PAPA!
DAMIT MACHEN WIR DEINE WUNDEN WIEDER HEIL ...
PAPA ...
ZUCK
GEH WEG!
TU PAPA NICHT NOCH MEHR WEH!

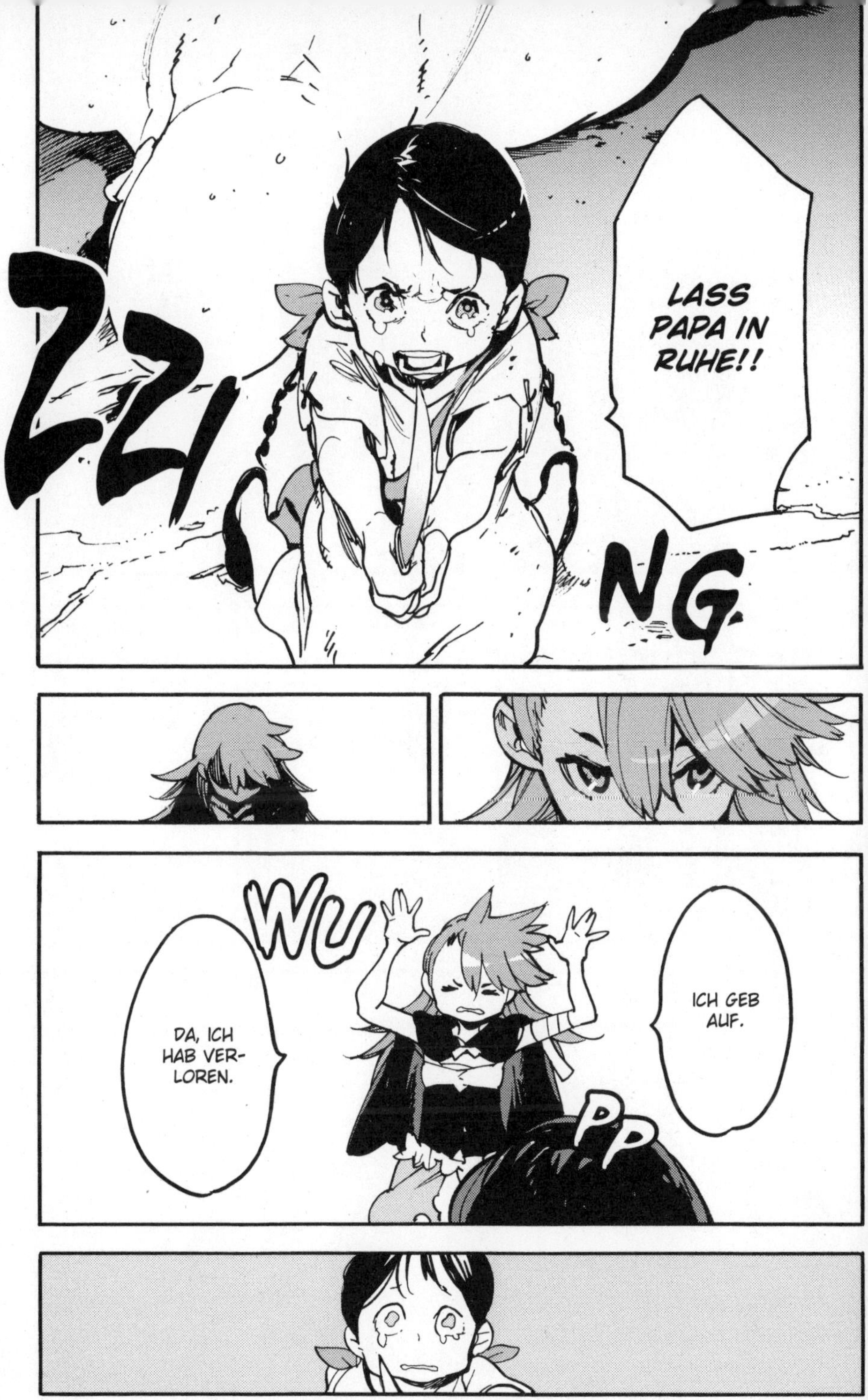
ZZI
NG.
LASS PAPA IN RUHE!!
WU
PP
ICH GEB AUF.
DA, ICH HAB VERLOREN.

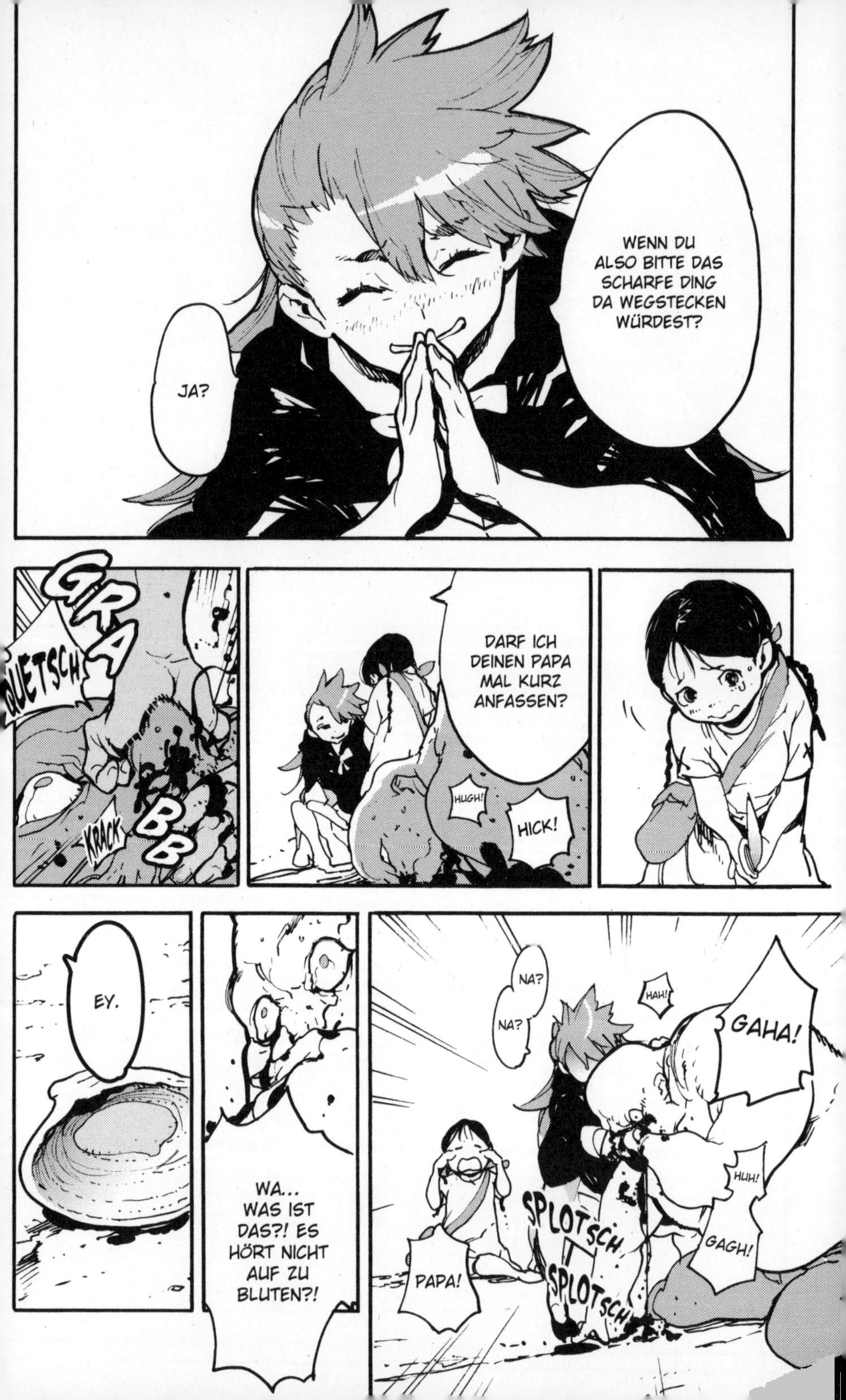

WENN DU ALSO BITTE DAS SCHARFE DING DA WEGSTECKEN WÜRDEST?
JA?
DARF ICH DEINEN PAPA MAL KURZ ANFASSEN?
HUGH!
HICK!
GRA
QUETSCH
BB
KRACK
HAH!
GAHA!
NA?
NA?
HUH!
GAGH!
SPLOTSCH
SPLOTSCH
PAPA!
WA... WAS IST DAS?! ES HÖRT NICHT AUF ZU BLUTEN?!
EY.

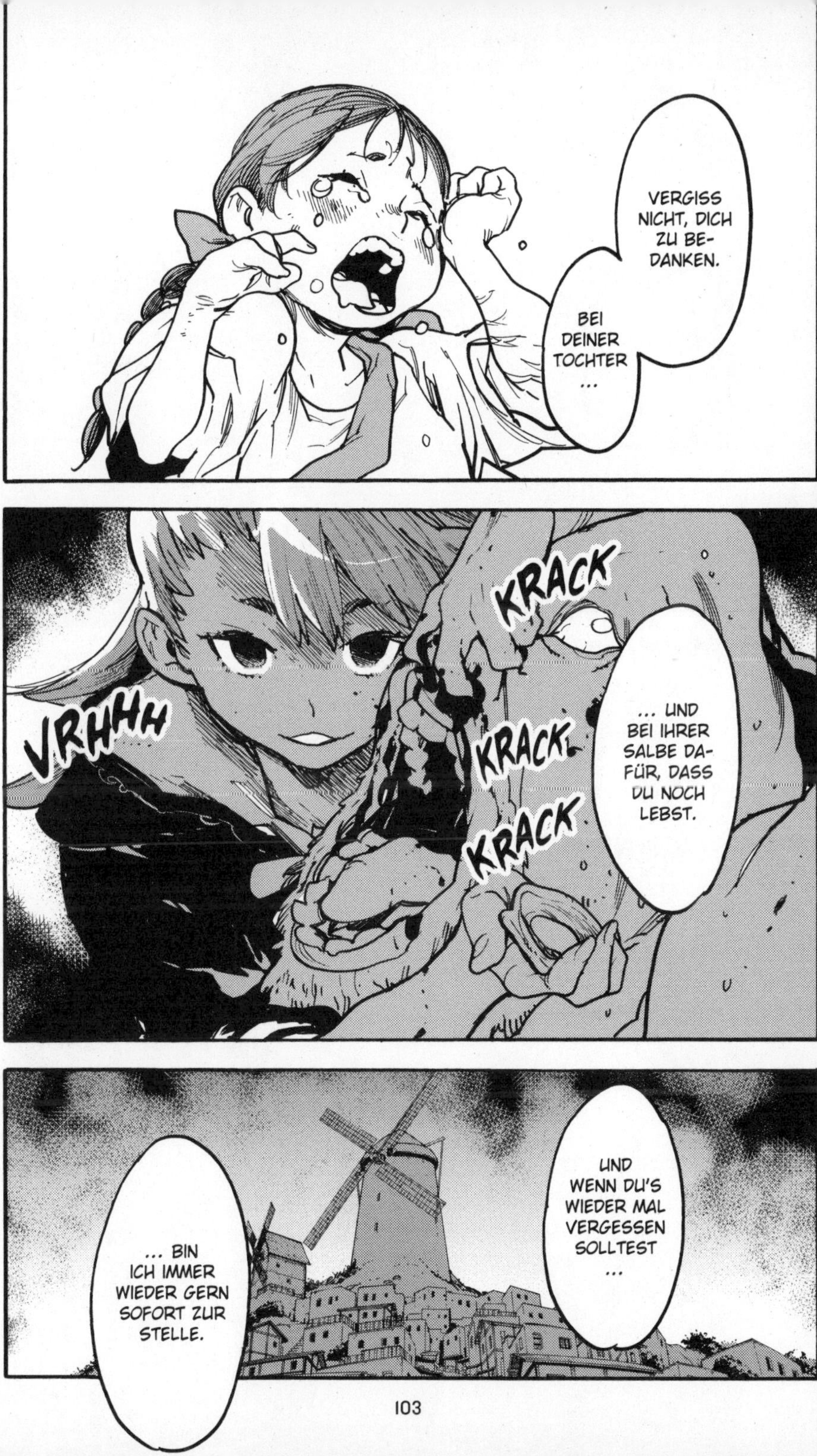

VERGISS NICHT, DICH ZU BE-DANKEN.
BEI DEINER TOCHTER ...
KRACK
... UND BEI IHRER SALBE DA-FÜR, DASS DU NOCH LEBST.
KRACK
KRACK
VRHHH
UND WENN DU'S WIEDER MAL VERGESSEN SOLLTEST ...
... BIN ICH IMMER WIEDER GERN SOFORT ZUR STELLE.

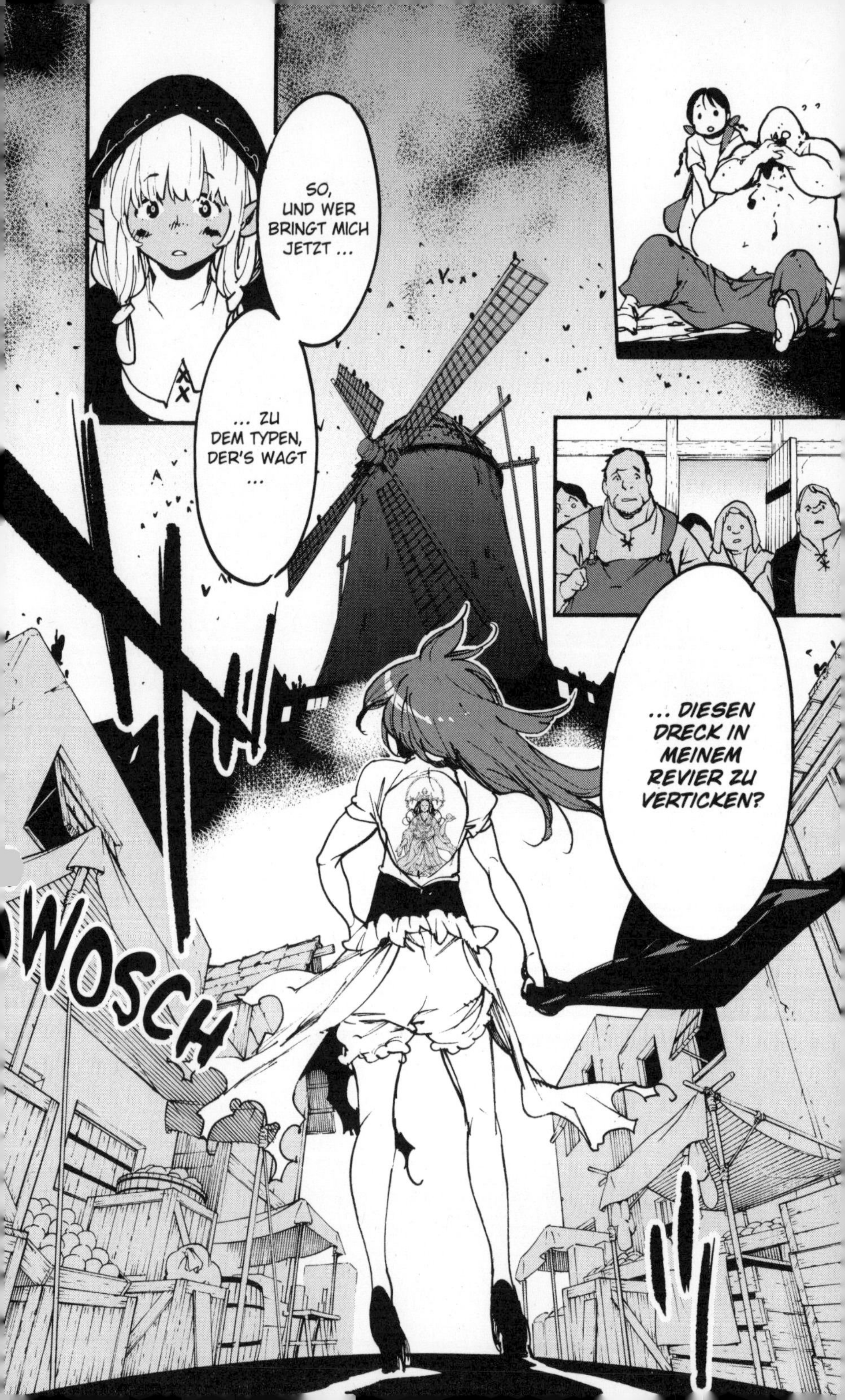
SO, UND WER BRINGT MICH JETZT …
… ZU DEM TYPEN, DER'S WAGT …
… DIESEN DRECK IN MEINEM REVIER ZU VERTICKEN?
WOSCH

YAKUZA
REINCARNATION

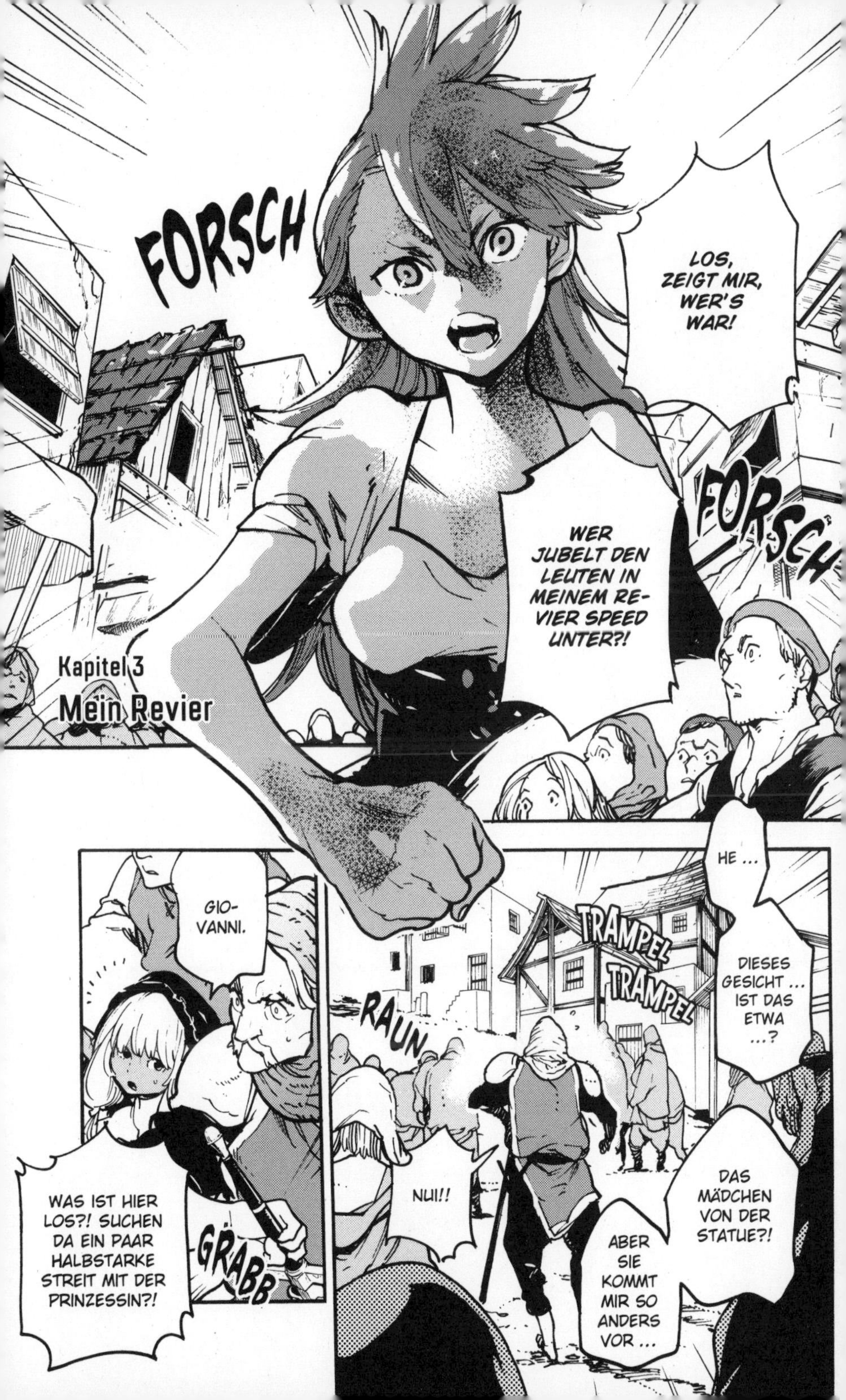
FORSCH
LOS, ZEIGT MIR, WER'S WAR!
FORSCH
WER JUBELT DEN LEUTEN IN MEINEM REVIER SPEED UNTER?!
Kapitel 3
Mein Revier
HE ...
DIESES GESICHT ... IST DAS ETWA ...?
TRAMPEL
TRAMPEL
RAUN
DAS MÄDCHEN VON DER STATUE?!
ABER SIE KOMMT MIR SO ANDERS VOR ...
NUI!!
GIO-VANNI.
WAS IST HIER LOS?! SUCHEN DA EIN PAAR HALBSTARKE STREIT MIT DER PRINZESSIN?!
GRABB

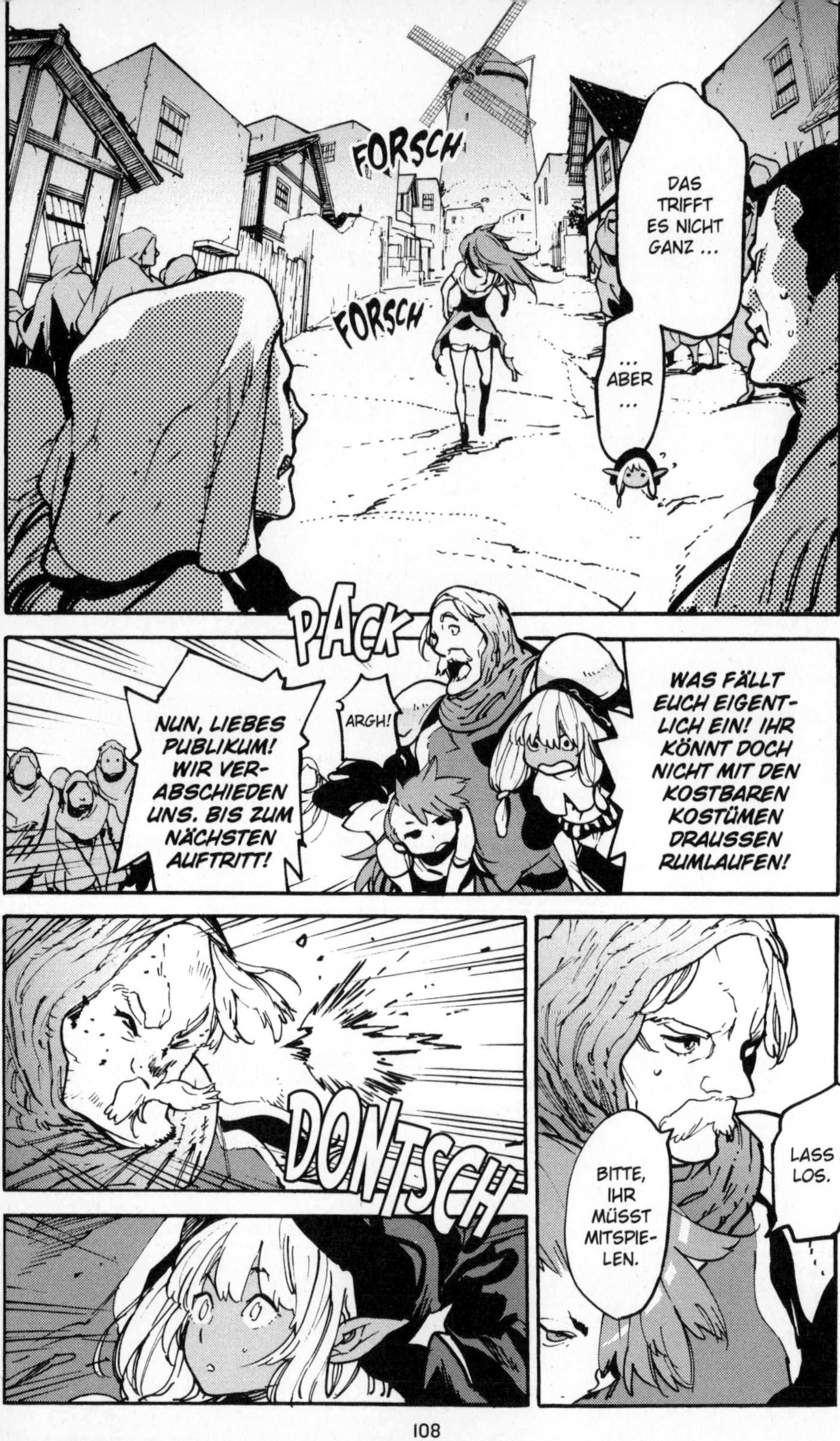
FORSCH
FORSCH
DAS TRIFFT ES NICHT GANZ ...
... ABER ...
PACK
WAS FÄLLT EUCH EIGENT-LICH EIN! IHR KÖNNT DOCH NICHT MIT DEN KOSTBAREN KOSTÜMEN DRAUSSEN RUMLAUFEN!
ARGH!
NUN, LIEBES PUBLIKUM! WIR VER-ABSCHIEDEN UNS. BIS ZUM NÄCHSTEN AUFTRITT!
DONTSCH
LASS LOS.
BITTE, IHR MÜSST MITSPIE-LEN.

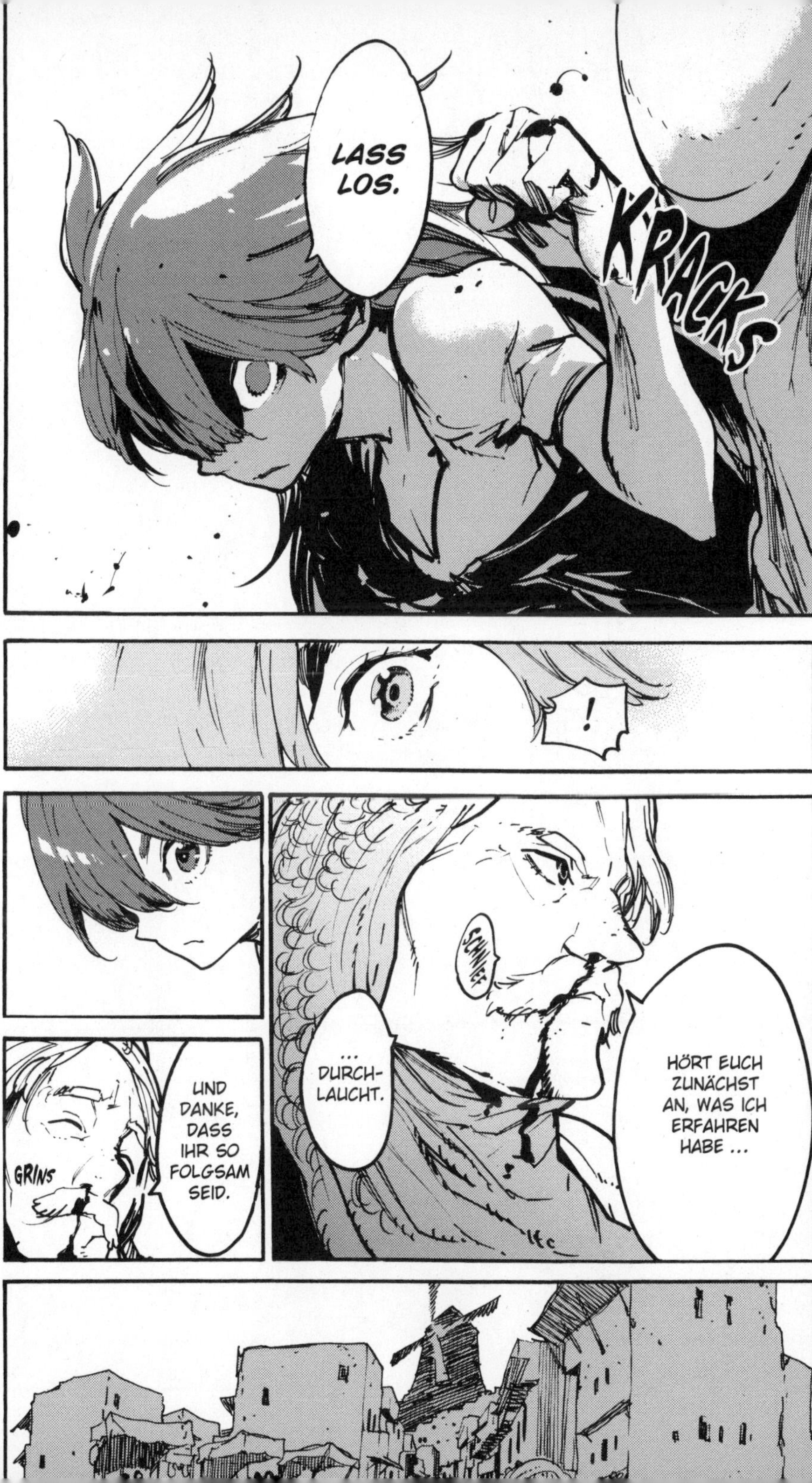
LASS LOS.
KRACKS
!
SCHNIEF
HÖRT EUCH ZUNÄCHST AN, WAS ICH ERFAHREN HABE …
… DURCHLAUCHT.
UND DANKE, DASS IHR SO FOLGSAM SEID.
GRINS

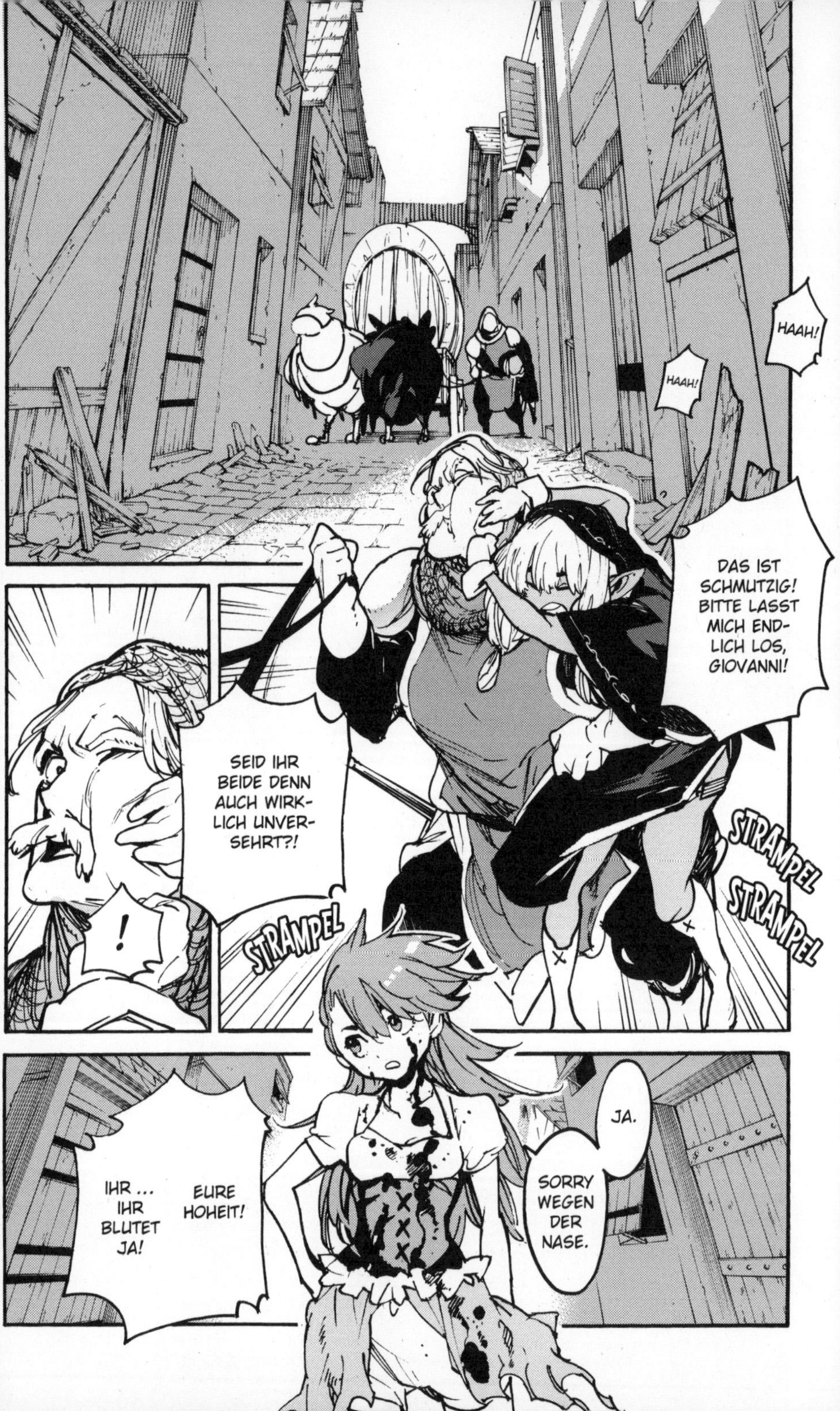
HAAH!
HAAH!
DAS IST SCHMUTZIG! BITTE LASST MICH END-LICH LOS, GIOVANNI!
SEID IHR BEIDE DENN AUCH WIRK-LICH UNVER-SEHRT?!
STRAMPEL
STRAMPEL
STRAMPEL
!
JA.
SORRY WEGEN DER NASE.
EURE HOHEIT!
IHR … IHR BLUTET JA!

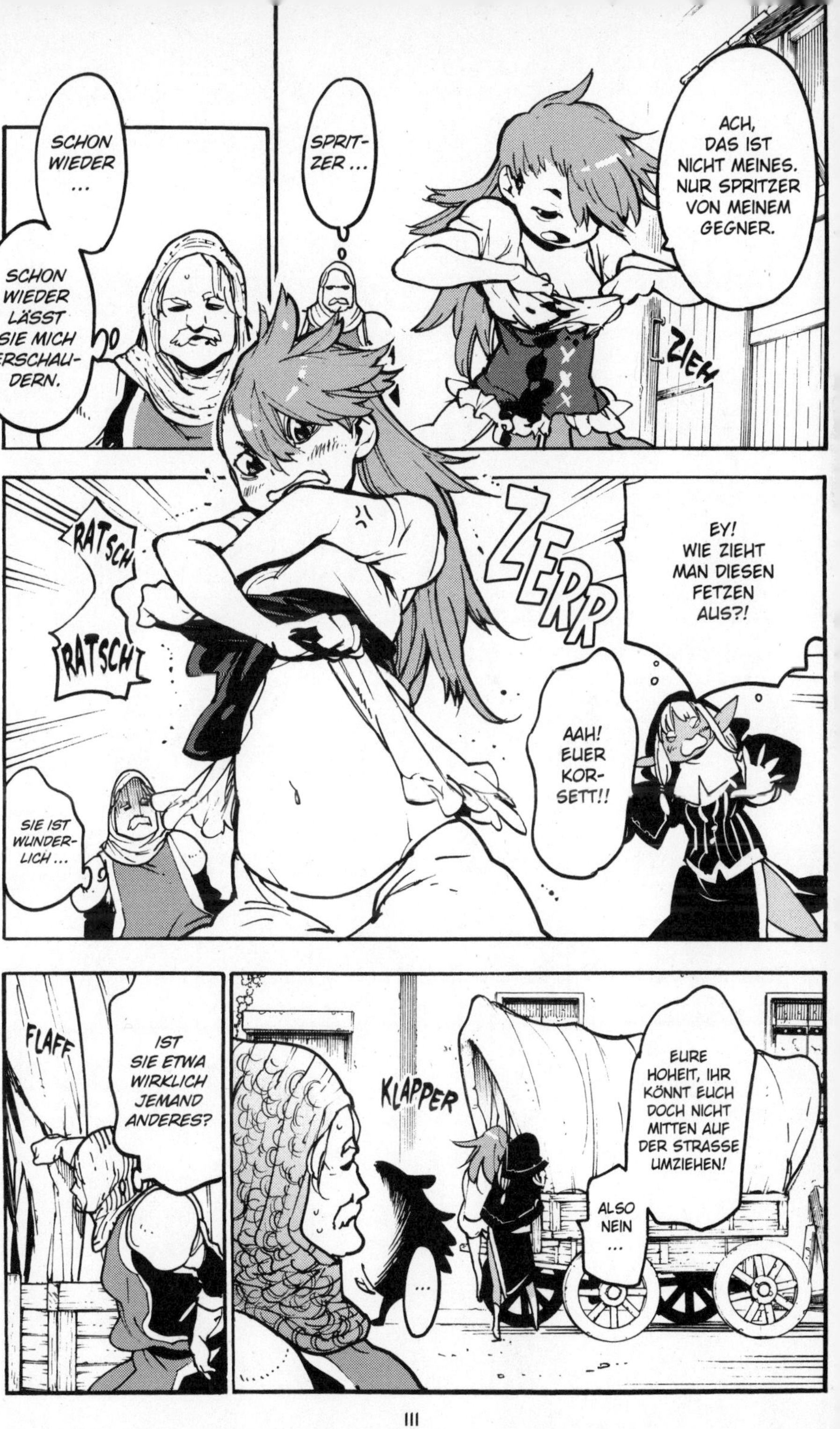
ACH, DAS IST NICHT MEINES. NUR SPRITZER VON MEINEM GEGNER.
ZIEH
SPRIT-ZER ...
SCHON WIEDER ...
SCHON WIEDER LÄSST SIE MICH ERSCHAU-DERN.
EY! WIE ZIEHT MAN DIESEN FETZEN AUS?!
ZERR
RATSCH
RATSCH
AAH! EUER KOR-SETT!!
SIE IST WUNDER-LICH ...
EURE HOHEIT, IHR KÖNNT EUCH DOCH NICHT MITTEN AUF DER STRASSE UMZIEHEN!
ALSO NEIN ...
KLAPPER
...
IST SIE ETWA WIRKLICH JEMAND ANDERES?
FLAFF

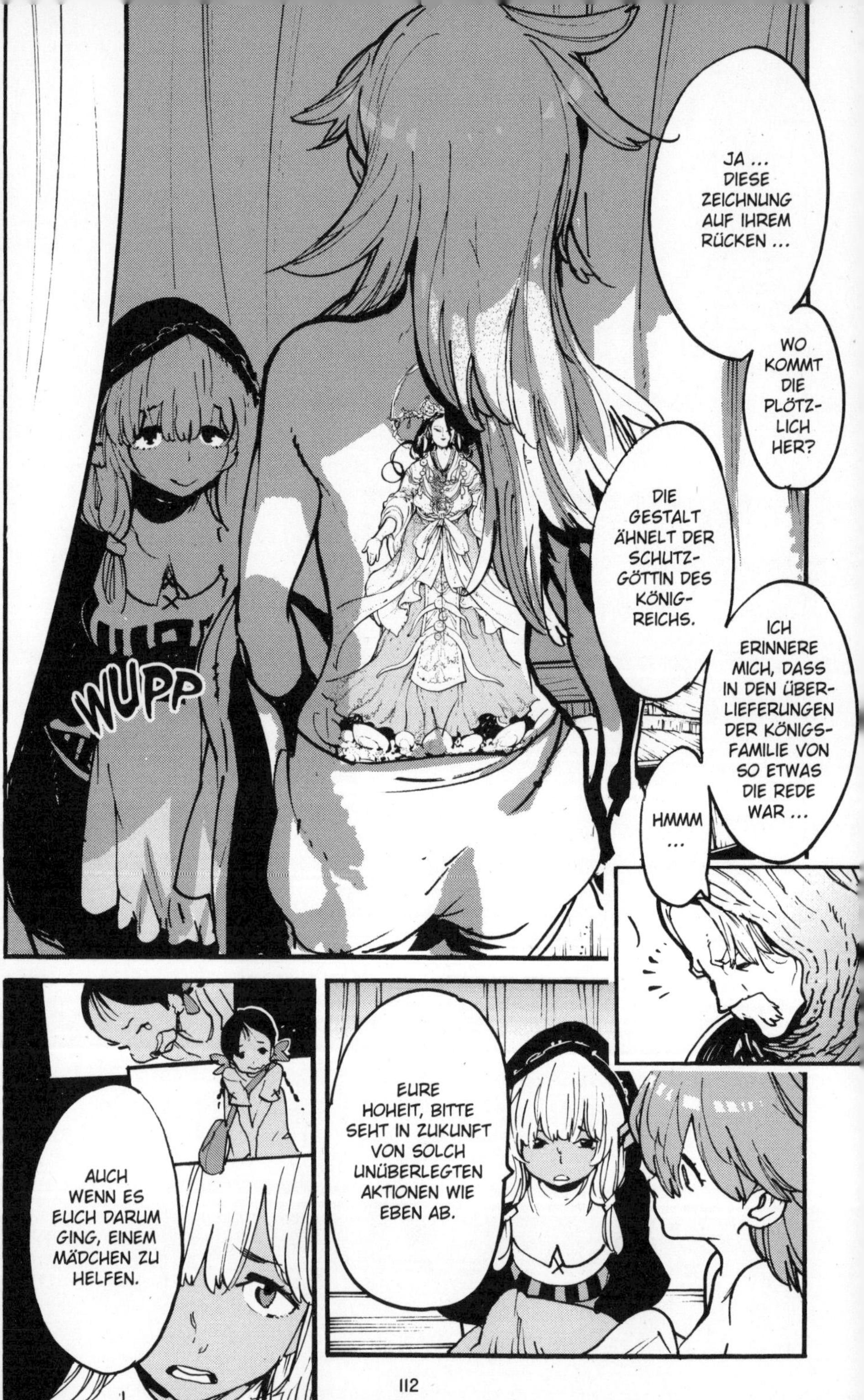
JA ... DIESE ZEICHNUNG AUF IHREM RÜCKEN ...
WO KOMMT DIE PLÖTZLICH HER?
DIE GESTALT ÄHNELT DER SCHUTZGÖTTIN DES KÖNIGREICHS.
ICH ERINNERE MICH, DASS IN DEN ÜBERLIEFERUNGEN DER KÖNIGSFAMILIE VON SO ETWAS DIE REDE WAR ...
HMMM ...
WUPP
EURE HOHEIT, BITTE SEHT IN ZUKUNFT VON SOLCH UNÜBERLEGTEN AKTIONEN WIE EBEN AB.
AUCH WENN ES EUCH DARUM GING, EINEM MÄDCHEN ZU HELFEN.

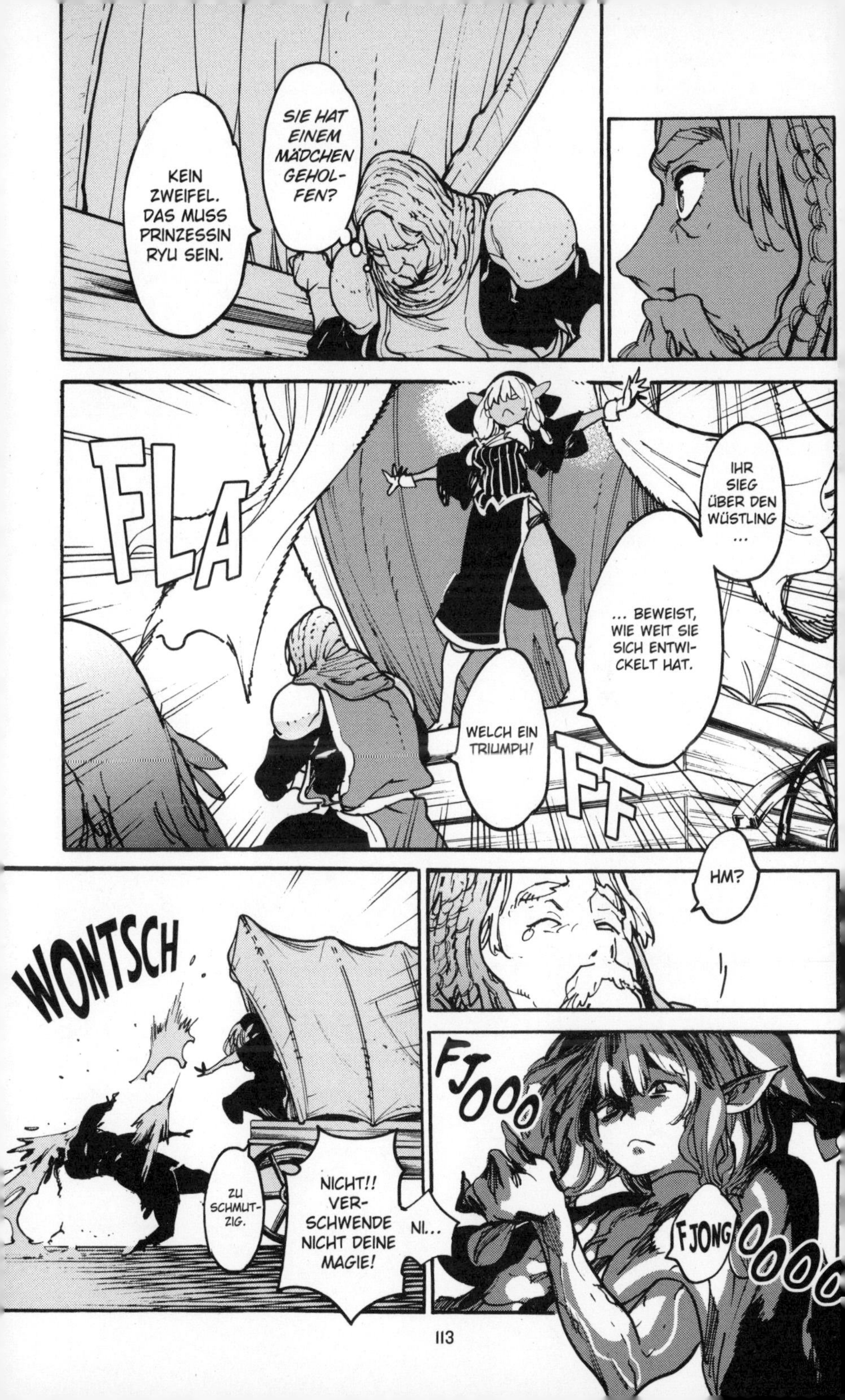
SIE HAT EINEM MÄDCHEN GEHOLFEN?
KEIN ZWEIFEL. DAS MUSS PRINZESSIN RYU SEIN.
IHR SIEG ÜBER DEN WÜSTLING ...
... BEWEIST, WIE WEIT SIE SICH ENTWICKELT HAT.
WELCH EIN TRIUMPH!
FLA
FF
HM?
FJOOO
NI...
NICHT!! VERSCHWENDE NICHT DEINE MAGIE!
ZU SCHMUTZIG.
WONTSCH
FJONG
OOOO

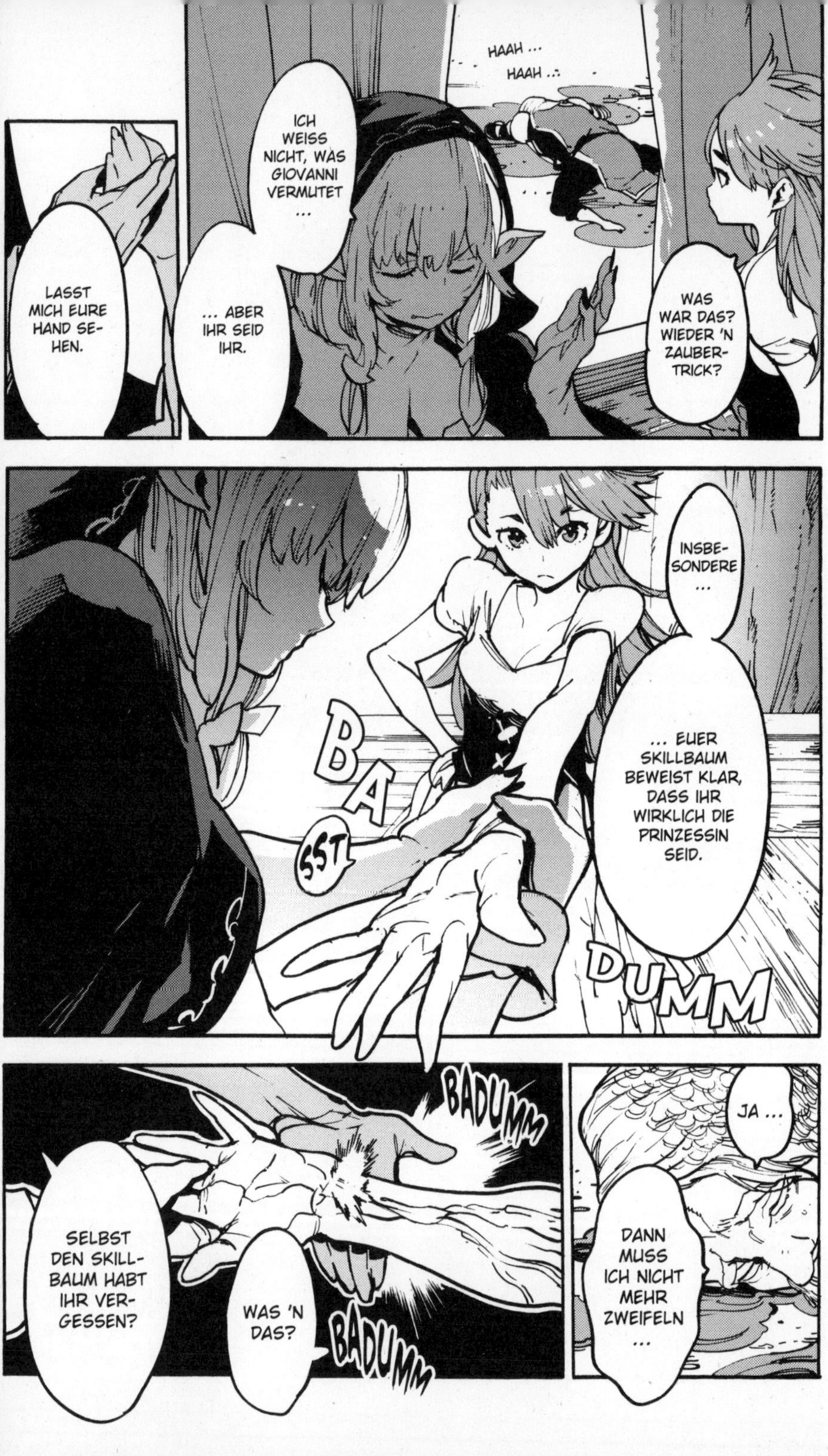
HAAH …
HAAH …
WAS WAR DAS? WIEDER 'N ZAUBER-TRICK?
ICH WEISS NICHT, WAS GIOVANNI VERMUTET …
… ABER IHR SEID IHR.
LASST MICH EURE HAND SE-HEN.
INSBE-SONDERE …
… EUER SKILLBAUM BEWEIST KLAR, DASS IHR WIRKLICH DIE PRINZESSIN SEID.
BA
SST!
DUMM
JA …
DANN MUSS ICH NICHT MEHR ZWEIFELN …
BADUMM
WAS 'N DAS?
BADUMM
SELBST DEN SKILL-BAUM HABT IHR VER-GESSEN?

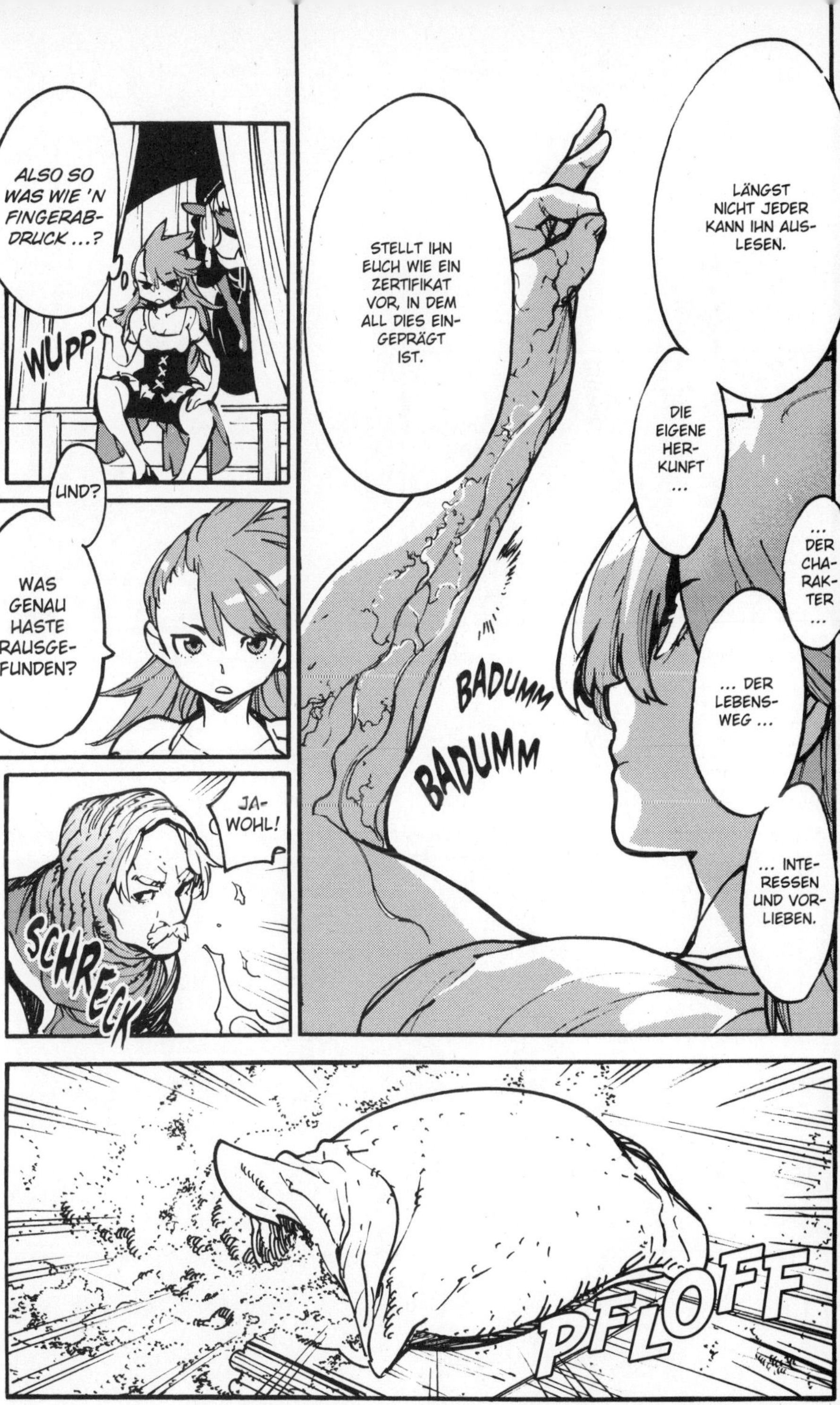
LÄNGST NICHT JEDER KANN IHN AUSLESEN.
STELLT IHN EUCH WIE EIN ZERTIFIKAT VOR, IN DEM ALL DIES EINGEPRÄGT IST.
ALSO SO WAS WIE 'N FINGERABDRUCK ...?
WUPP
DIE EIGENE HERKUNFT ...
... DER CHARAKTER ...
... DER LEBENSWEG ...
... INTERESSEN UND VORLIEBEN.
BADUMM
BADUMM
UND?
WAS GENAU HASTE RAUSGEFUNDEN?
JAWOHL!
SCHRECK
PFLOFF

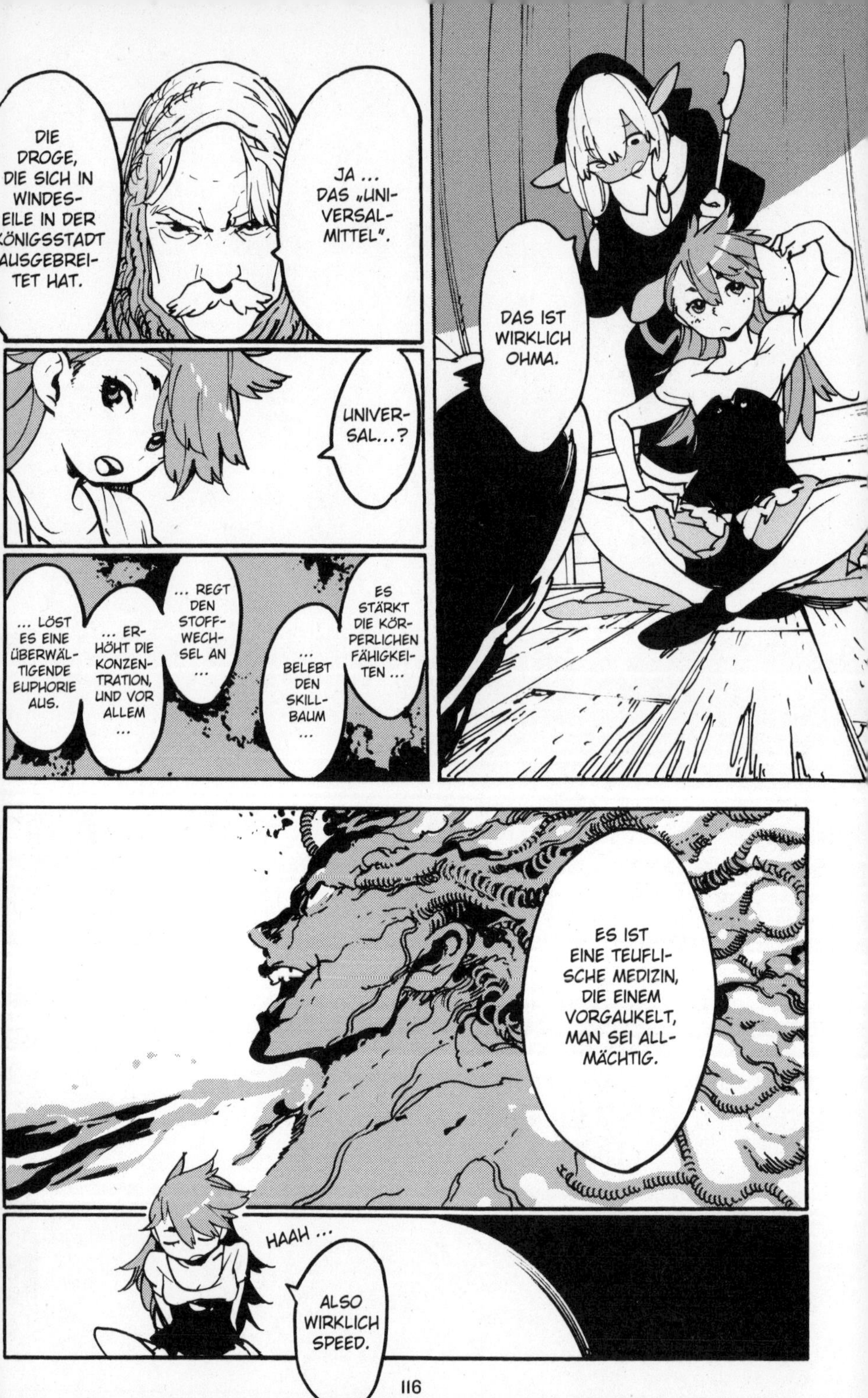
DAS IST WIRKLICH OHMA.
JA ... DAS „UNIVERSALMITTEL”.
DIE DROGE, DIE SICH IN WINDESEILE IN DER KÖNIGSSTADT AUSGEBREITET HAT.
UNIVERSAL...?
ES STÄRKT DIE KÖRPERLICHEN FÄHIGKEITEN ...
... BELEBT DEN SKILLBAUM ...
... REGT DEN STOFFWECHSEL AN ...
... ERHÖHT DIE KONZENTRATION, UND VOR ALLEM ...
... LÖST ES EINE ÜBERWÄLTIGENDE EUPHORIE AUS.
ES IST EINE TEUFLISCHE MEDIZIN, DIE EINEM VORGAUKELT, MAN SEI ALLMÄCHTIG.
HAAH ...
ALSO WIRKLICH SPEED.

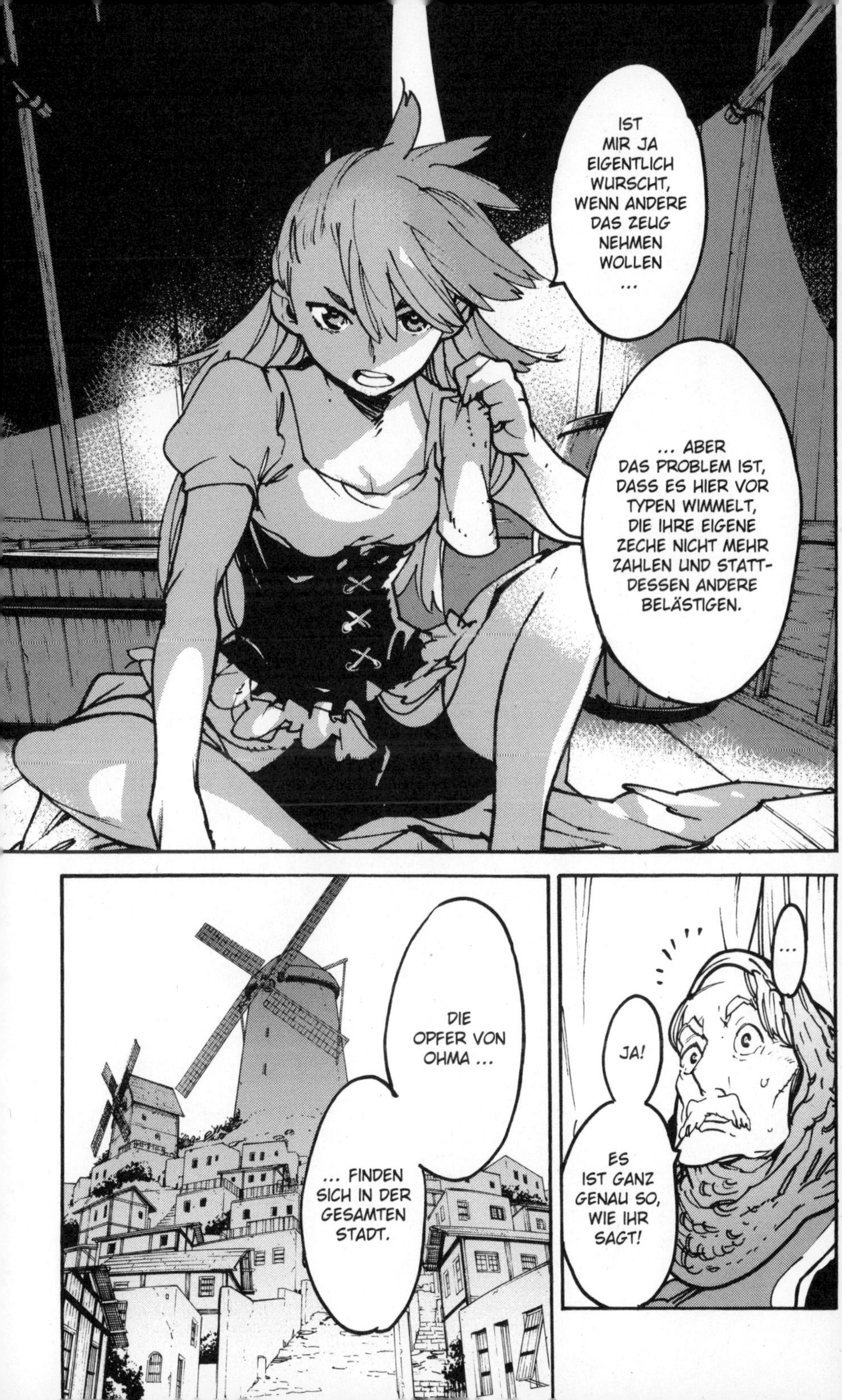
IST MIR JA EIGENTLICH WURSCHT, WENN ANDERE DAS ZEUG NEHMEN WOLLEN …
… ABER DAS PROBLEM IST, DASS ES HIER VOR TYPEN WIMMELT, DIE IHRE EIGENE ZECHE NICHT MEHR ZAHLEN UND STATT-DESSEN ANDERE BELÄSTIGEN.
…
JA!
ES IST GANZ GENAU SO, WIE IHR SAGT!
DIE OPFER VON OHMA …
… FINDEN SICH IN DER GESAMTEN STADT.

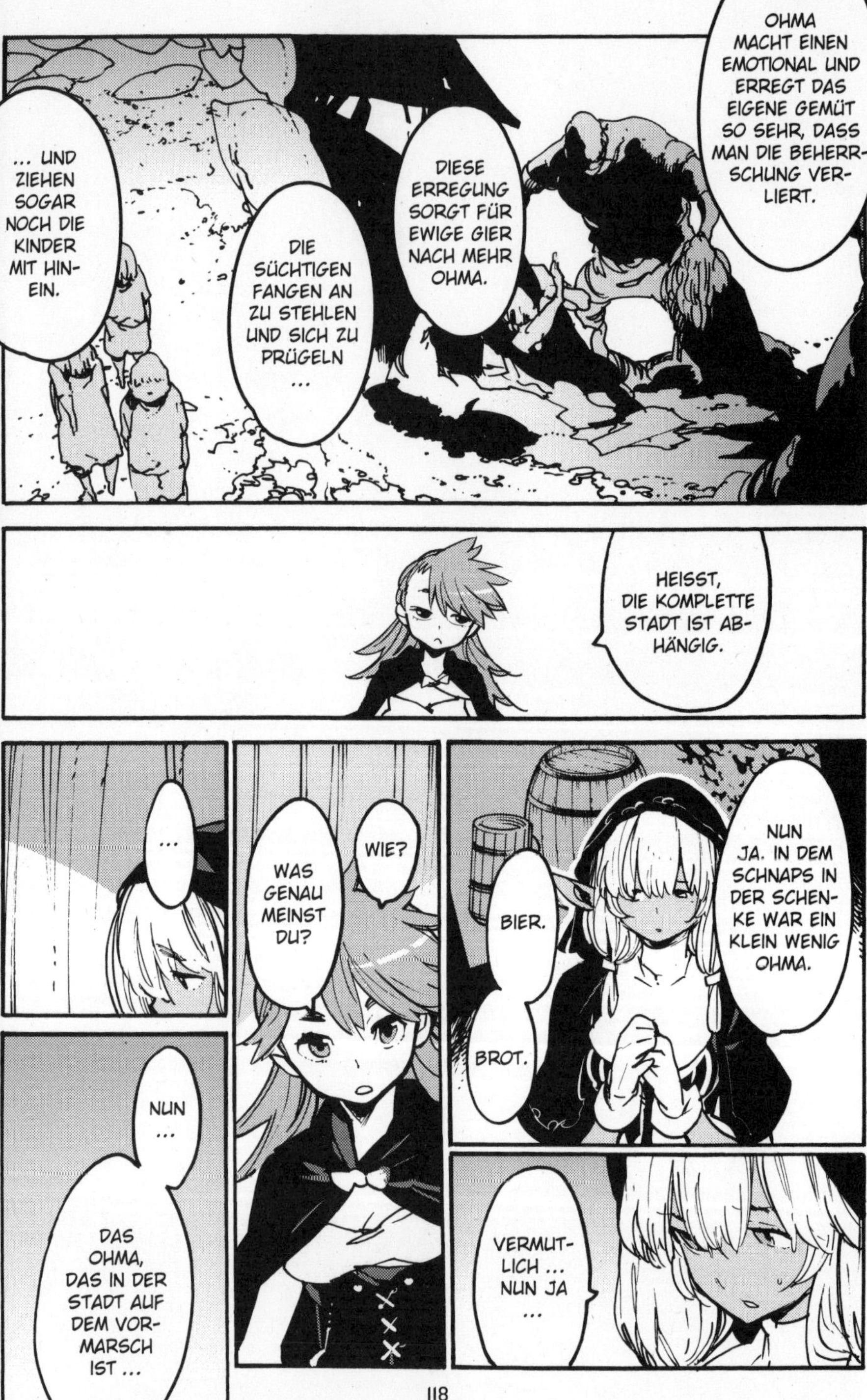
OHMA MACHT EINEN EMOTIONAL UND ERREGT DAS EIGENE GEMÜT SO SEHR, DASS MAN DIE BEHERR-SCHUNG VER-LIERT.
DIESE ERREGUNG SORGT FÜR EWIGE GIER NACH MEHR OHMA.
DIE SÜCHTIGEN FANGEN AN ZU STEHLEN UND SICH ZU PRÜGELN …
… UND ZIEHEN SOGAR NOCH DIE KINDER MIT HIN-EIN.
HEISST, DIE KOMPLETTE STADT IST AB-HÄNGIG.
NUN JA. IN DEM SCHNAPS IN DER SCHEN-KE WAR EIN KLEIN WENIG OHMA.
BIER.
BROT.
WIE?
WAS GENAU MEINST DU?
…
VERMUT-LICH … NUN JA …
NUN …
DAS OHMA, DAS IN DER STADT AUF DEM VOR-MARSCH IST …

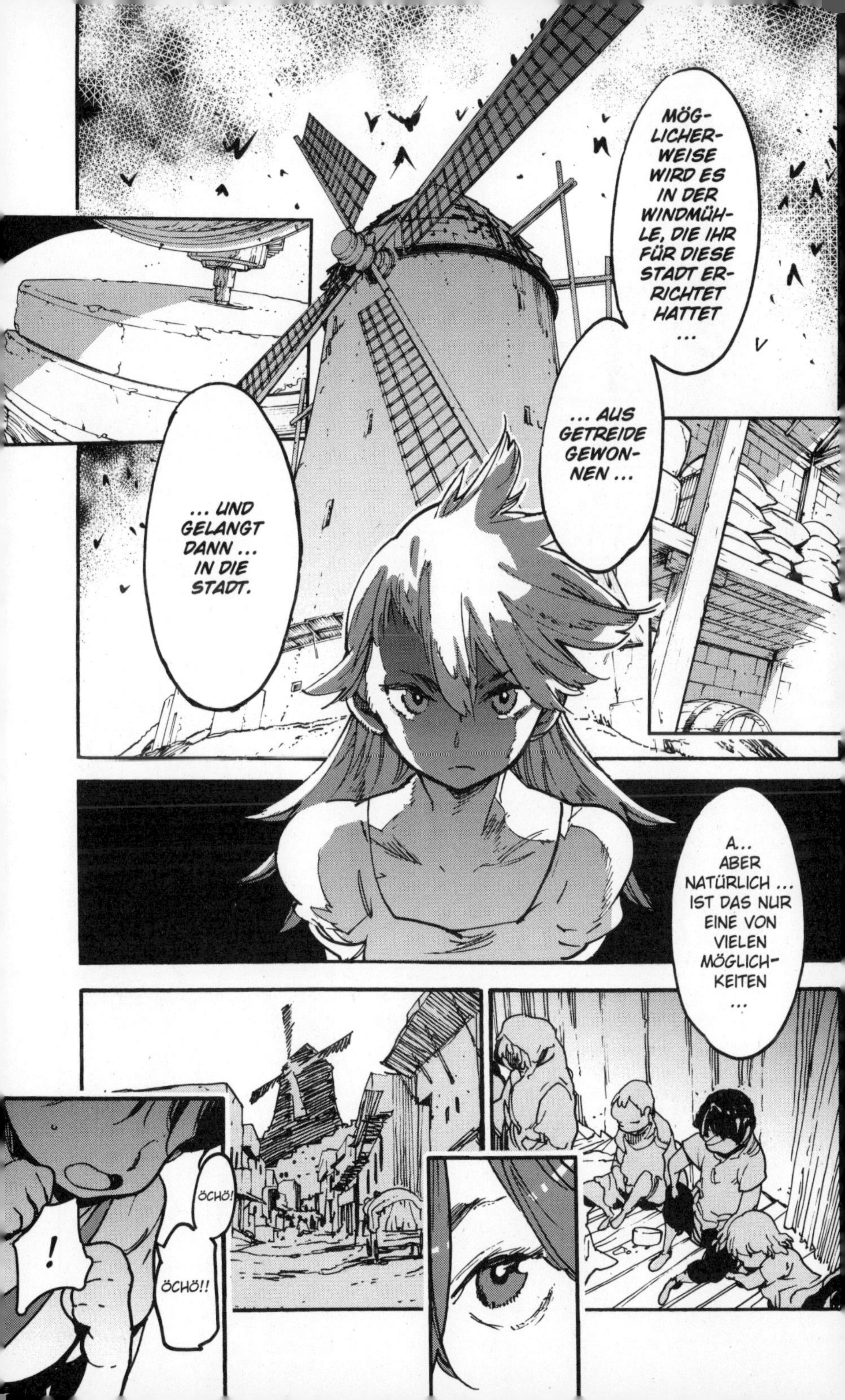
MÖG-LICHER-WEISE WIRD ES IN DER WINDMÜH-LE, DIE IHR FÜR DIESE STADT ER-RICHTET HATTET …
… AUS GETREIDE GEWON-NEN …
… UND GELANGT DANN … IN DIE STADT.
A… ABER NATÜRLICH … IST DAS NUR EINE VON VIELEN MÖGLICH-KEITEN …
ÖCHÖ!
!
ÖCHÖ!!

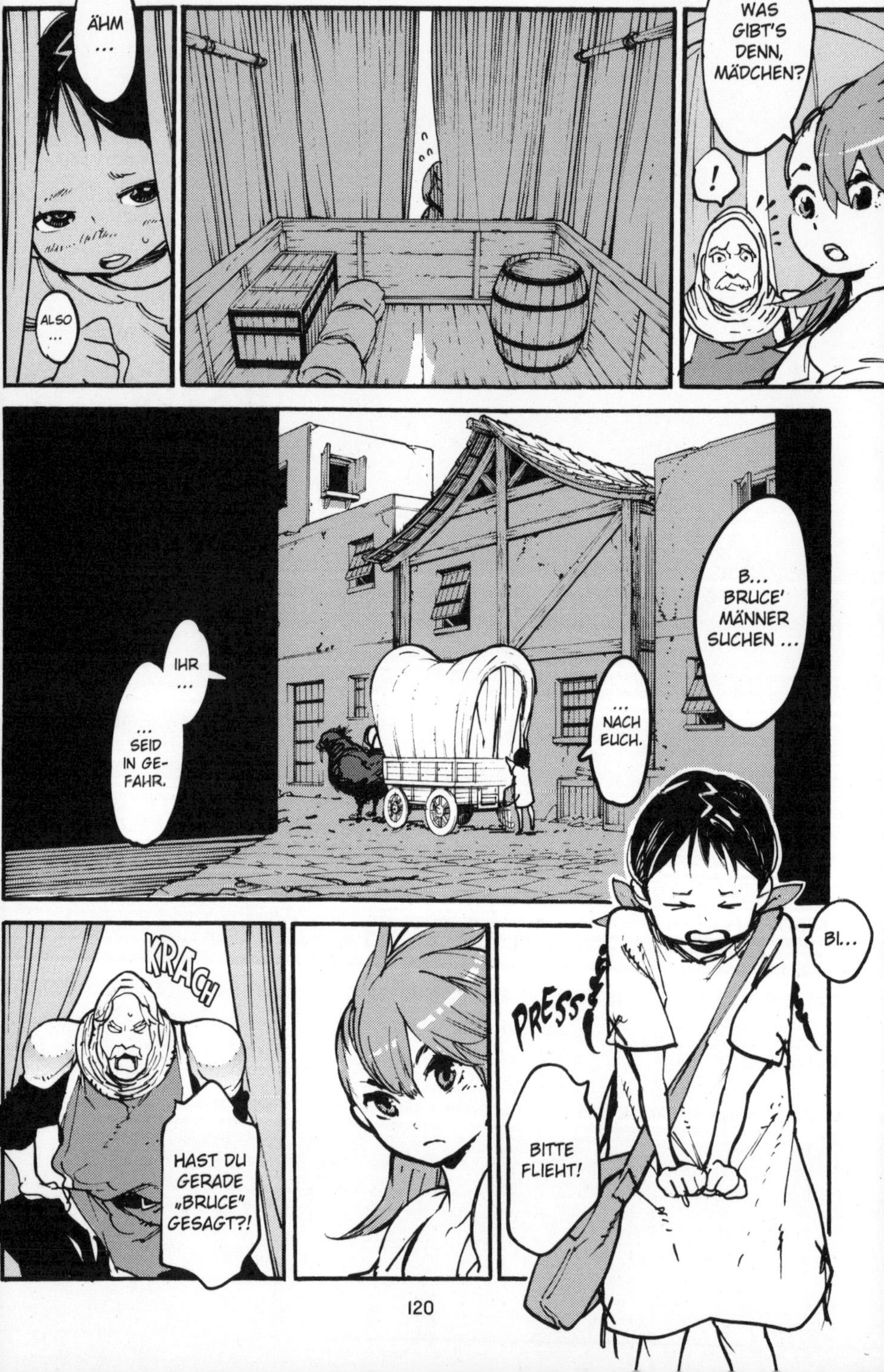
WAS GIBT'S DENN, MÄDCHEN?
!
ÄHM …
ALSO …
B… BRUCE' MÄNNER SUCHEN …
… NACH EUCH.
IHR …
… SEID IN GEFAHR.
BI…
PRESS
BITTE FLIEHT!
KRACH
HAST DU GERADE „BRUCE" GESAGT?!

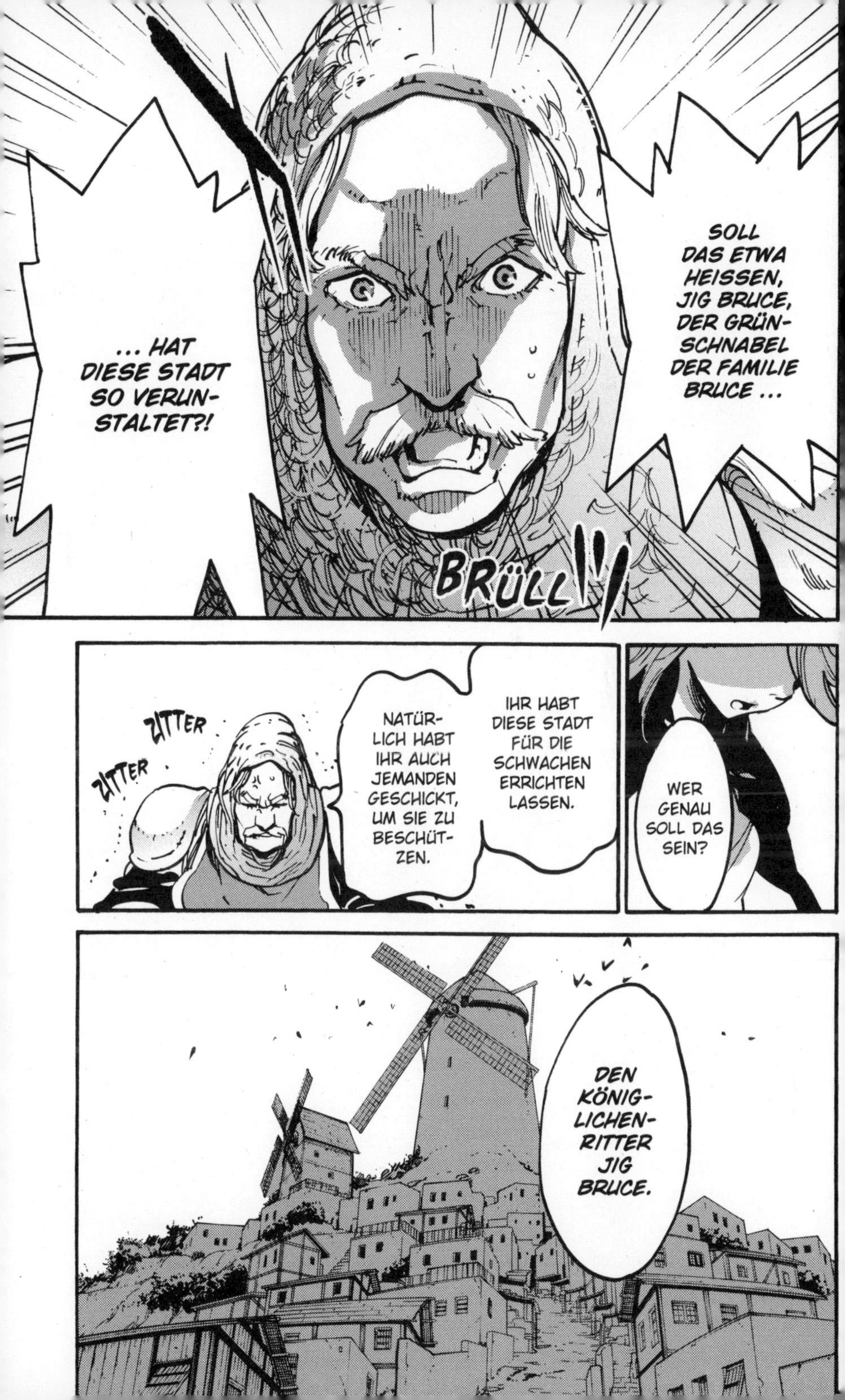
SOLL DAS ETWA HEISSEN, JIG BRUCE, DER GRÜN-SCHNABEL DER FAMILIE BRUCE …
… HAT DIESE STADT SO VERUN-STALTET?!
BRÜLL
WER GENAU SOLL DAS SEIN?
IHR HABT DIESE STADT FÜR DIE SCHWACHEN ERRICHTEN LASSEN.
NATÜR-LICH HABT IHR AUCH JEMANDEN GESCHICKT, UM SIE ZU BESCHÜT-ZEN.
ZITTER
ZITTER
DEN KÖNIG-LICHEN-RITTER JIG BRUCE.

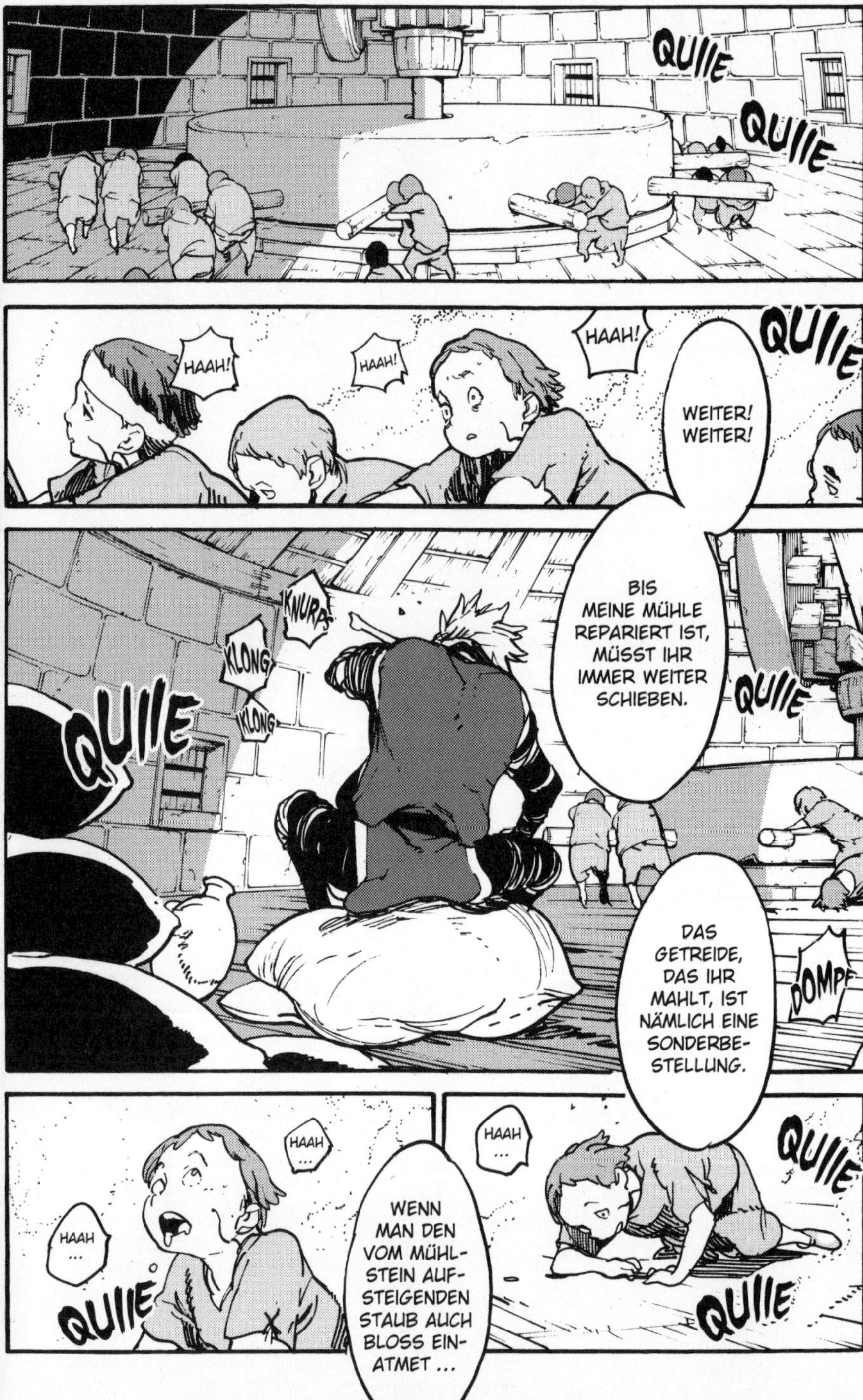
QUIIE
QUIIE
QUIIE
WEITER! WEITER!
HAAH!
HAAH!
HAAH!
BIS MEINE MÜHLE REPARIERT IST, MÜSST IHR IMMER WEITER SCHIEBEN.
QUIIE
SCHLEIF
DAS GETREIDE, DAS IHR MAHLT, IST NÄMLICH EINE SONDERBE-STELLUNG.
DOMPF
KNURP
KLONG
KLONG
QUIIE
QUIIE
HAAH …
QUIIE
WENN MAN DEN VOM MÜHL-STEIN AUF-STEIGENDEN STAUB AUCH BLOSS EIN-ATMET …
HAAH …
HAAH …
QUIIE

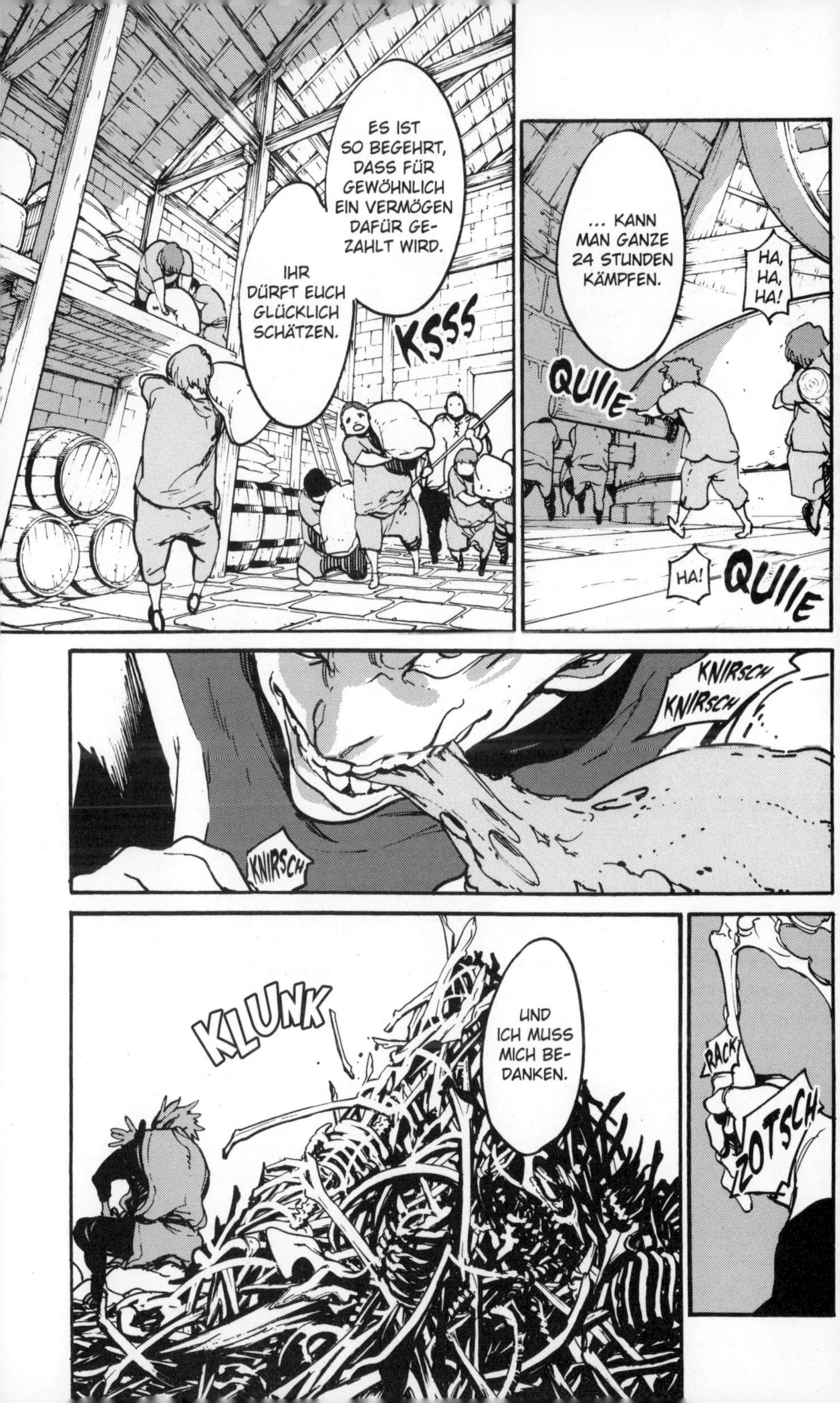
ES IST SO BEGEHRT, DASS FÜR GEWÖHNLICH EIN VERMÖGEN DAFÜR GEZAHLT WIRD.
IHR DÜRFT EUCH GLÜCKLICH SCHÄTZEN.
KSSS
... KANN MAN GANZE 24 STUNDEN KÄMPFEN.
HA, HA, HA!
QUIIE
HA!
QUIIE
KNIRSCH
KNIRSCH
KNIRSCH
RACK
ZOTSCH
UND ICH MUSS MICH BEDANKEN.
KLUNK

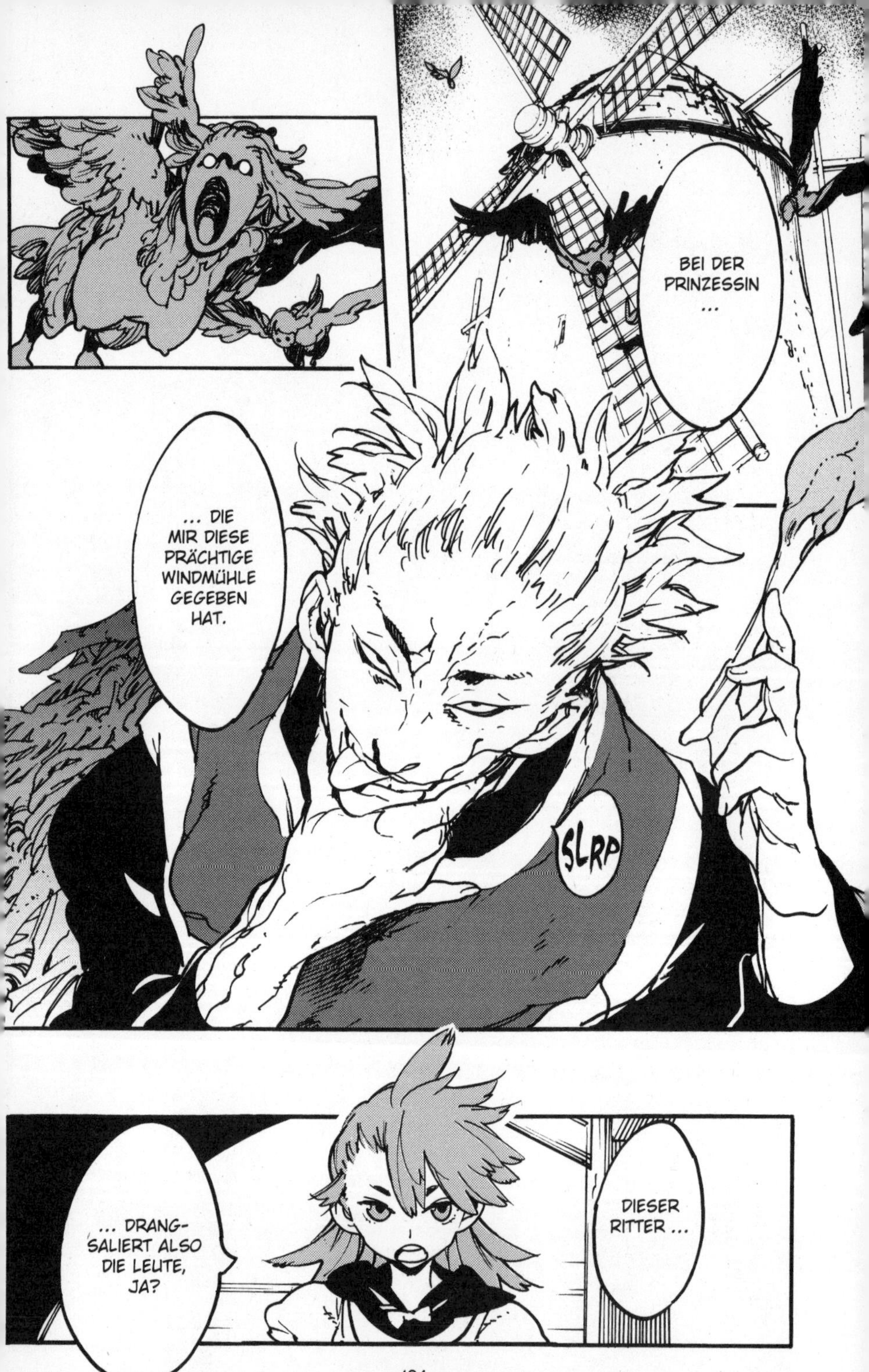
BEI DER PRINZESSIN ...
... DIE MIR DIESE PRÄCHTIGE WINDMÜHLE GEGEBEN HAT.
SLRP
DIESER RITTER ...
... DRANG-SALIERT ALSO DIE LEUTE, JA?

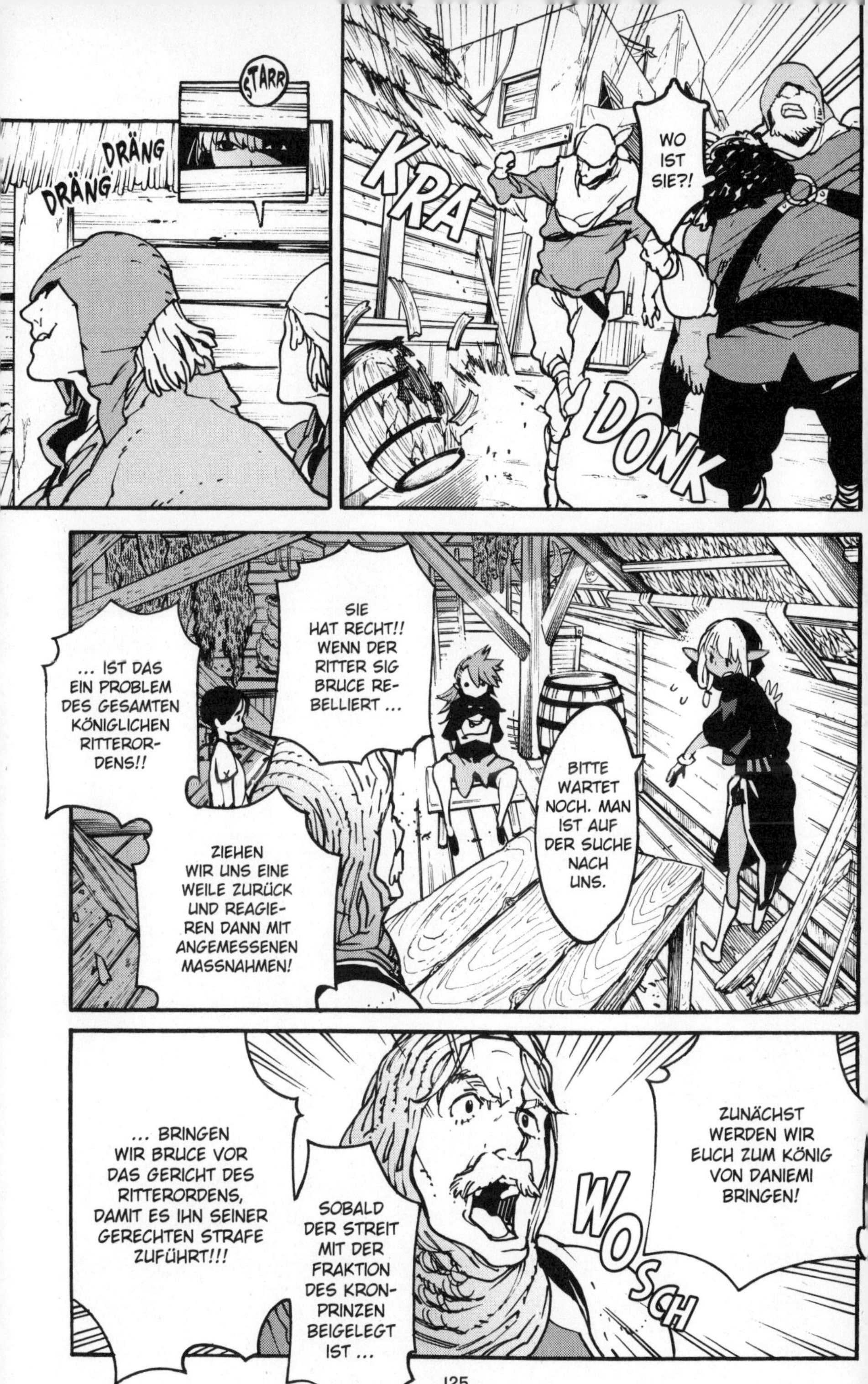
WO IST SIE?!
KRA
DONK
STARR
DRÄNG DRÄNG
BITTE WARTET NOCH. MAN IST AUF DER SUCHE NACH UNS.
SIE HAT RECHT!! WENN DER RITTER SIG BRUCE REBELLIERT …
… IST DAS EIN PROBLEM DES GESAMTEN KÖNIGLICHEN RITTERORDENS!!
ZIEHEN WIR UNS EINE WEILE ZURÜCK UND REAGIEREN DANN MIT ANGEMESSENEN MASSNAHMEN!
ZUNÄCHST WERDEN WIR EUCH ZUM KÖNIG VON DANIEMI BRINGEN!
WOSCH
SOBALD DER STREIT MIT DER FRAKTION DES KRONPRINZEN BEIGELEGT IST …
… BRINGEN WIR BRUCE VOR DAS GERICHT DES RITTERORDENS, DAMIT ES IHN SEINER GERECHTEN STRAFE ZUFÜHRT!!!

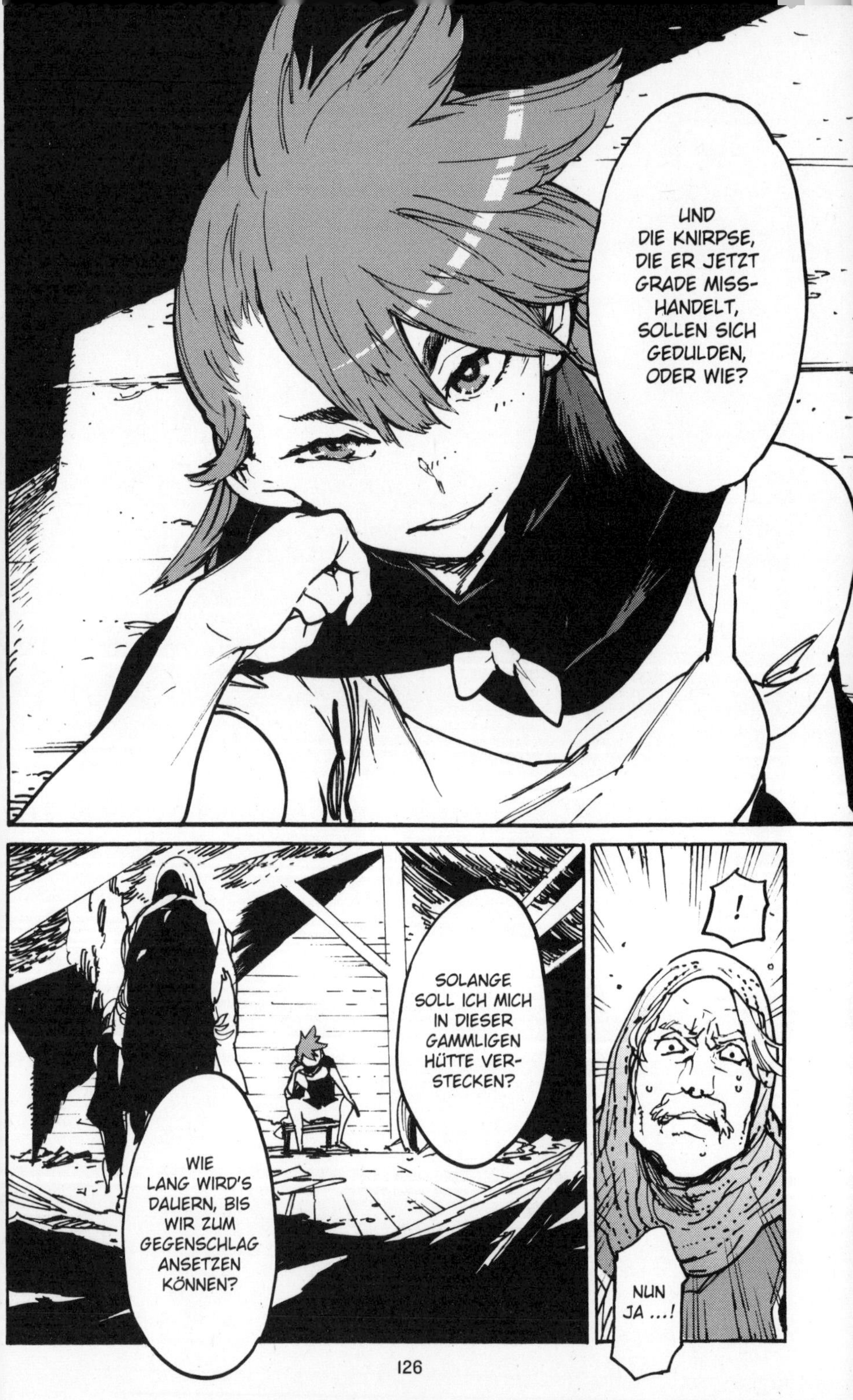
UND DIE KNIRPSE, DIE ER JETZT GRADE MISS-HANDELT, SOLLEN SICH GEDULDEN, ODER WIE?
!
NUN JA ...!
SOLANGE SOLL ICH MICH IN DIESER GAMMLIGEN HÜTTE VER-STECKEN?
WIE LANG WIRD'S DAUERN, BIS WIR ZUM GEGENSCHLAG ANSETZEN KÖNNEN?

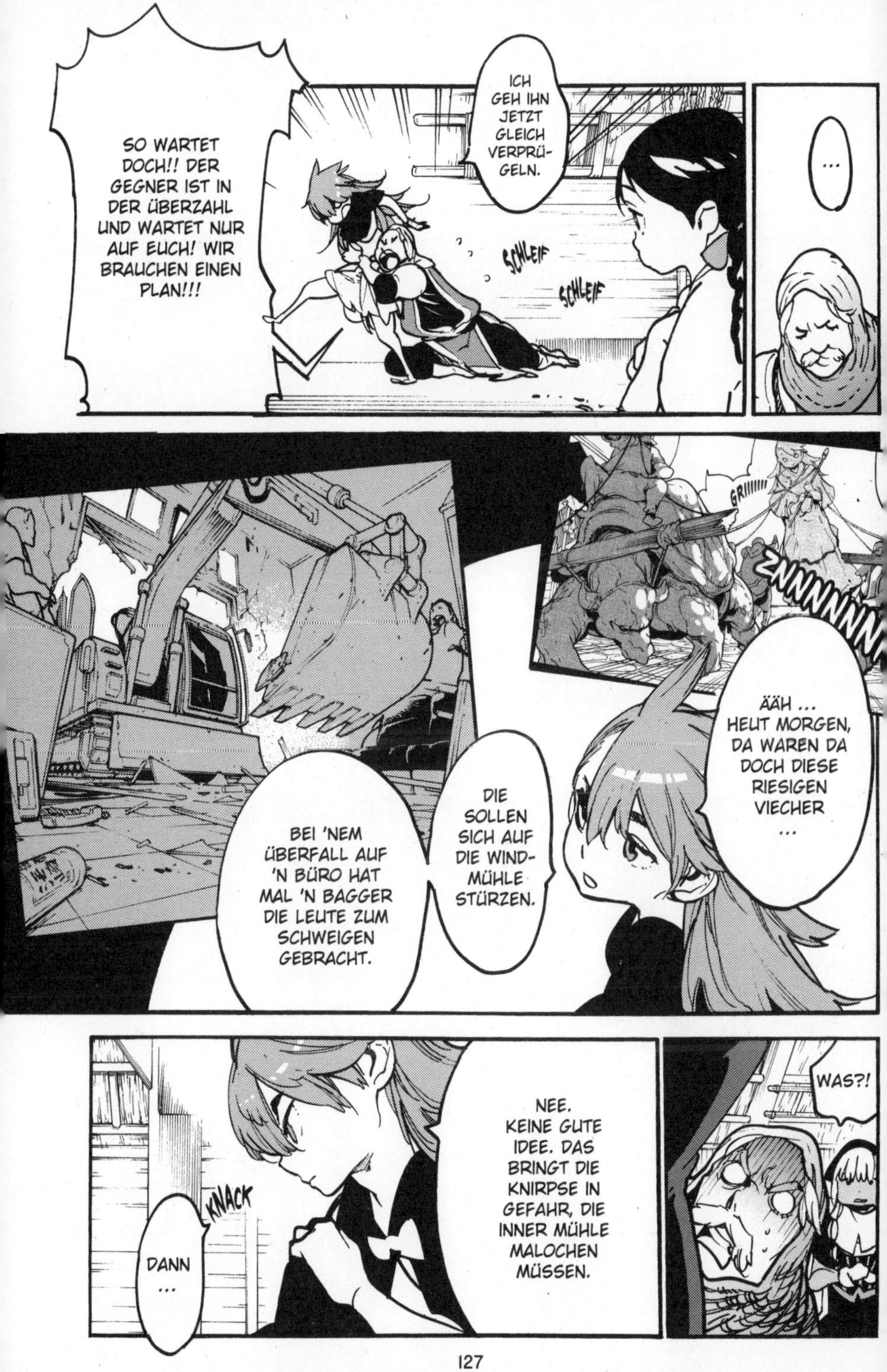
...
ICH GEH IHN JETZT GLEICH VERPRÜGELN.
SCHLEIF
SCHLEIF
SO WARTET DOCH!! DER GEGNER IST IN DER ÜBERZAHL UND WARTET NUR AUF EUCH! WIR BRAUCHEN EINEN PLAN!!!
GRIIIIII
ZNNNNNNN
ÄÄH ... HEUT MORGEN, DA WAREN DA DOCH DIESE RIESIGEN VIECHER ...
DIE SOLLEN SICH AUF DIE WIND-MÜHLE STÜRZEN.
BEI 'NEM ÜBERFALL AUF 'N BÜRO HAT MAL 'N BAGGER DIE LEUTE ZUM SCHWEIGEN GEBRACHT.
WAS?!
NEE. KEINE GUTE IDEE. DAS BRINGT DIE KNIRPSE IN GEFAHR, DIE INNER MÜHLE MALOCHEN MÜSSEN.
KNACK
DANN ...

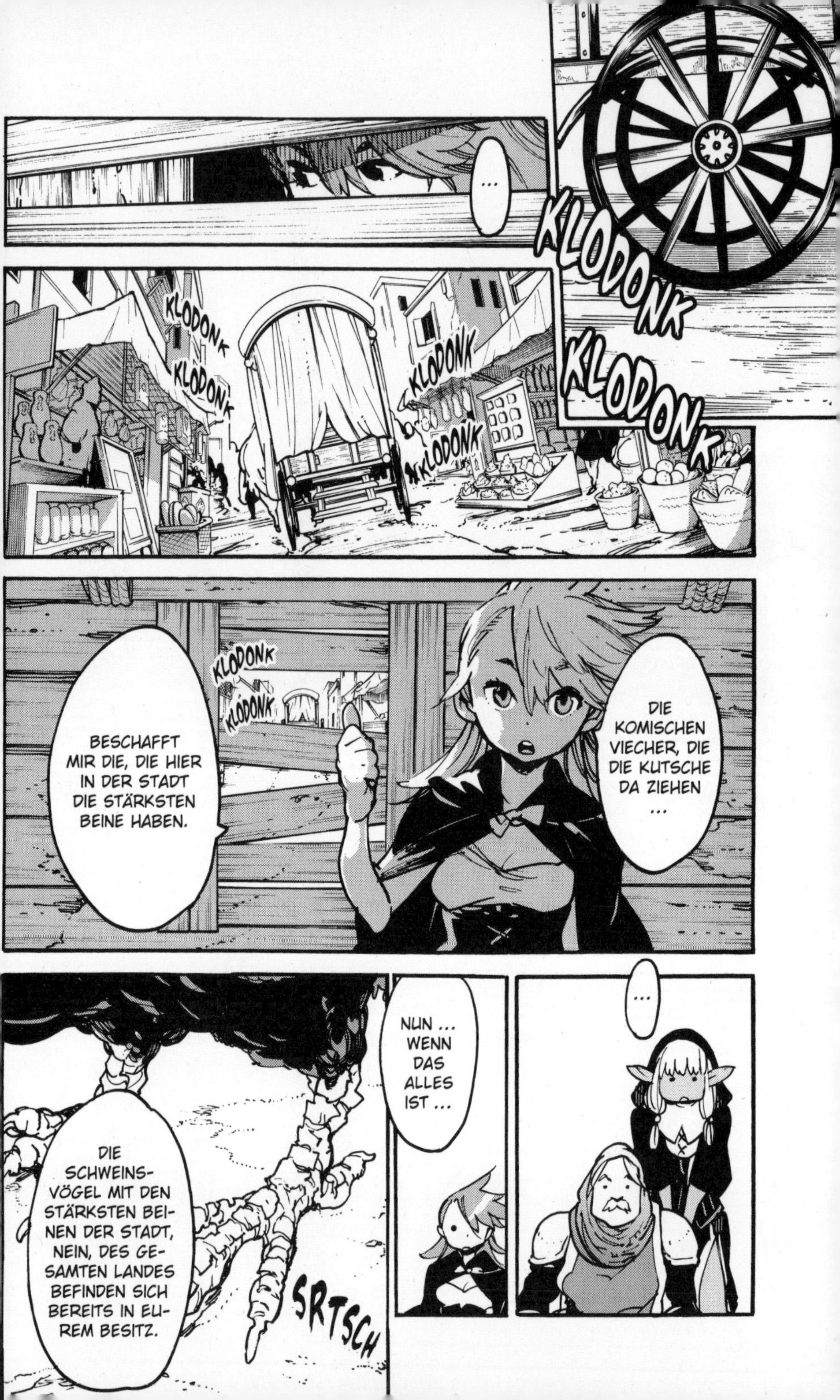
KLODONK
KLODONK
…
KLODONK
KLODONK
KLODONK
KLODONK
DIE KOMISCHEN VIECHER, DIE DIE KUTSCHE DA ZIEHEN …
KLODONK
KLODONK
BESCHAFFT MIR DIE, DIE HIER IN DER STADT DIE STÄRKSTEN BEINE HABEN.
…
NUN … WENN DAS ALLES IST …
DIE SCHWEINS-VÖGEL MIT DEN STÄRKSTEN BEI-NEN DER STADT, NEIN, DES GE-SAMTEN LANDES BEFINDEN SICH BEREITS IN EU-REM BESITZ.
SRTSCH

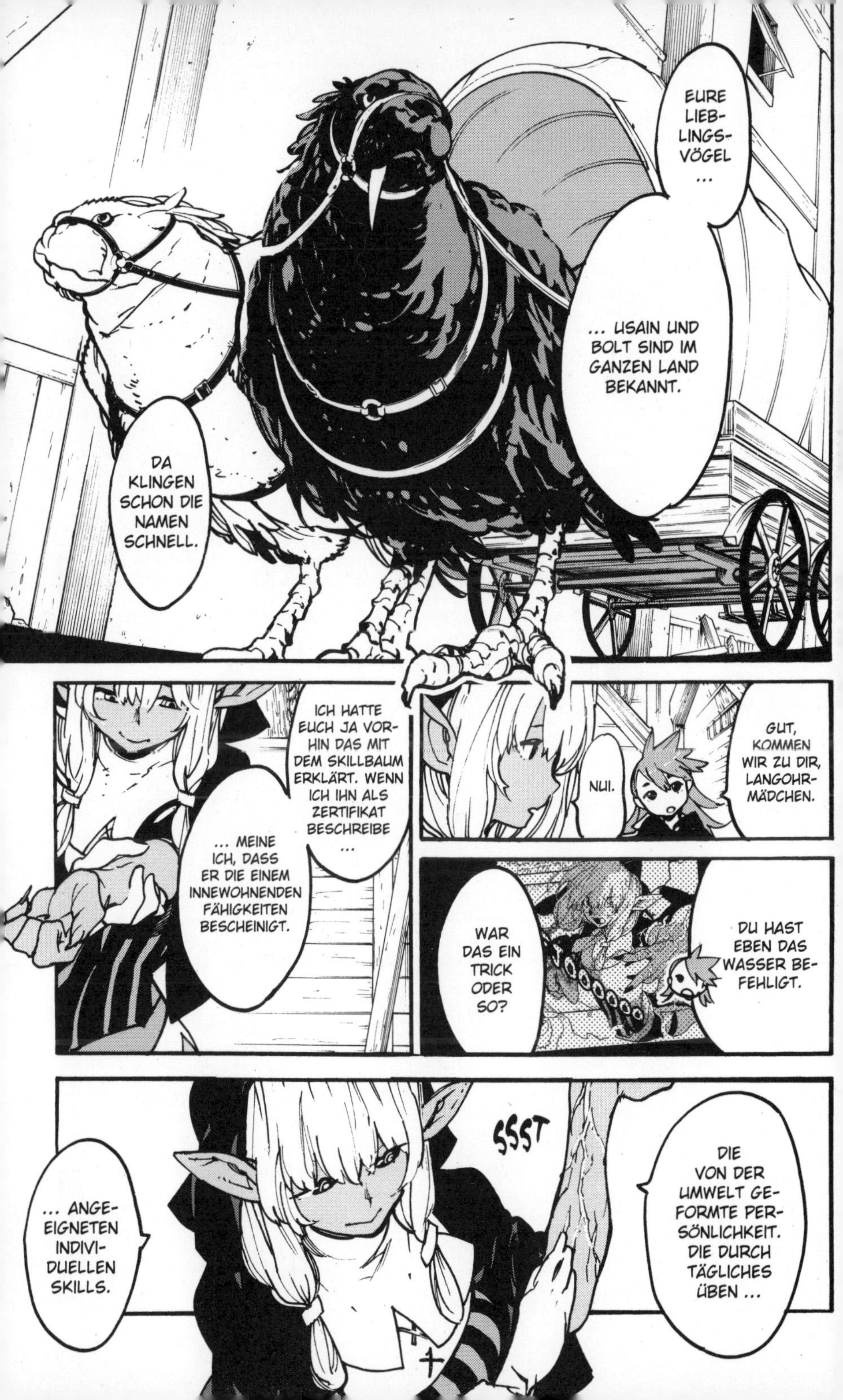
EURE LIEBLINGSVÖGEL …
… USAIN UND BOLT SIND IM GANZEN LAND BEKANNT.
DA KLINGEN SCHON DIE NAMEN SCHNELL.
GUT, KOMMEN WIR ZU DIR, LANGOHRMÄDCHEN.
NUI.
DU HAST EBEN DAS WASSER BEFEHLIGT.
WAR DAS EIN TRICK ODER SO?
ICH HATTE EUCH JA VORHIN DAS MIT DEM SKILLBAUM ERKLÄRT. WENN ICH IHN ALS ZERTIFIKAT BESCHREIBE …
… MEINE ICH, DASS ER DIE EINEM INNEWOHNENDEN FÄHIGKEITEN BESCHEINIGT.
SSST
DIE VON DER UMWELT GEFORMTE PERSÖNLICHKEIT. DIE DURCH TÄGLICHES ÜBEN …
… ANGEEIGNETEN INDIVIDUELLEN SKILLS.

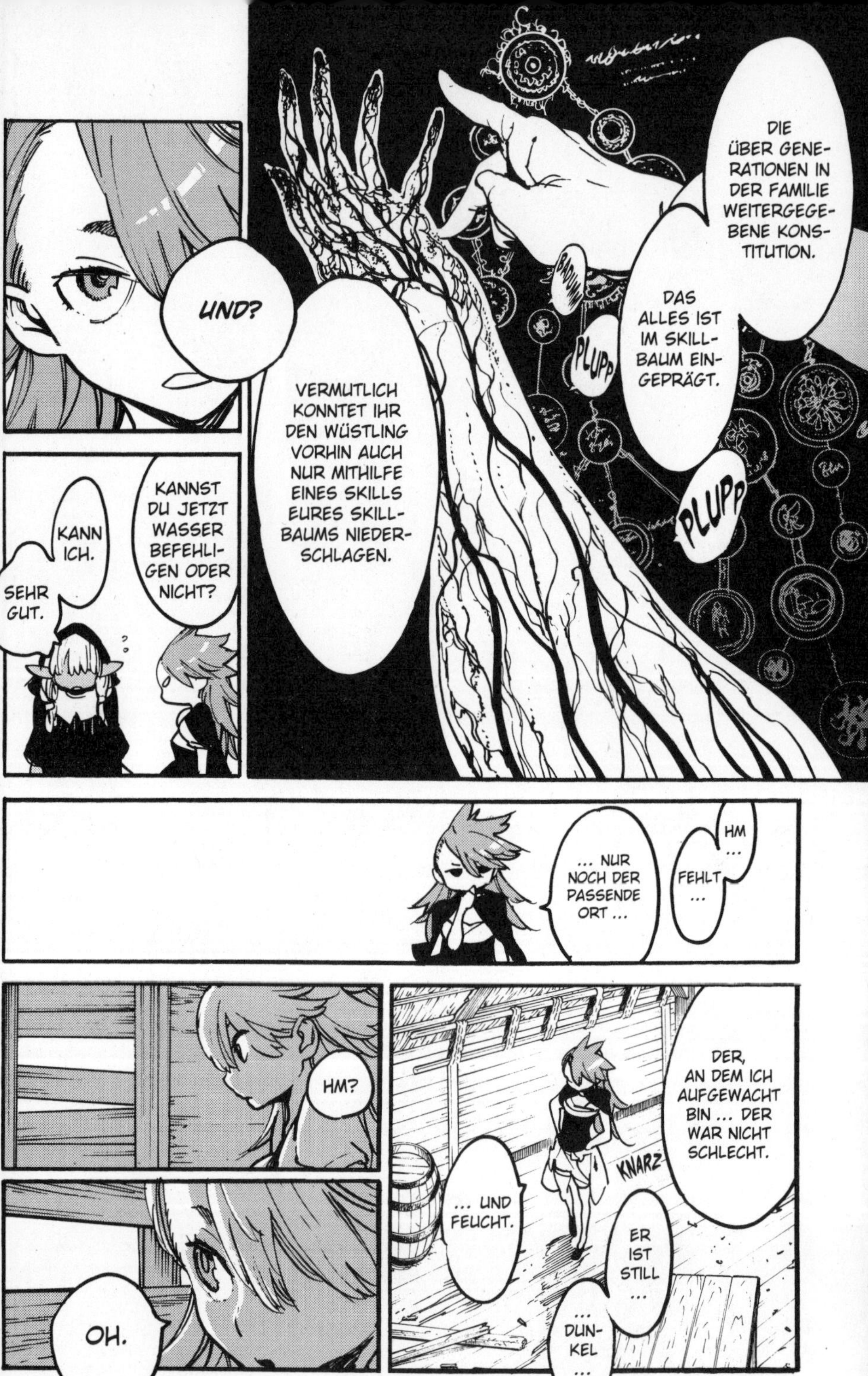
DIE ÜBER GENERATIONEN IN DER FAMILIE WEITERGEGEBENE KONSTITUTION.
BADUM
DAS ALLES IST IM SKILLBAUM EINGEPRÄGT.
PLUPP
PLUPP
VERMUTLICH KONNTET IHR DEN WÜSTLING VORHIN AUCH NUR MITHILFE EINES SKILLS EURES SKILLBAUMS NIEDERSCHLAGEN.
UND?
KANNST DU JETZT WASSER BEFEHLIGEN ODER NICHT?
KANN ICH.
SEHR GUT.
HM ...
FEHLT ...
... NUR NOCH DER PASSENDE ORT ...
DER, AN DEM ICH AUFGEWACHT BIN ... DER WAR NICHT SCHLECHT.
KNARZ
ER IST STILL ...
... DUNKEL ...
... UND FEUCHT.
HM?
OH.

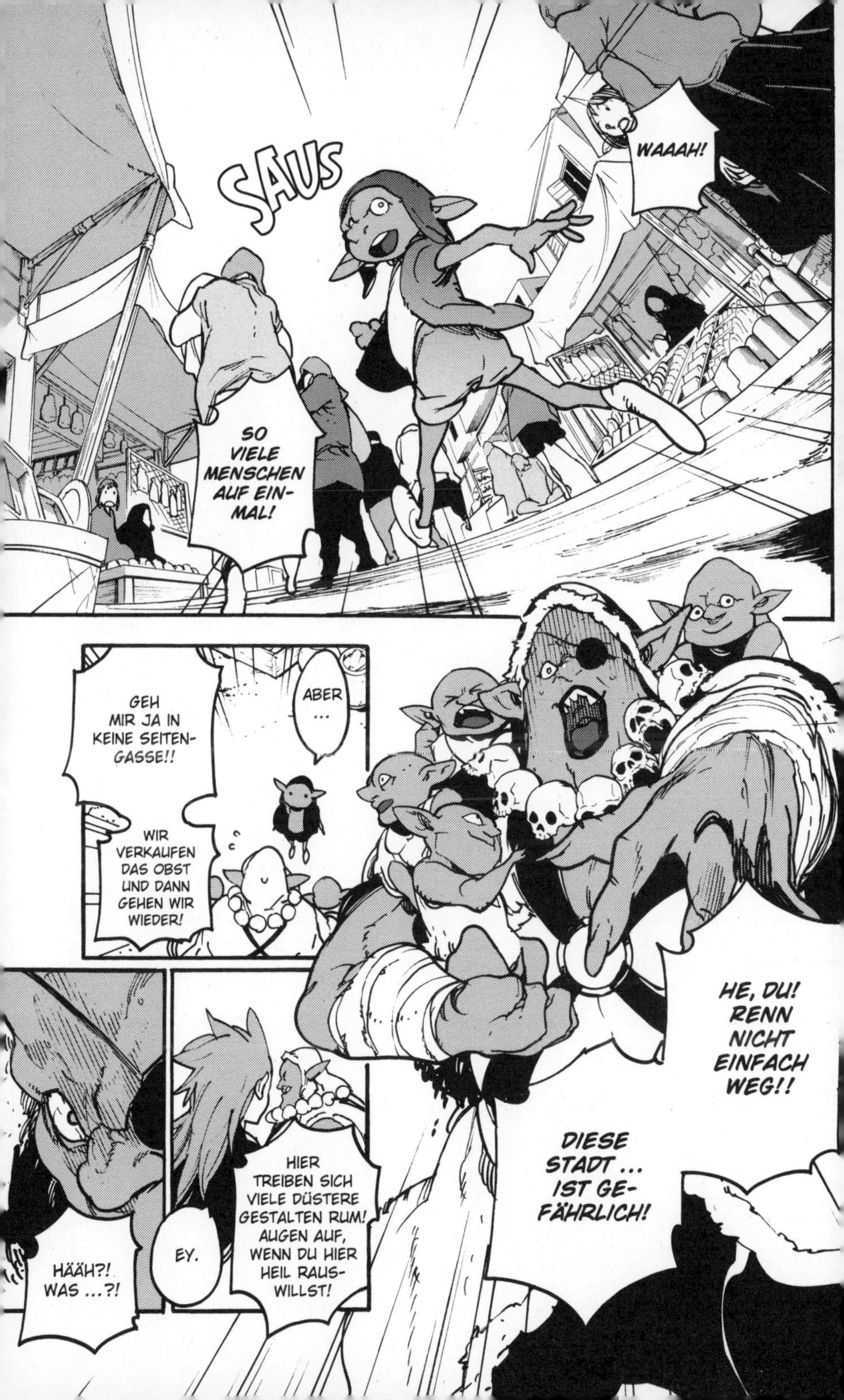
WAAAH!
SAUS
SO VIELE MENSCHEN AUF EIN-MAL!
GEH MIR JA IN KEINE SEITEN-GASSE!!
WIR VERKAUFEN DAS OBST UND DANN GEHEN WIR WIEDER!
ABER ...
HE, DU! RENN NICHT EINFACH WEG!!
DIESE STADT ... IST GE-FÄHRLICH!
HIER TREIBEN SICH VIELE DÜSTERE GESTALTEN RUM! AUGEN AUF, WENN DU HIER HEIL RAUS-WILLST!
EY.
HÄÄH?! WAS ...?!

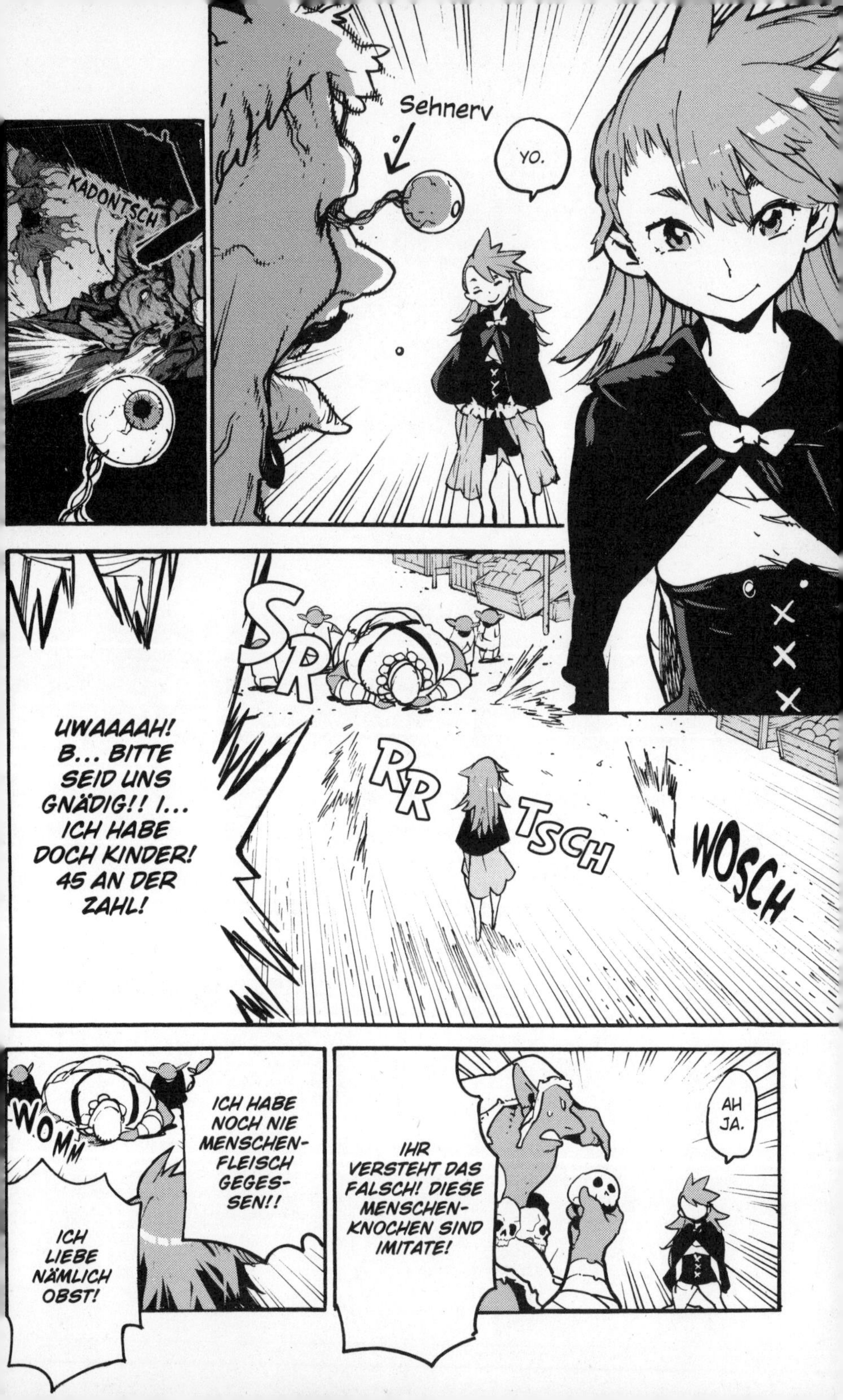
YO.
Sehnerv
KADONTSCH
SRRRTSCH
WOSCH
UWAAAAH! B... BITTE SEID UNS GNÄDIG!! I... ICH HABE DOCH KINDER! 45 AN DER ZAHL!
AH JA.
IHR VERSTEHT DAS FALSCH! DIESE MENSCHEN-KNOCHEN SIND IMITATE!
ICH HABE NOCH NIE MENSCHEN-FLEISCH GEGES-SEN!!
ICH LIEBE NÄMLICH OBST!
WOMM

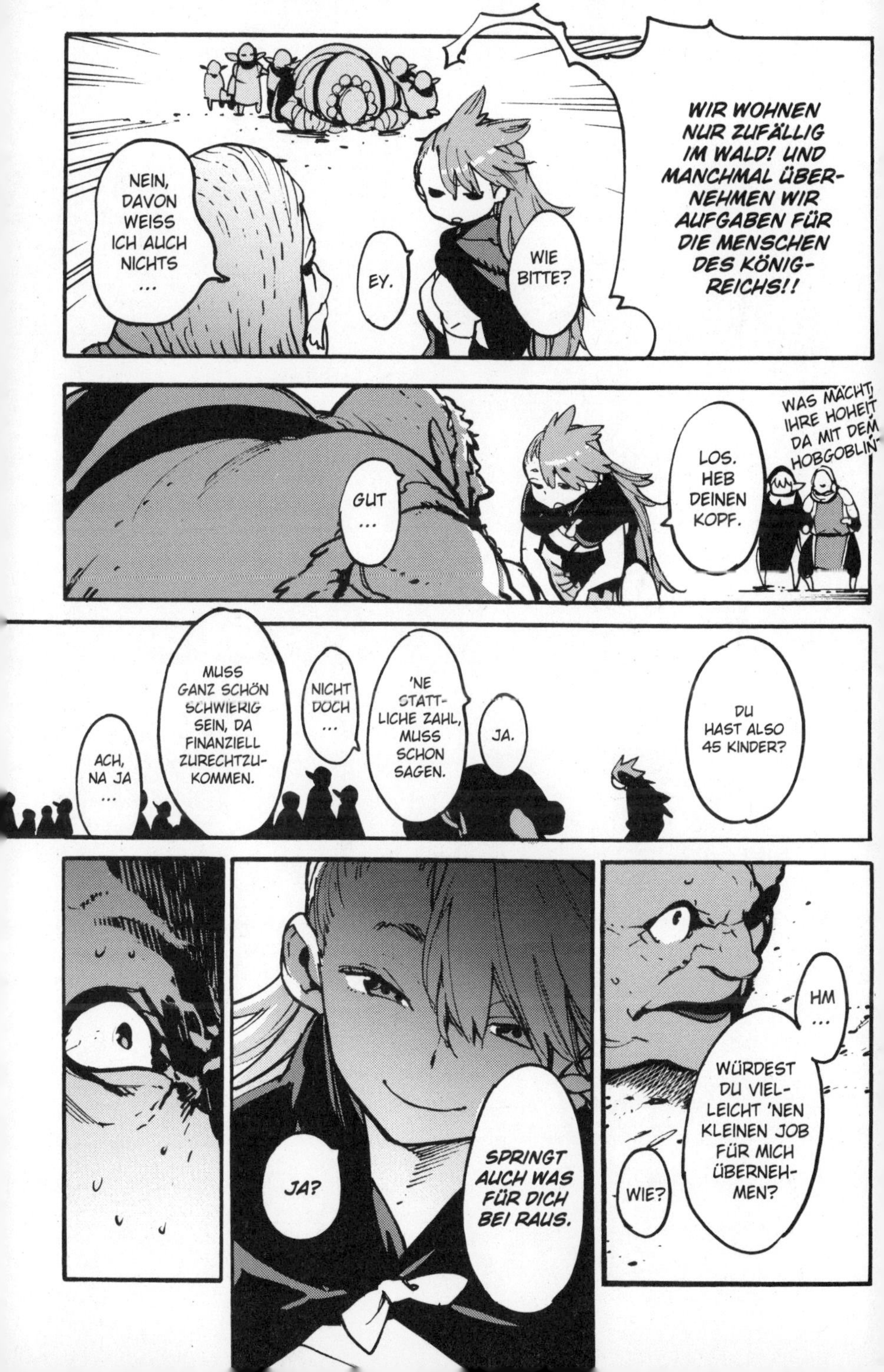
WIR WOHNEN NUR ZUFÄLLIG IM WALD! UND MANCHMAL ÜBERNEHMEN WIR AUFGABEN FÜR DIE MENSCHEN DES KÖNIGREICHS!!
WIE BITTE?
EY.
NEIN, DAVON WEISS ICH AUCH NICHTS …
WAS MACHT IHRE HOHEIT DA MIT DEM HOBGOBLIN
LOS. HEB DEINEN KOPF.
GUT …
DU HAST ALSO 45 KINDER?
JA.
'NE STATTLICHE ZAHL, MUSS SCHON SAGEN.
NICHT DOCH …
MUSS GANZ SCHÖN SCHWIERIG SEIN, DA FINANZIELL ZURECHTZUKOMMEN.
ACH, NA JA …
HM …
WÜRDEST DU VIELLEICHT 'NEN KLEINEN JOB FÜR MICH ÜBERNEHMEN?
WIE?
SPRINGT AUCH WAS FÜR DICH BEI RAUS.
JA?

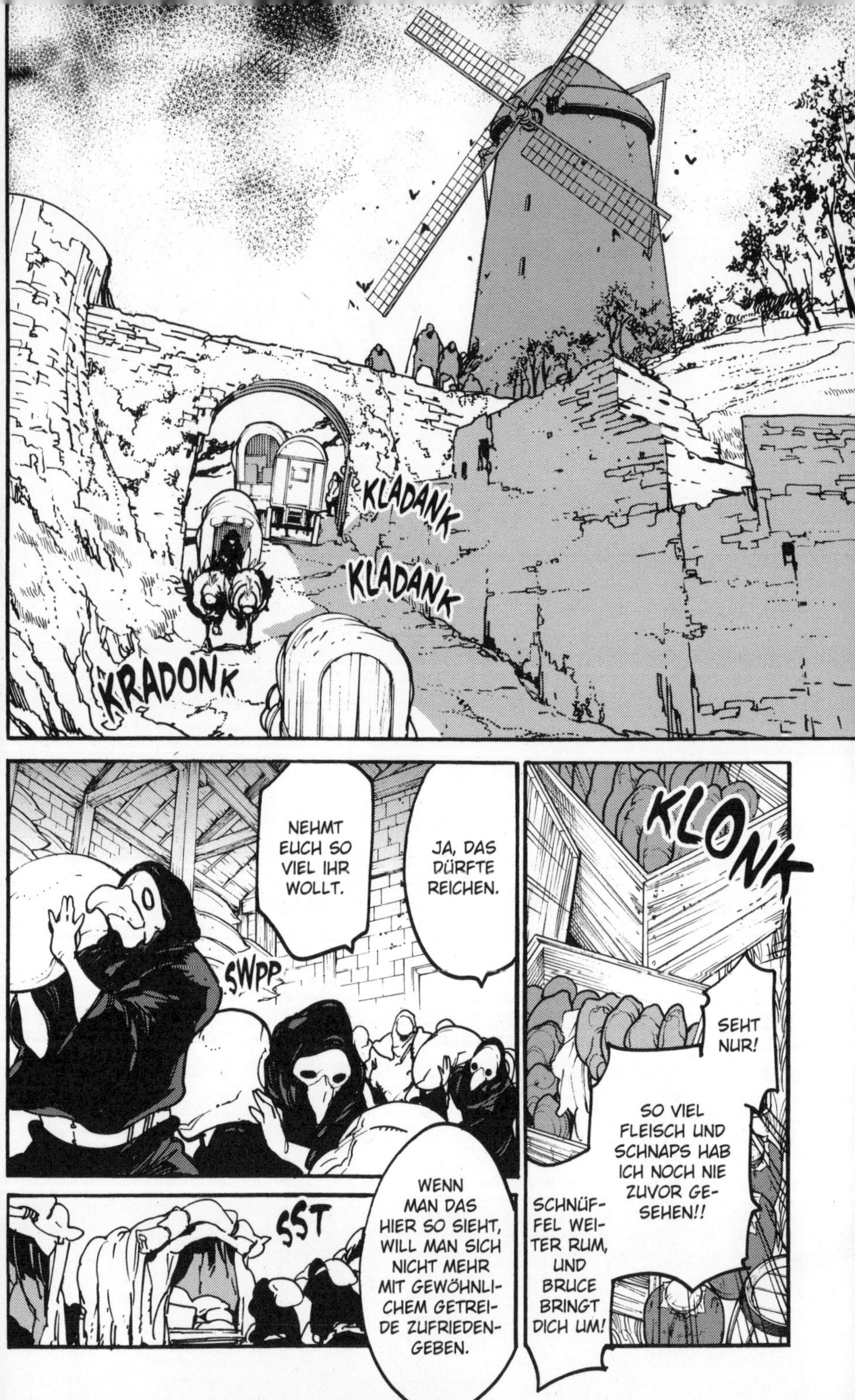
KLADANK
KLADANK
KRADONK
KLONK
SEHT NUR!
SO VIEL FLEISCH UND SCHNAPS HAB ICH NOCH NIE ZUVOR GESEHEN!!
JA, DAS DÜRFTE REICHEN.
NEHMT EUCH SO VIEL IHR WOLLT.
SWPP
SCHNÜFFEL WEITER RUM, UND BRUCE BRINGT DICH UM!
WENN MAN DAS HIER SO SIEHT, WILL MAN SICH NICHT MEHR MIT GEWÖHNLICHEM GETREIDE ZUFRIEDENGEBEN.
SST

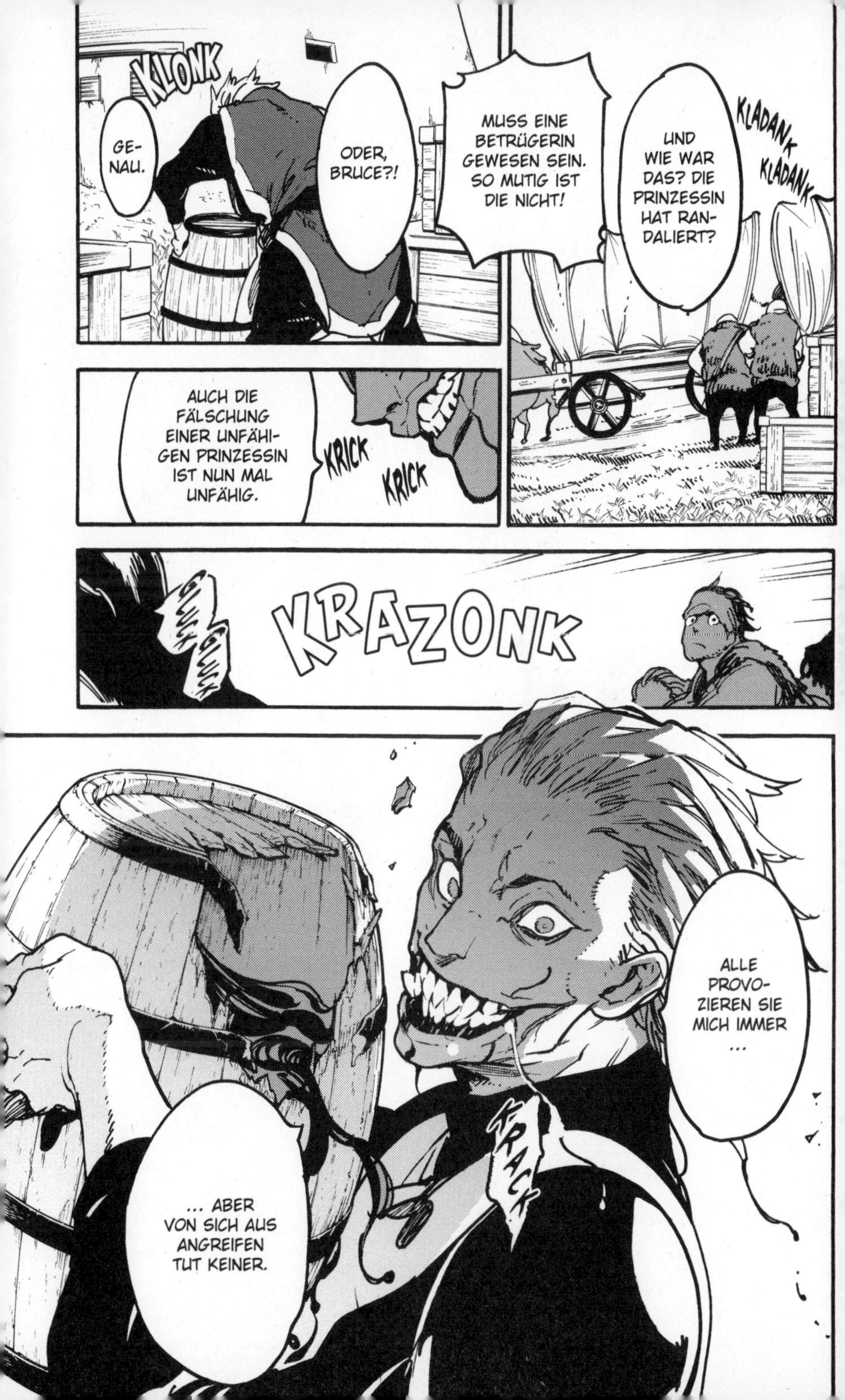
KLADANK
KLADANK
UND WIE WAR DAS? DIE PRINZESSIN HAT RANDALIERT?
MUSS EINE BETRÜGERIN GEWESEN SEIN. SO MUTIG IST DIE NICHT!
ODER, BRUCE?!
KLONK
GE-NAU.
KRICK
KRICK
AUCH DIE FÄLSCHUNG EINER UNFÄHIGEN PRINZESSIN IST NUN MAL UNFÄHIG.
KRAZONK
GLUCK GLUCK
ALLE PROVOZIEREN SIE MICH IMMER ...
KRACK
... ABER VON SICH AUS ANGREIFEN TUT KEINER.

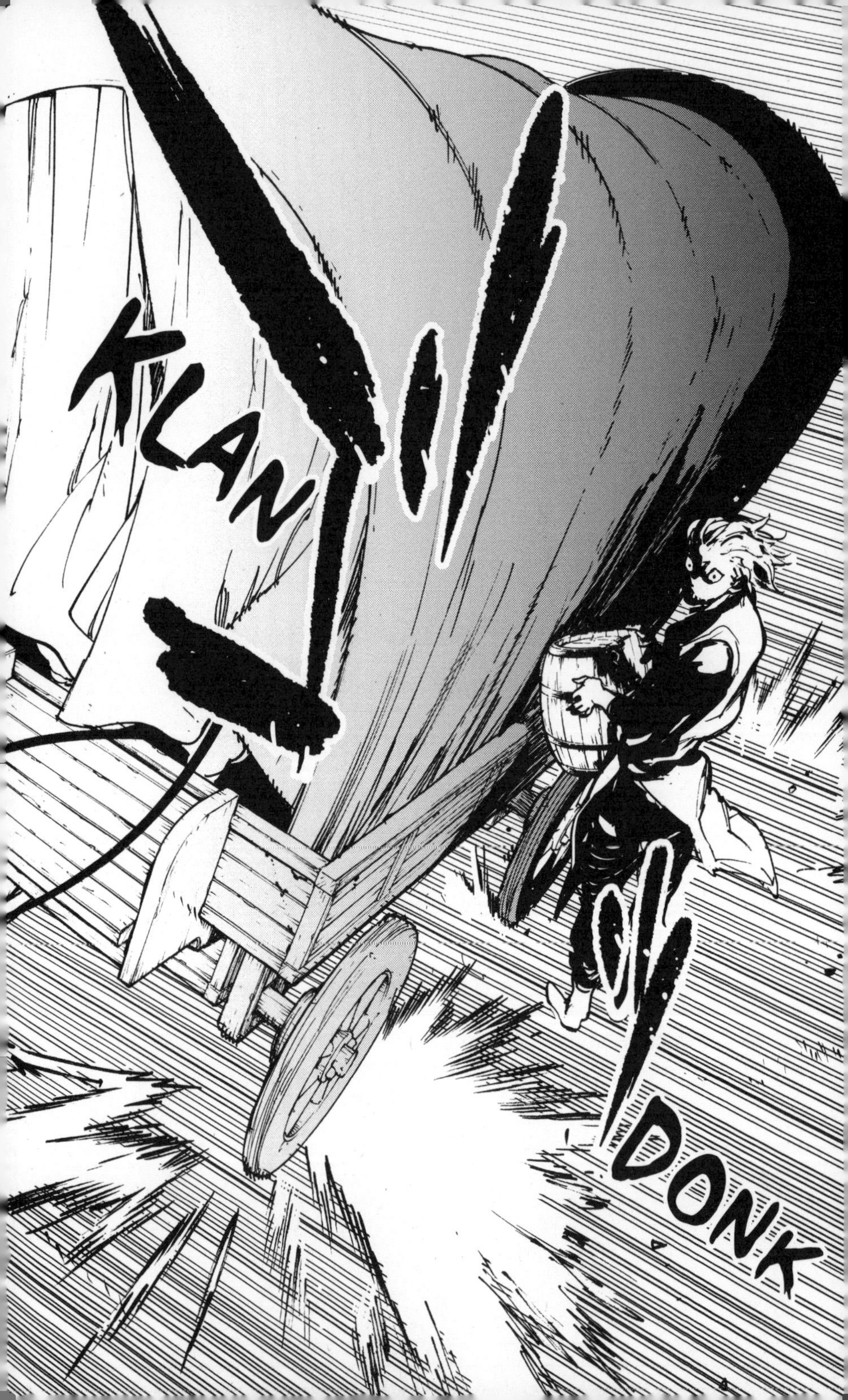
KLAN
DONK

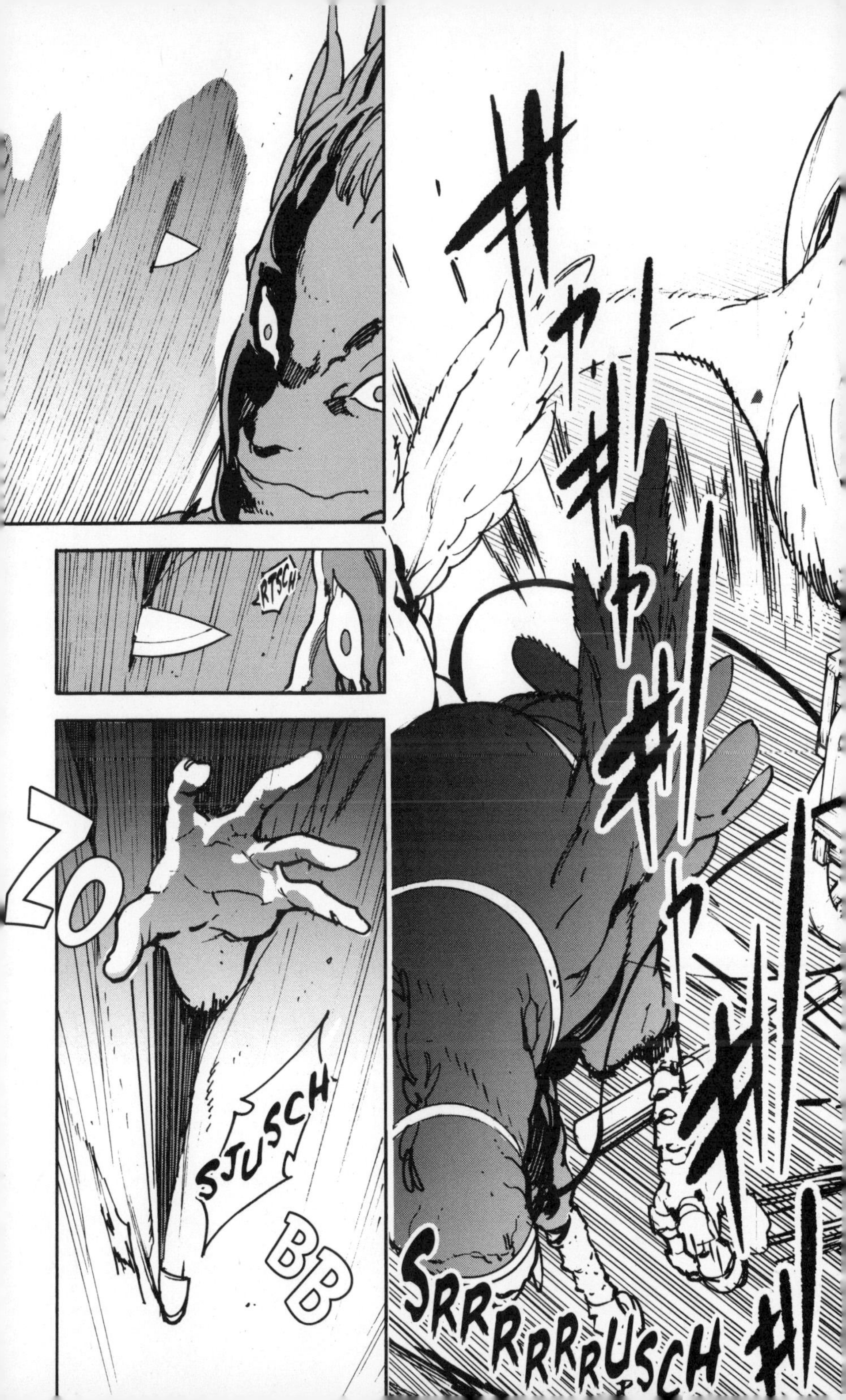

SRRRRRRUSCH
RTSCH
ZO
SJUSCH
BB

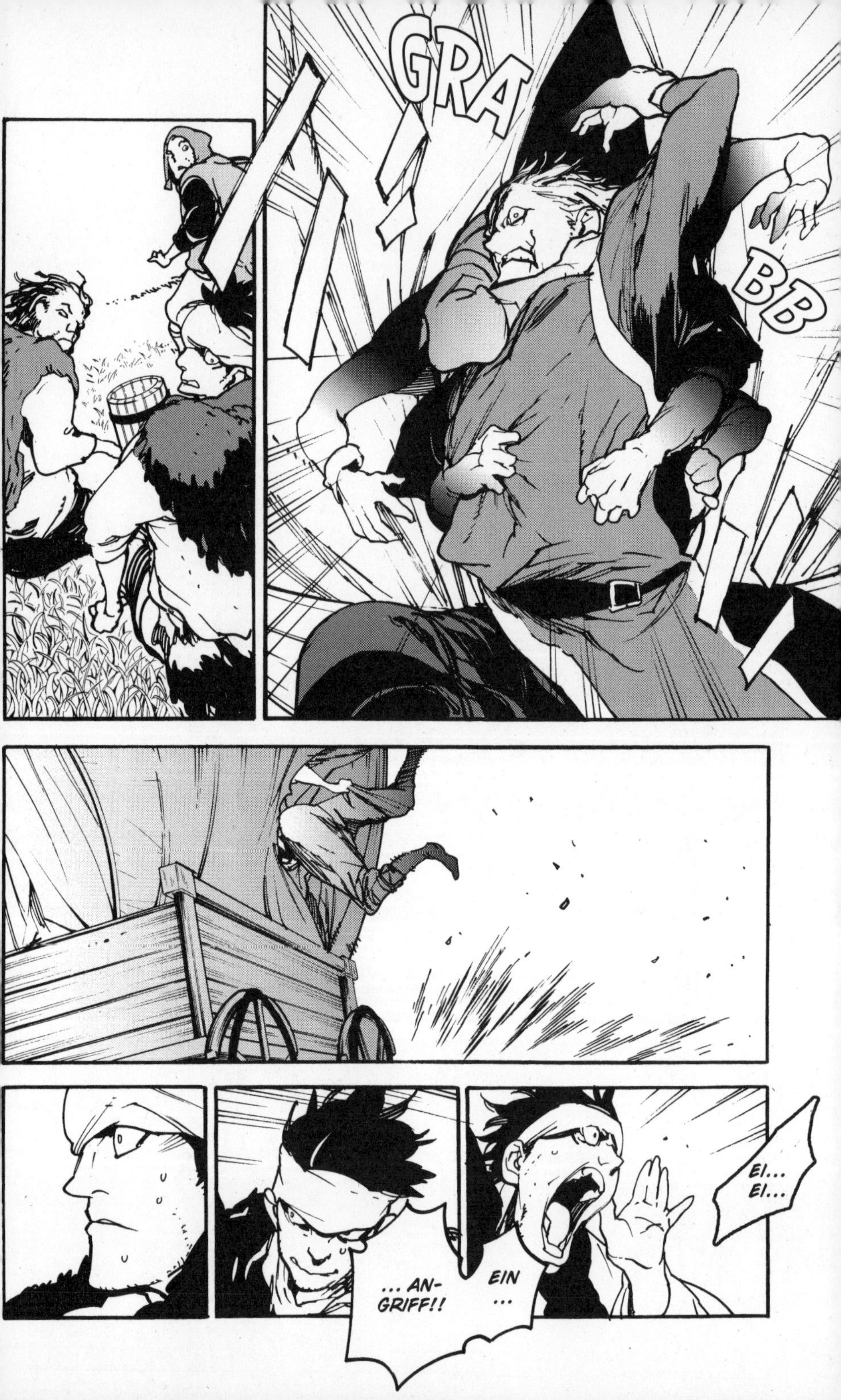
GRA
BB
EI... EI...
EIN ...
... AN-GRIFF!!

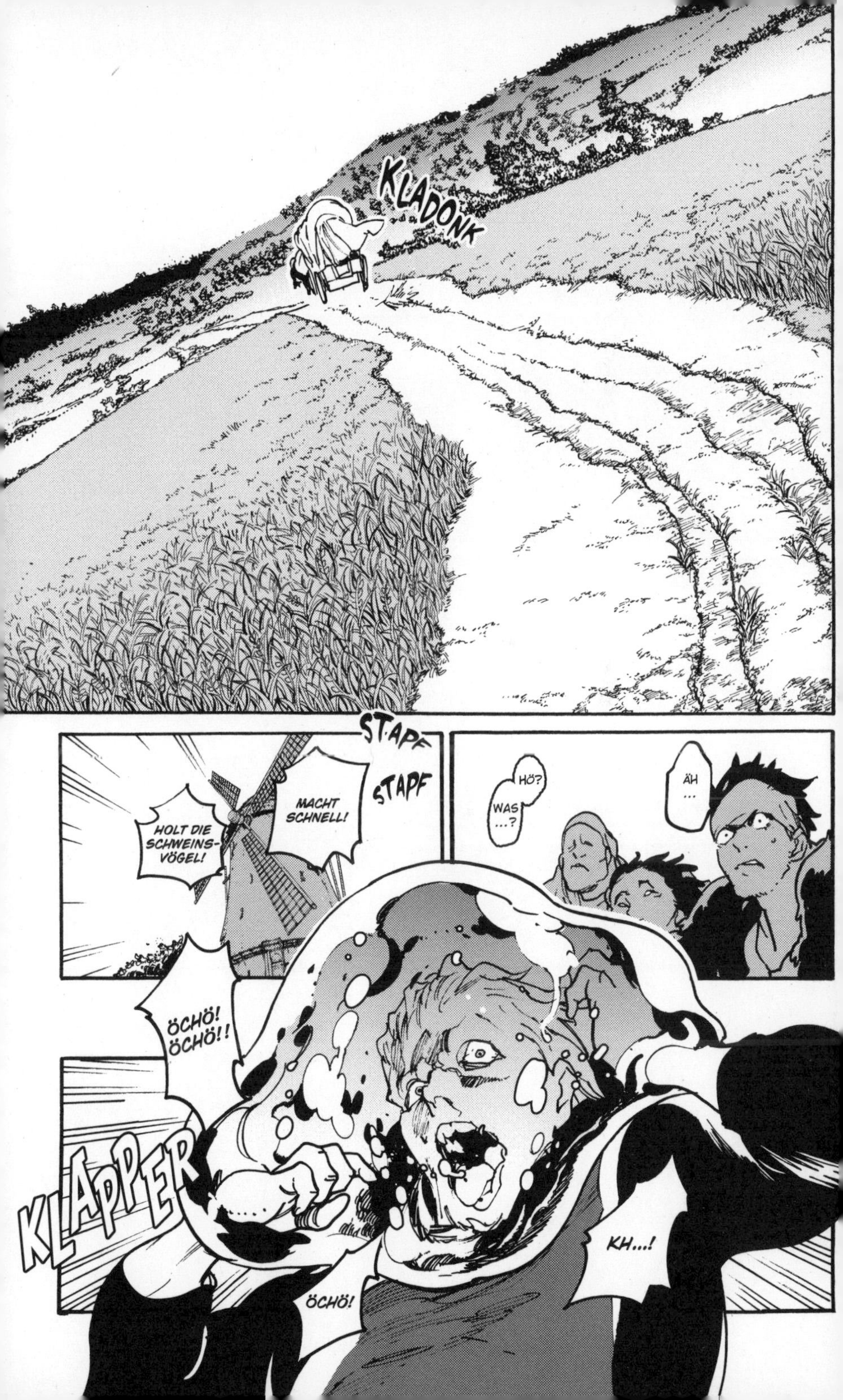
KLADONK
STAPF
STAPF
MACHT SCHNELL!
HOLT DIE SCHWEINS-VÖGEL!
ÄH ...
HÖ?
WAS ...?
ÖCHÖ! ÖCHÖ!!
KLAPPER
......
KH...!
ÖCHÖ!

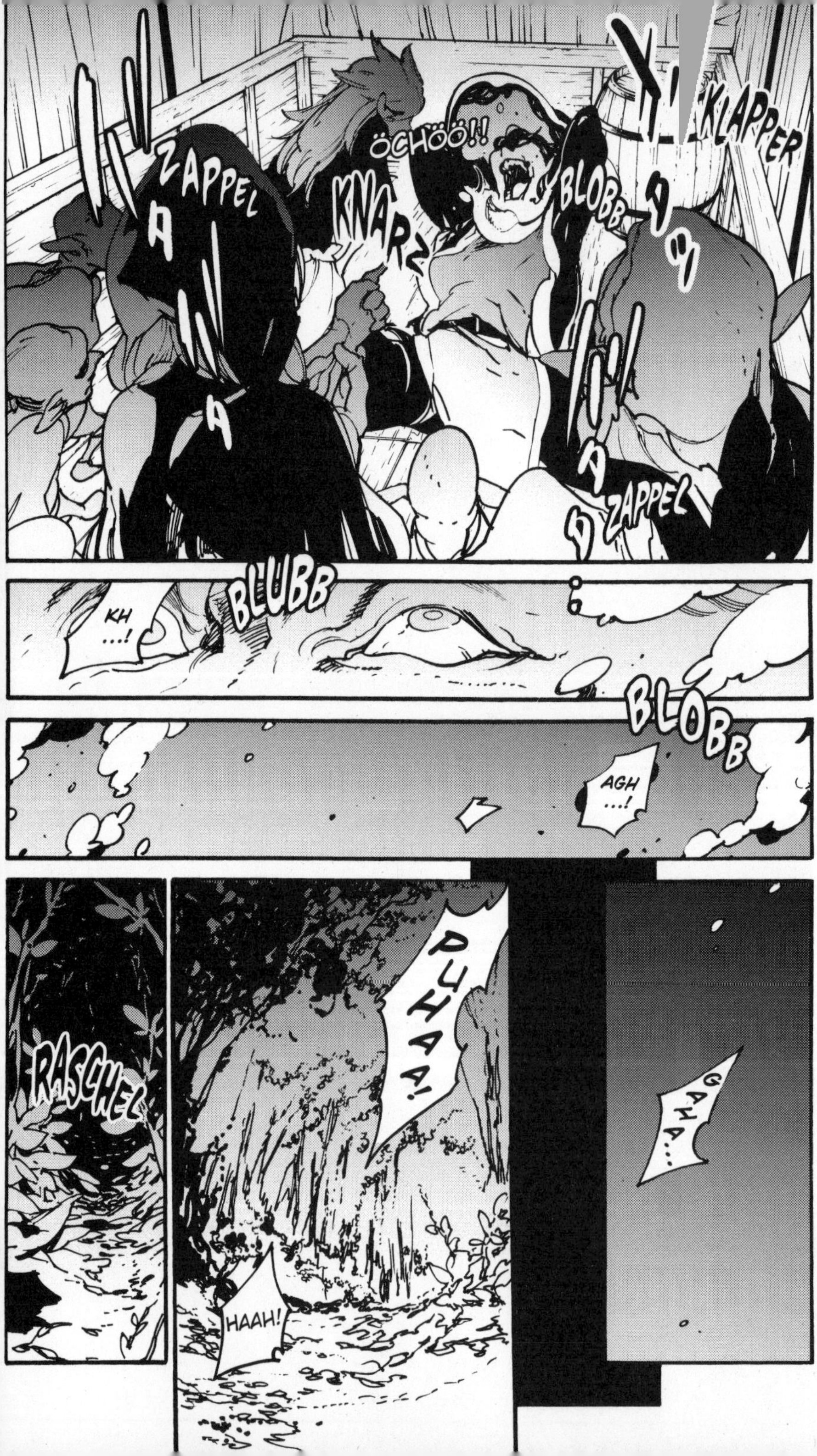
KLAPPER
ÖCHÖÖ!!
KNARZ
ZAPPEL
BLOBB
ZAPPEL
BLUBB
KH ...!
BLOBB
AGH ...!
GAHA...
PUHAA!
RASCHEL
HAAH!

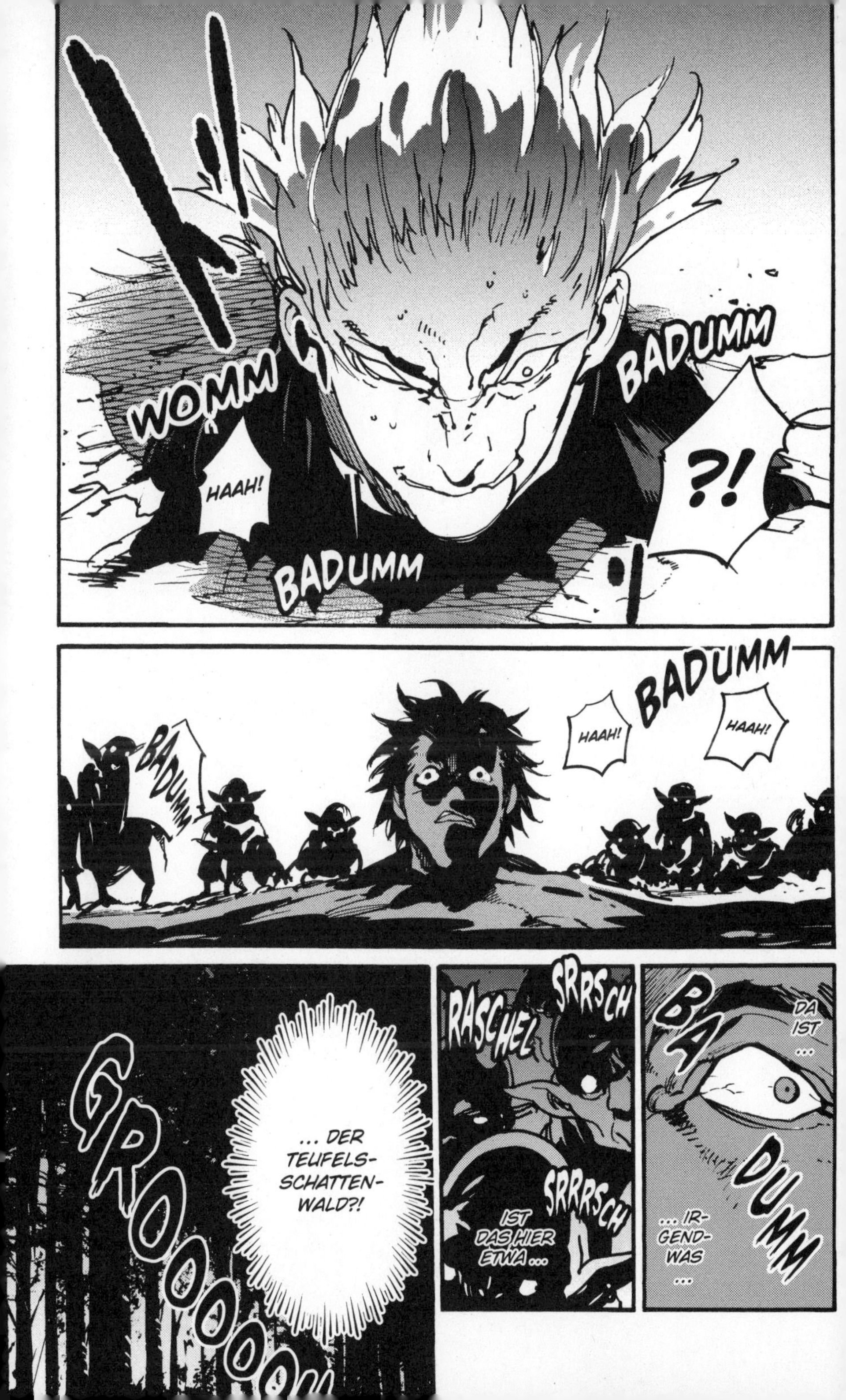
WOMM
HAAH!
BADUMM
BADUMM
?!
BADUMM
HAAH!
HAAH!
BADUMM
DA IST ...
BA DUMM
... IR-GEND-WAS ...
SRRSCH
RASCHEL
SRRRSCH
IST DAS HIER ETWA ...
... DER TEUFELS-SCHATTEN-WALD?!
GROOOOO!!

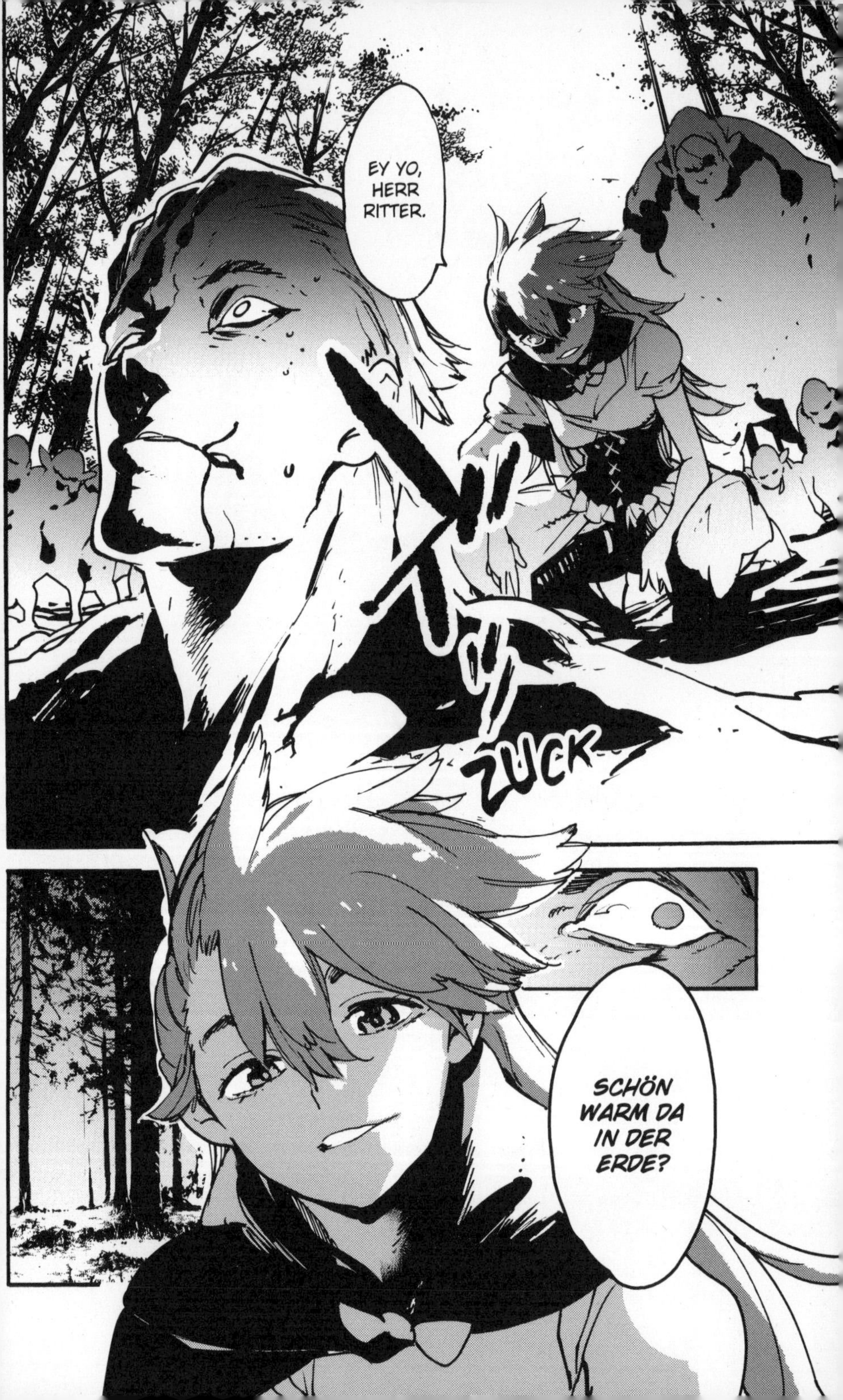
EY YO, HERR RITTER.
ZUCK
SCHÖN WARM DA IN DER ERDE?

YAKUZA
REINCARNATION

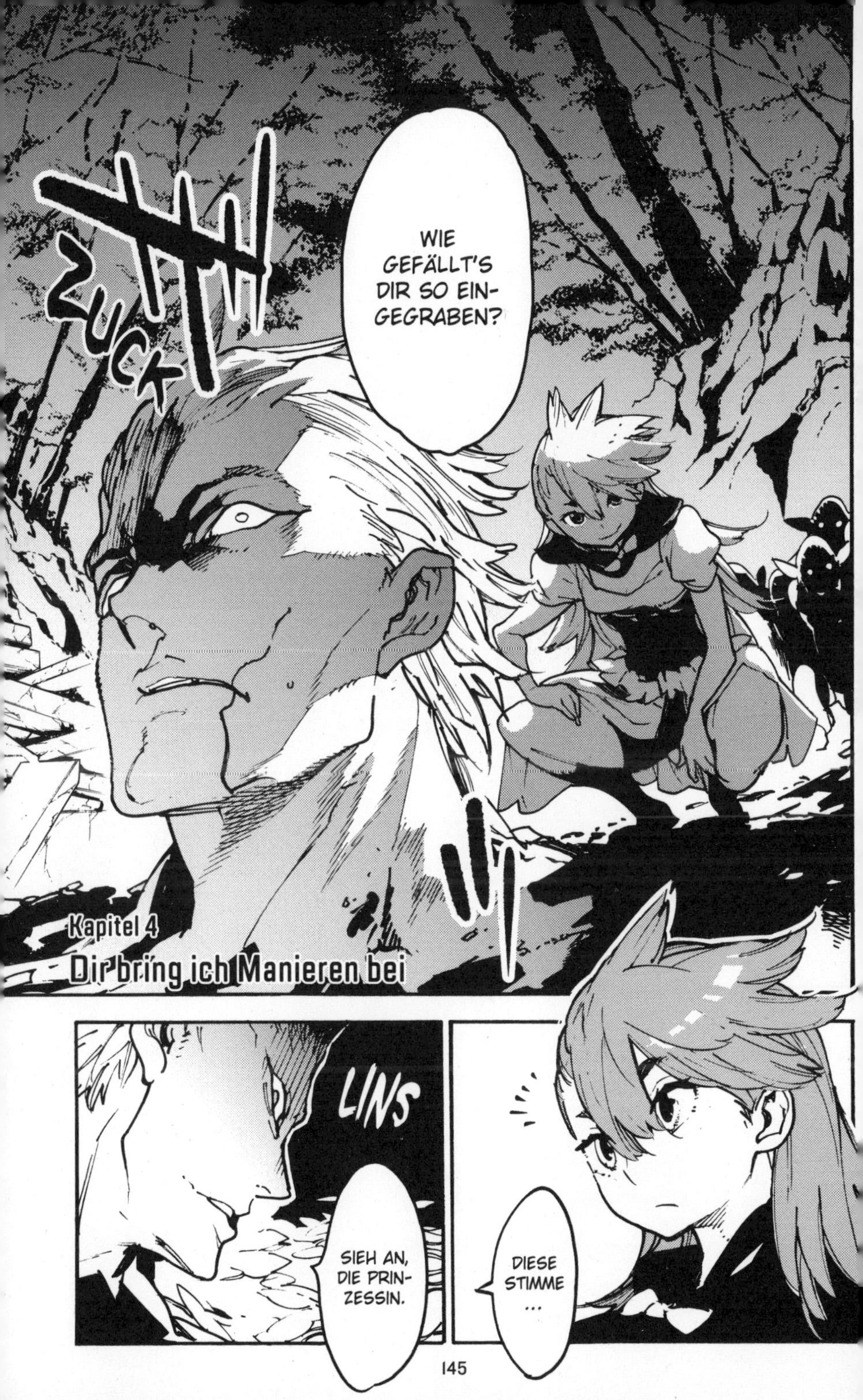
WIE GEFÄLLT'S DIR SO EINGEGRABEN?
ZUCK
Kapitel 4
Dir bring ich Manieren bei
DIESE STIMME ...
LINS
SIEH AN, DIE PRINZESSIN.

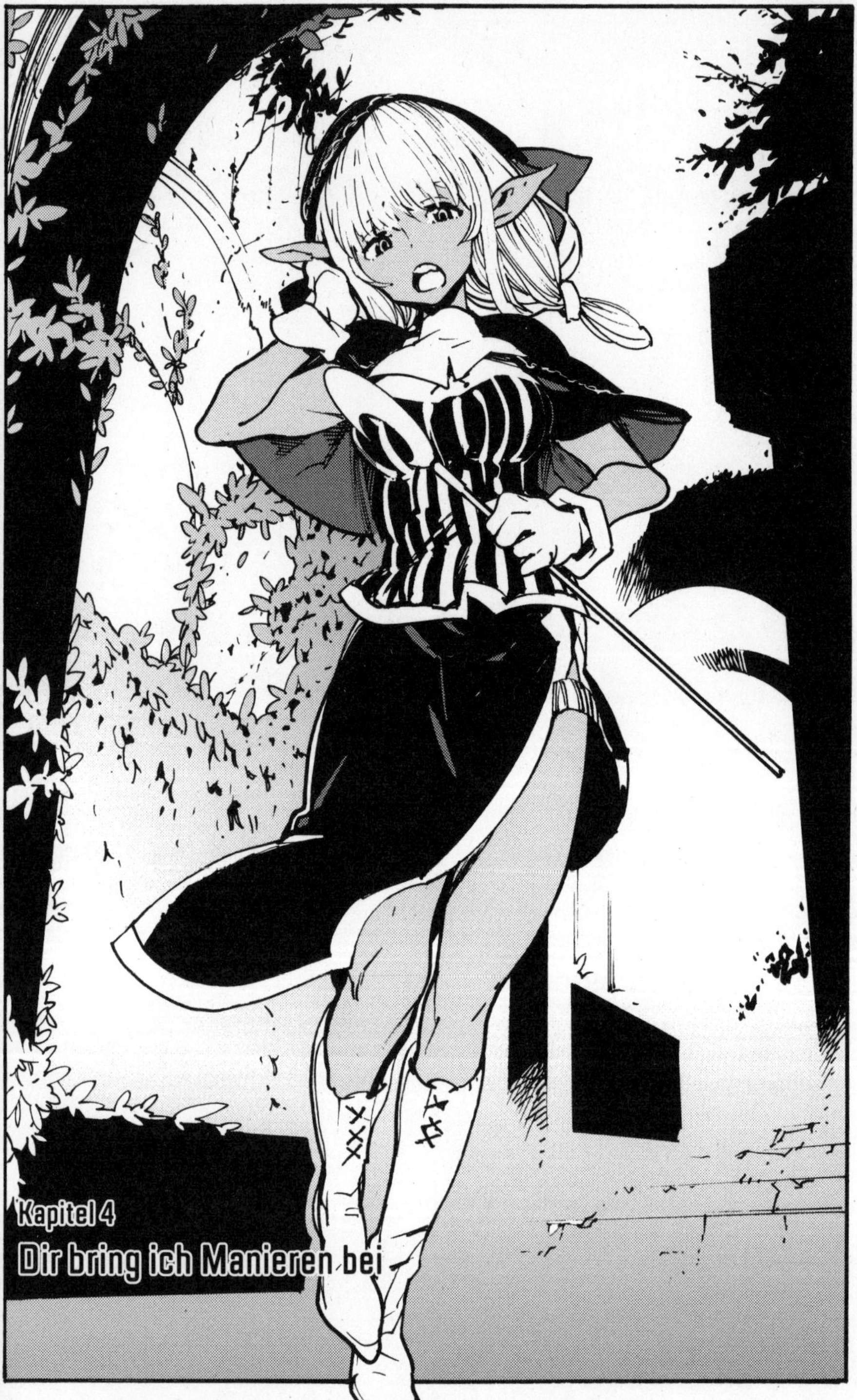
Kapitel 4
Dir bring ich Manieren bei

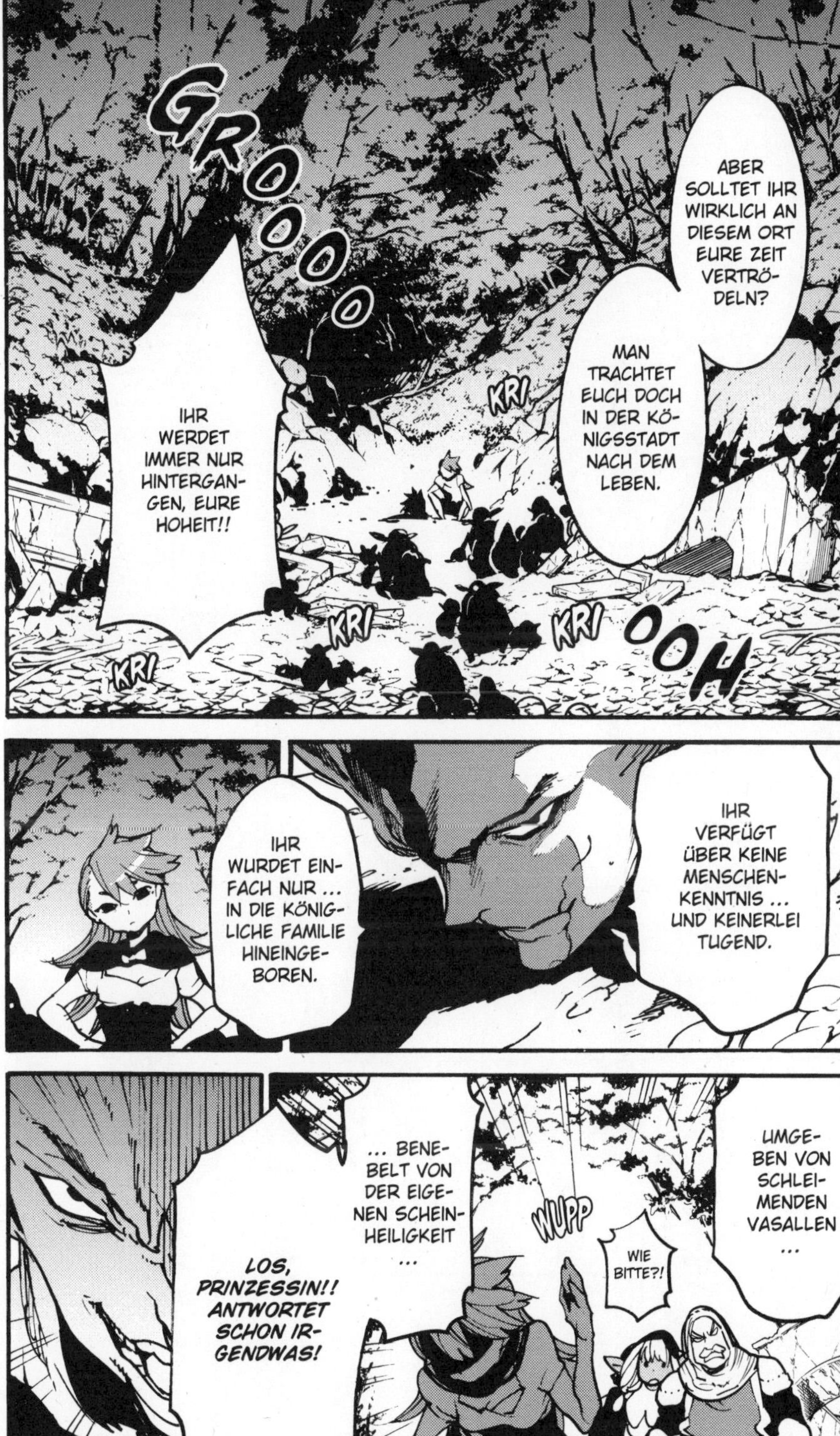
GROOOOO
ABER SOLLTET IHR WIRKLICH AN DIESEM ORT EURE ZEIT VERTRÖDELN?
MAN TRACHTET EUCH DOCH IN DER KÖNIGSSTADT NACH DEM LEBEN.
IHR WERDET IMMER NUR HINTERGANGEN, EURE HOHEIT!!
KRI
KRI
KRI
KRI
OOH
IHR VERFÜGT ÜBER KEINE MENSCHENKENNTNIS ... UND KEINERLEI TUGEND.
IHR WURDET EINFACH NUR ... IN DIE KÖNIGLICHE FAMILIE HINEINGEBOREN.
UMGEBEN VON SCHLEIMENDEN VASALLEN ...
WIE BITTE?!
WUPP
... BENEBELT VON DER EIGENEN SCHEINHEILIGKEIT ...
LOS, PRINZESSIN!! ANTWORTET SCHON IRGENDWAS!

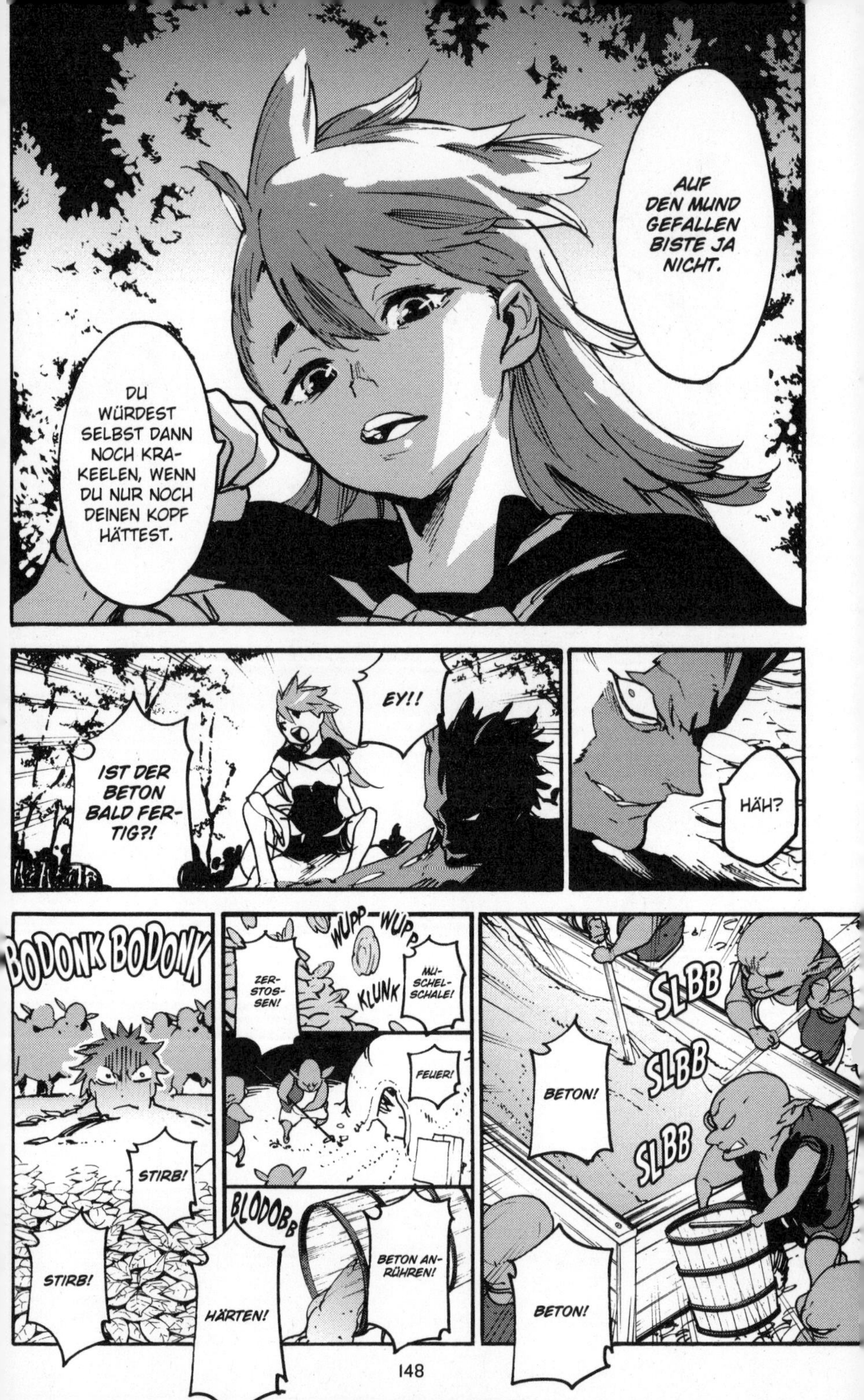
AUF DEN MUND GEFALLEN BISTE JA NICHT.
DU WÜRDEST SELBST DANN NOCH KRA-KEELEN, WENN DU NUR NOCH DEINEN KOPF HÄTTEST.
HÄH?
EY!!
IST DER BETON BALD FER-TIG?!
SLBB
BETON!
SLBB
SLBB
BETON!
WUPP-WUPP
MU-SCHEL-SCHALE!
KLUNK
ZER-STOSSEN!
FEUER!
BLODOBB
BETON AN-RÜHREN!
HÄRTEN!
BODONK BODONK
STIRB!
STIRB!

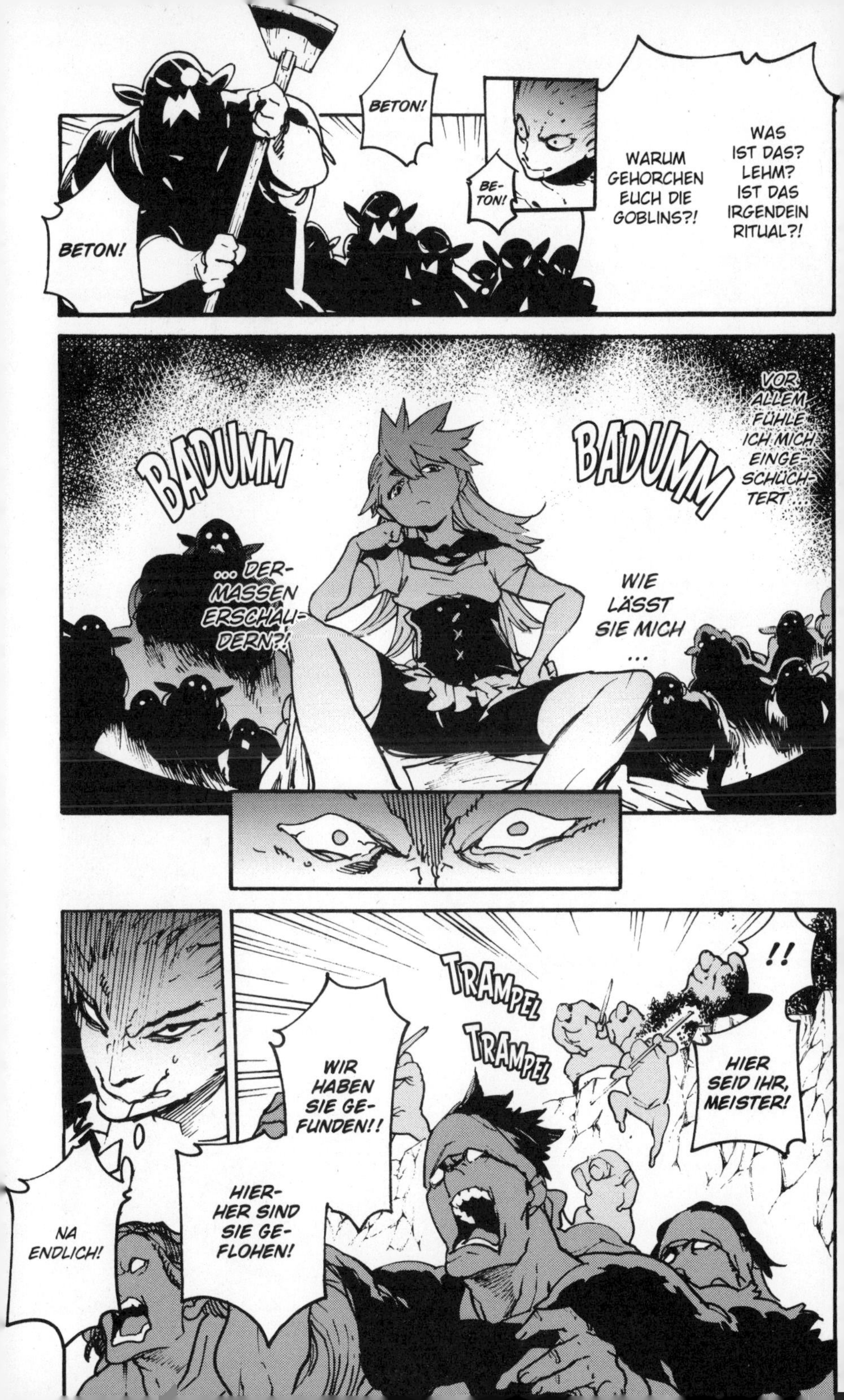

WAS IST DAS? LEHM? IST DAS IRGENDEIN RITUAL?!
WARUM GEHORCHEN EUCH DIE GOBLINS?!
BE-TON!
BETON!
BETON!
VOR ALLEM FÜHLE ICH MICH EINGE-SCHÜCH-TERT ...
BADUMM
BADUMM
WIE LÄSST SIE MICH ...
... DER-MASSEN ERSCHAU-DERN?!
!!
TRAMPEL
TRAMPEL
HIER SEID IHR, MEISTER!
WIR HABEN SIE GE-FUNDEN!!
HIER-HER SIND SIE GE-FLOHEN!
NA ENDLICH!

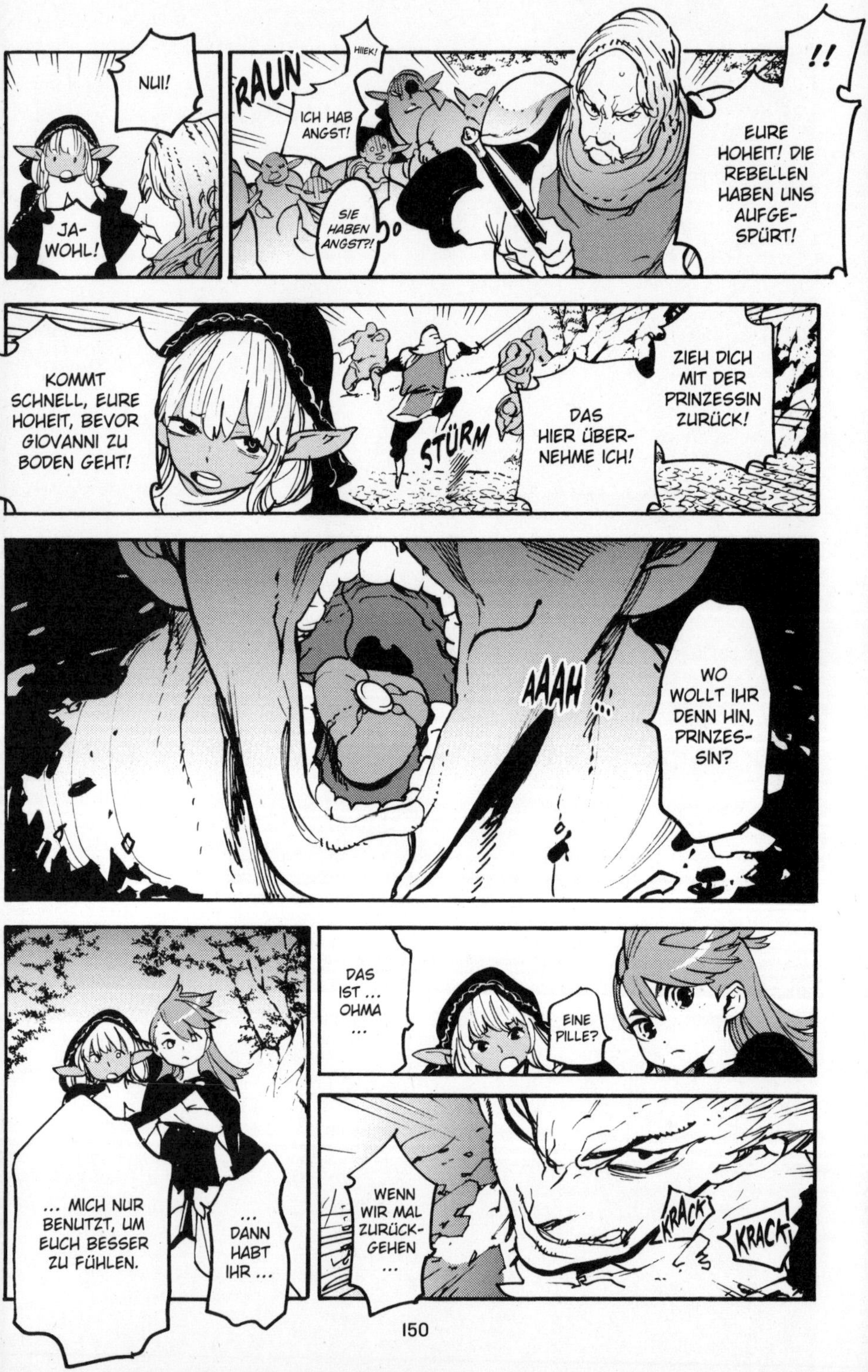
!!
EURE HOHEIT! DIE REBELLEN HABEN UNS AUFGE-SPÜRT!
HIIEK!
RAUN
ICH HAB ANGST!
SIE HABEN ANGST?!
NUI!
JA-WOHL!
ZIEH DICH MIT DER PRINZESSIN ZURÜCK!
DAS HIER ÜBER-NEHME ICH!
STÜRM
KOMMT SCHNELL, EURE HOHEIT, BEVOR GIOVANNI ZU BODEN GEHT!
WO WOLLT IHR DENN HIN, PRINZES-SIN?
AAAH ...
DAS IST ... OHMA ...
EINE PILLE?
KRACK
KRACK
WENN WIR MAL ZURÜCK-GEHEN ...
... DANN HABT IHR ...
... MICH NUR BENUTZT, UM EUCH BESSER ZU FÜHLEN.

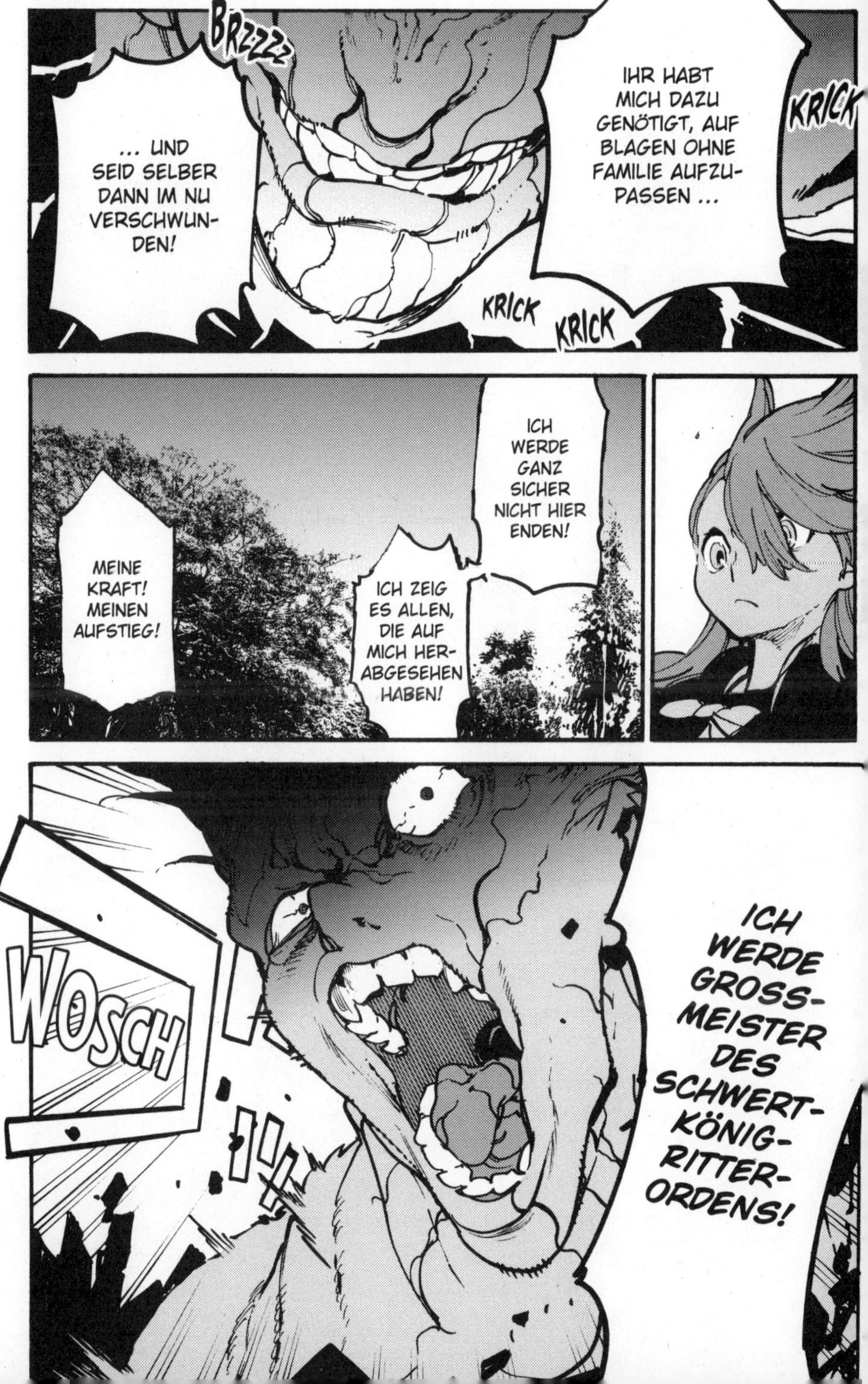
BRZZZZ
IHR HABT MICH DAZU GENÖTIGT, AUF BLAGEN OHNE FAMILIE AUFZUPASSEN …
KRICK
… UND SEID SELBER DANN IM NU VERSCHWUNDEN!
KRICK
KRICK
ICH WERDE GANZ SICHER NICHT HIER ENDEN!
ICH ZEIG ES ALLEN, DIE AUF MICH HERABGESEHEN HABEN!
MEINE KRAFT! MEINEN AUFSTIEG!
ICH WERDE GROSSMEISTER DES SCHWERTKÖNIG-RITTERORDENS!
WOSCH

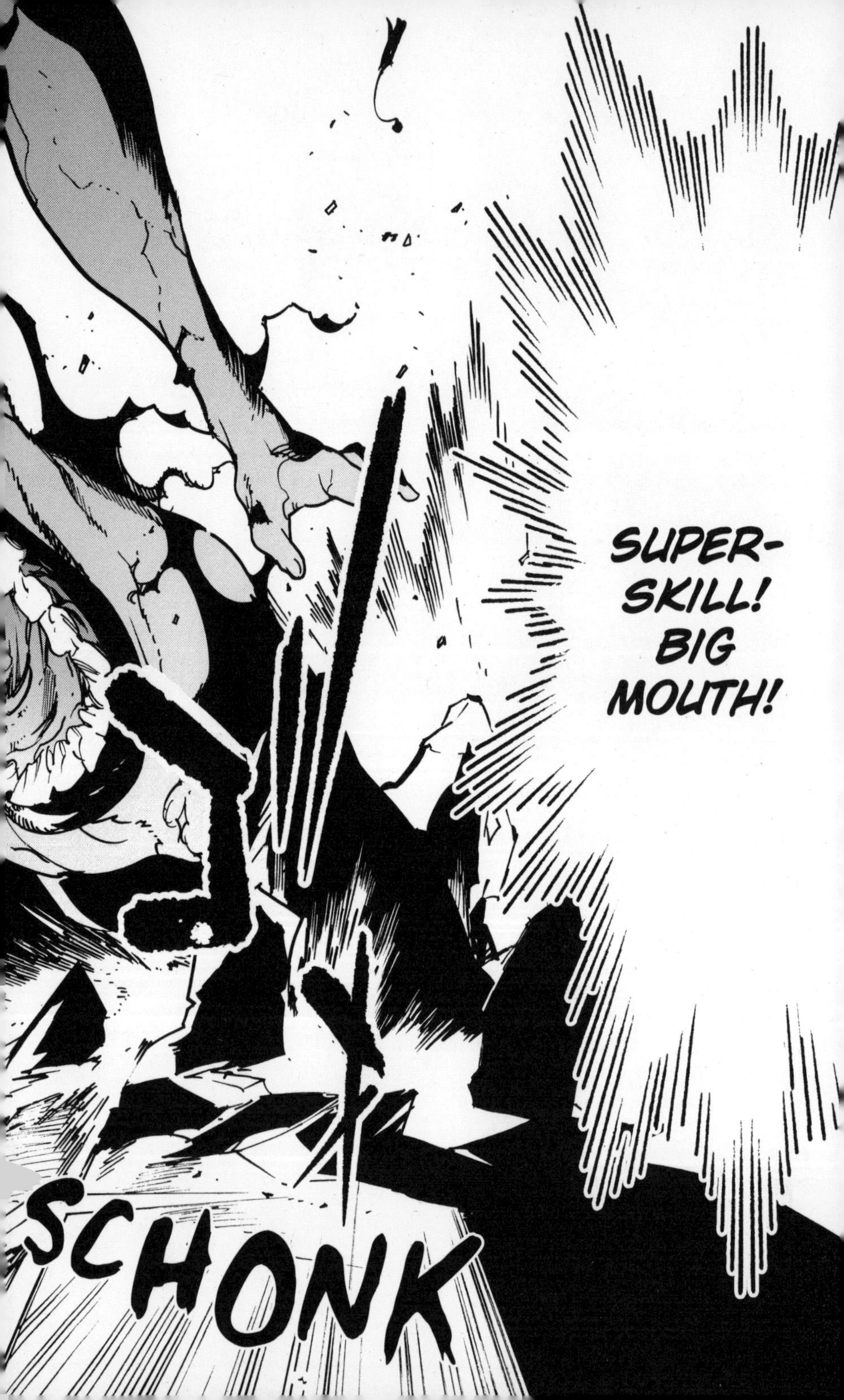
SUPER-
SKILL!
BIG
MOUTH!
SCHONK

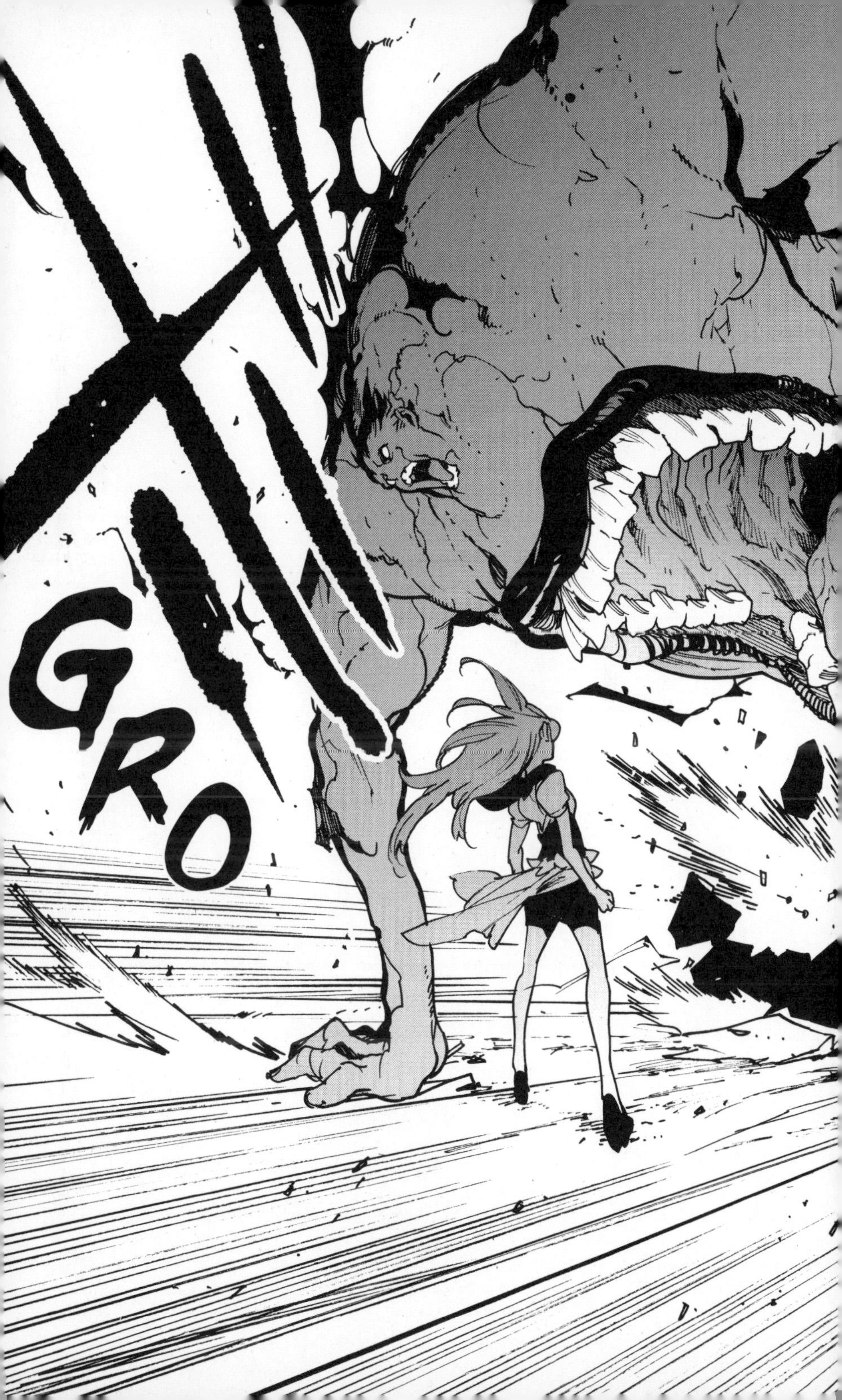
GRO

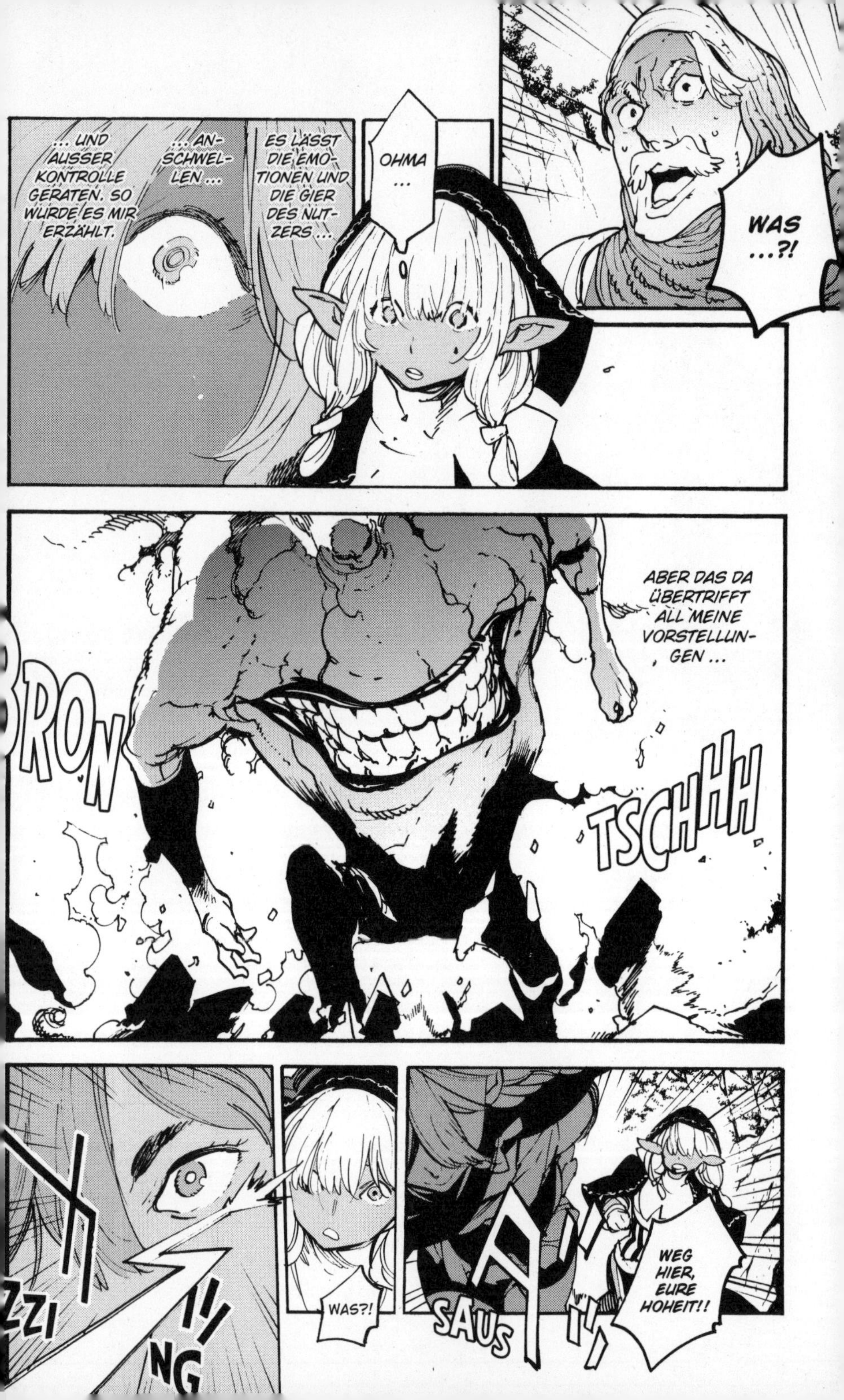
WAS ...?!
OHMA ...
ES LÄSST DIE EMOTIONEN UND DIE GIER DES NUTZERS ...
... AN-SCHWEL-LEN ...
... UND AUSSER KONTROLLE GERATEN. SO WURDE ES MIR ERZÄHLT.
ABER DAS DA ÜBERTRIFFT ALL MEINE VORSTELLUN-GEN ...
TSCHHHH
BRON
WEG HIER, EURE HOHEIT!!
SAUS
WAS?!

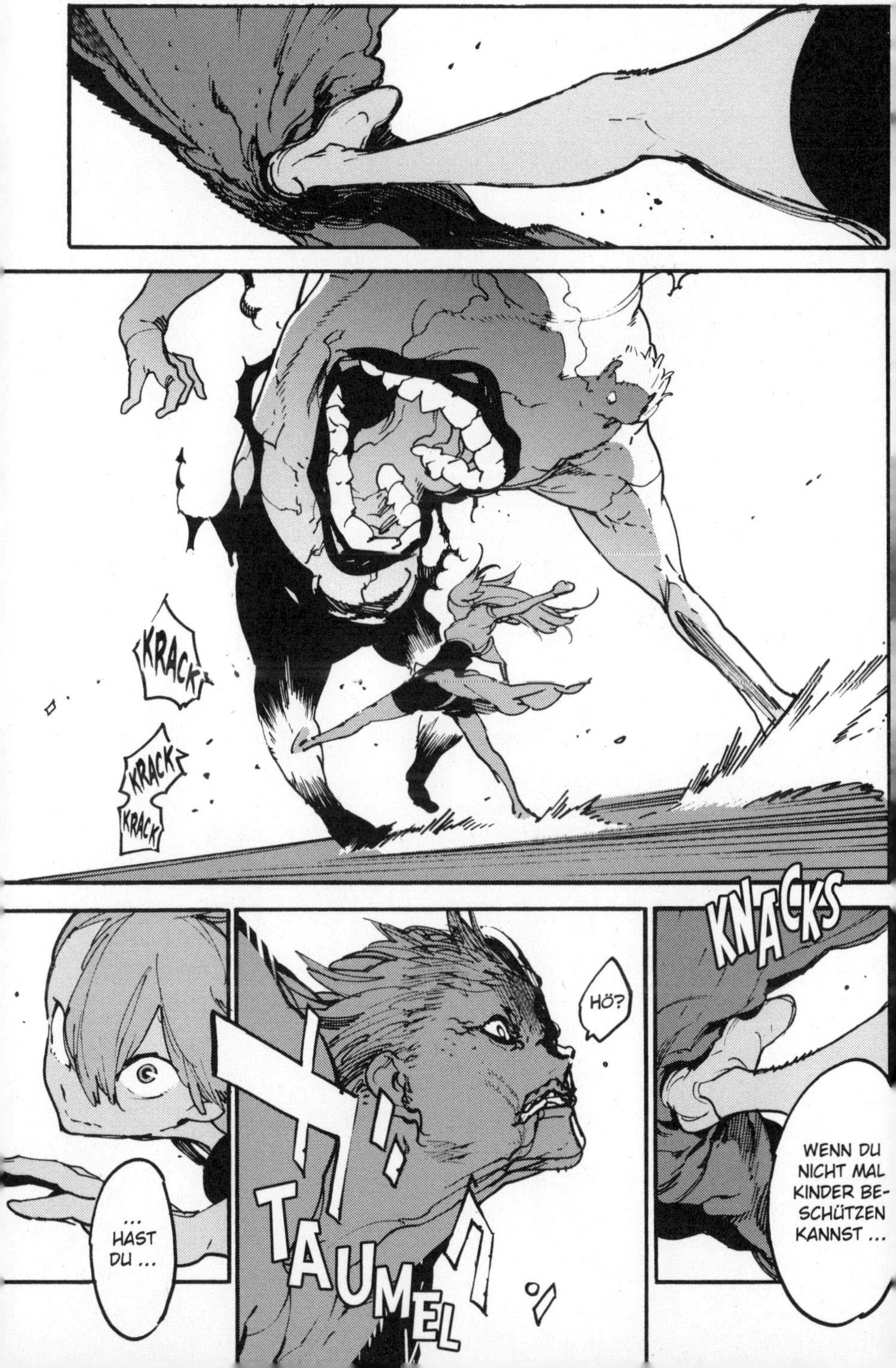
KRACK
KRACK
KRACK
KNACKS
WENN DU NICHT MAL KINDER BE-SCHÜTZEN KANNST …
HÖ?
TAUMEL
… HAST DU …

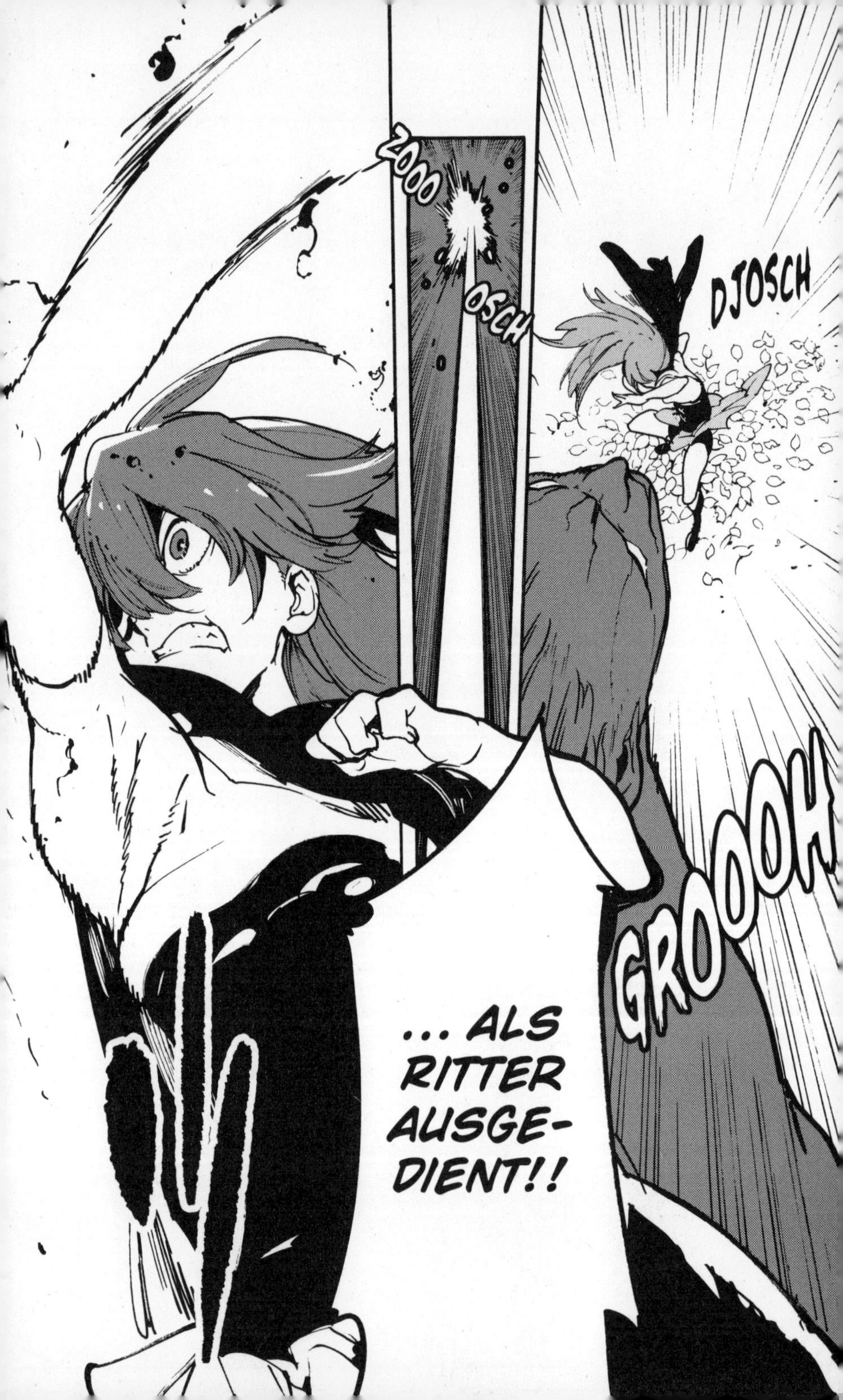
ZOOO
OSCH
DJOSCH
GROOOH
... ALS RITTER AUSGE-DIENT!!

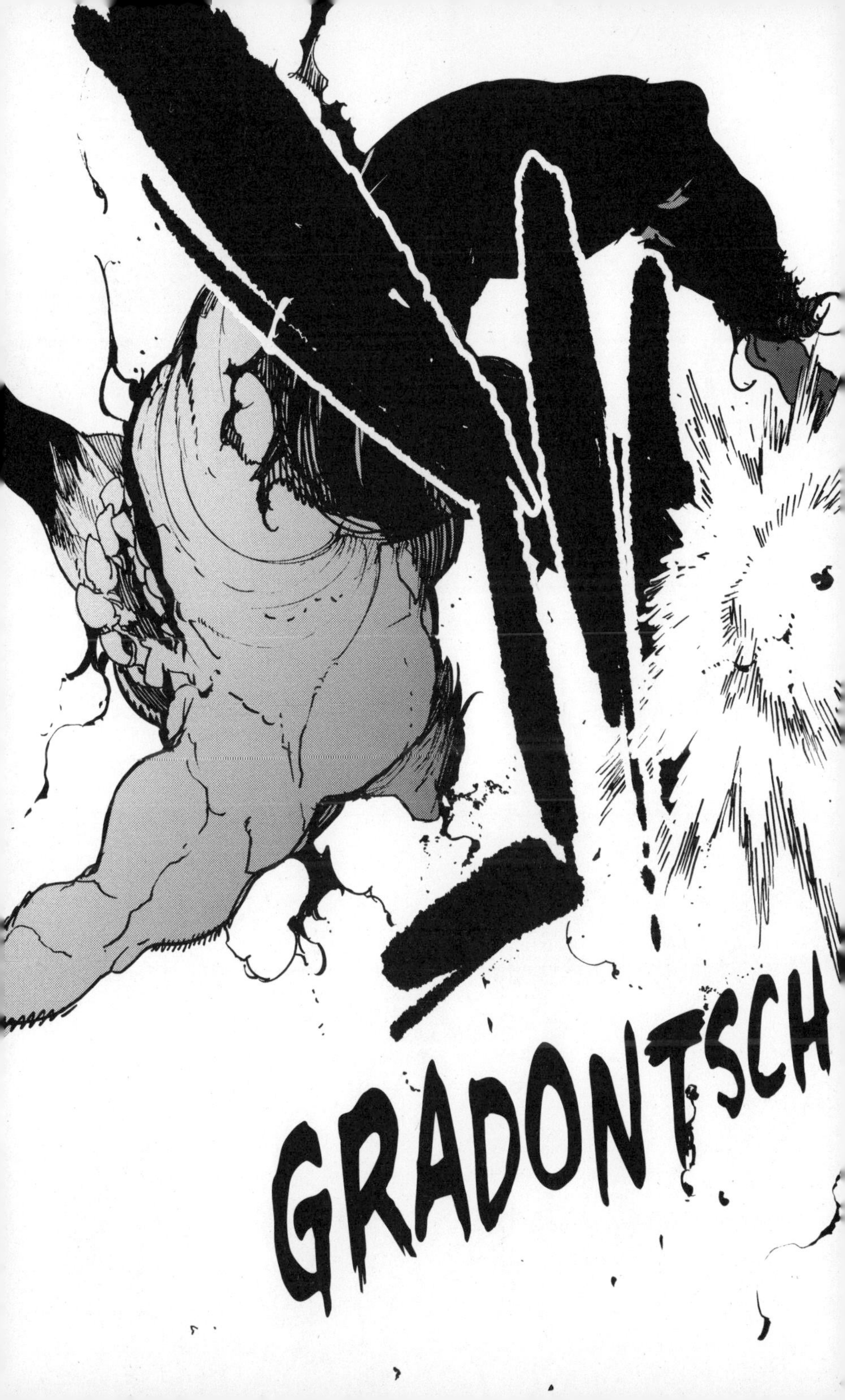
GRADONTSCH

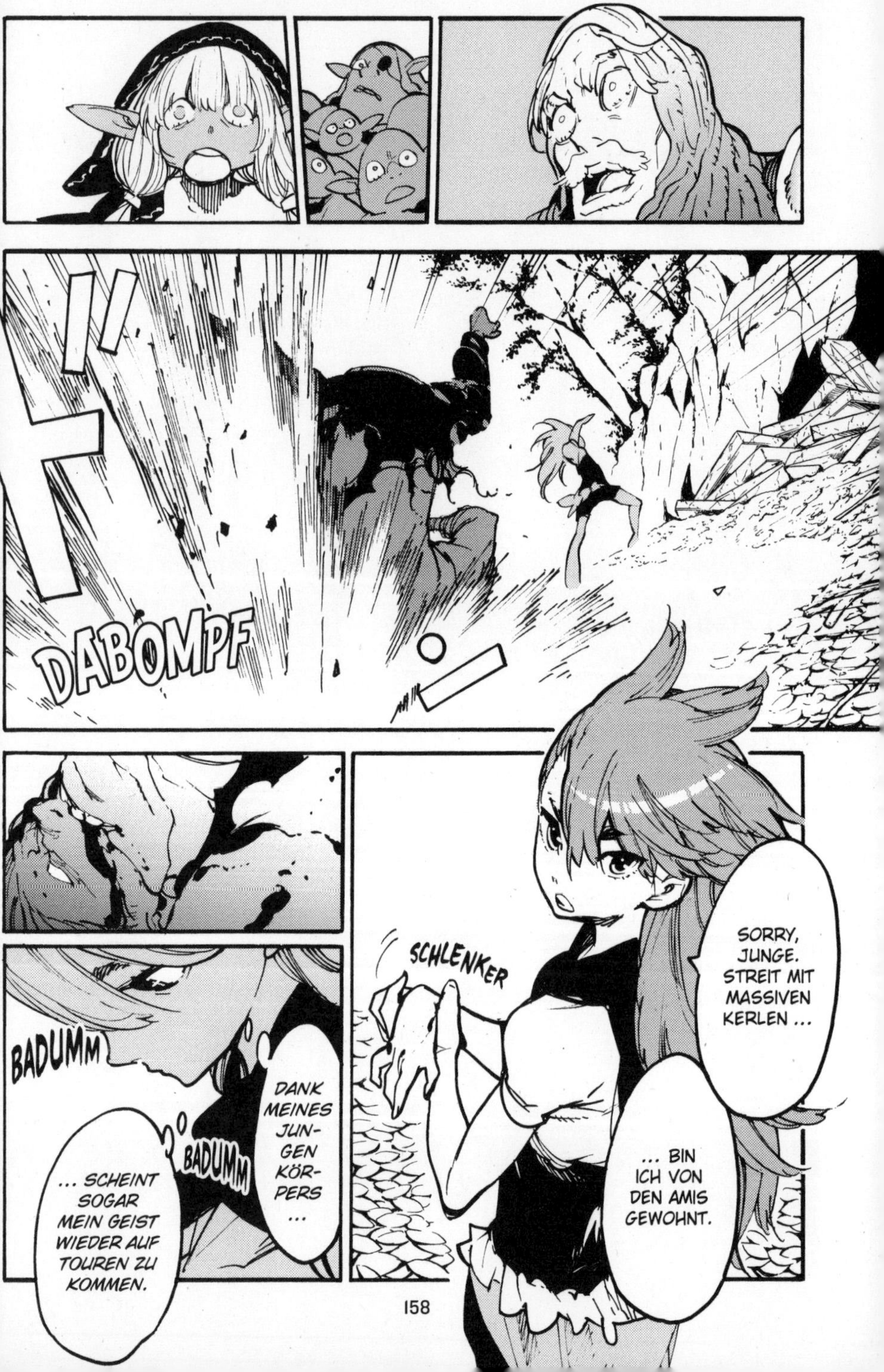
DABOMPF
SORRY, JUNGE. STREIT MIT MASSIVEN KERLEN ...
... BIN ICH VON DEN AMIS GEWOHNT.
SCHLENKER
BADUMM
BADUMM
DANK MEINES JUNGEN KÖRPERS ...
... SCHEINT SOGAR MEIN GEIST WIEDER AUF TOUREN ZU KOMMEN.

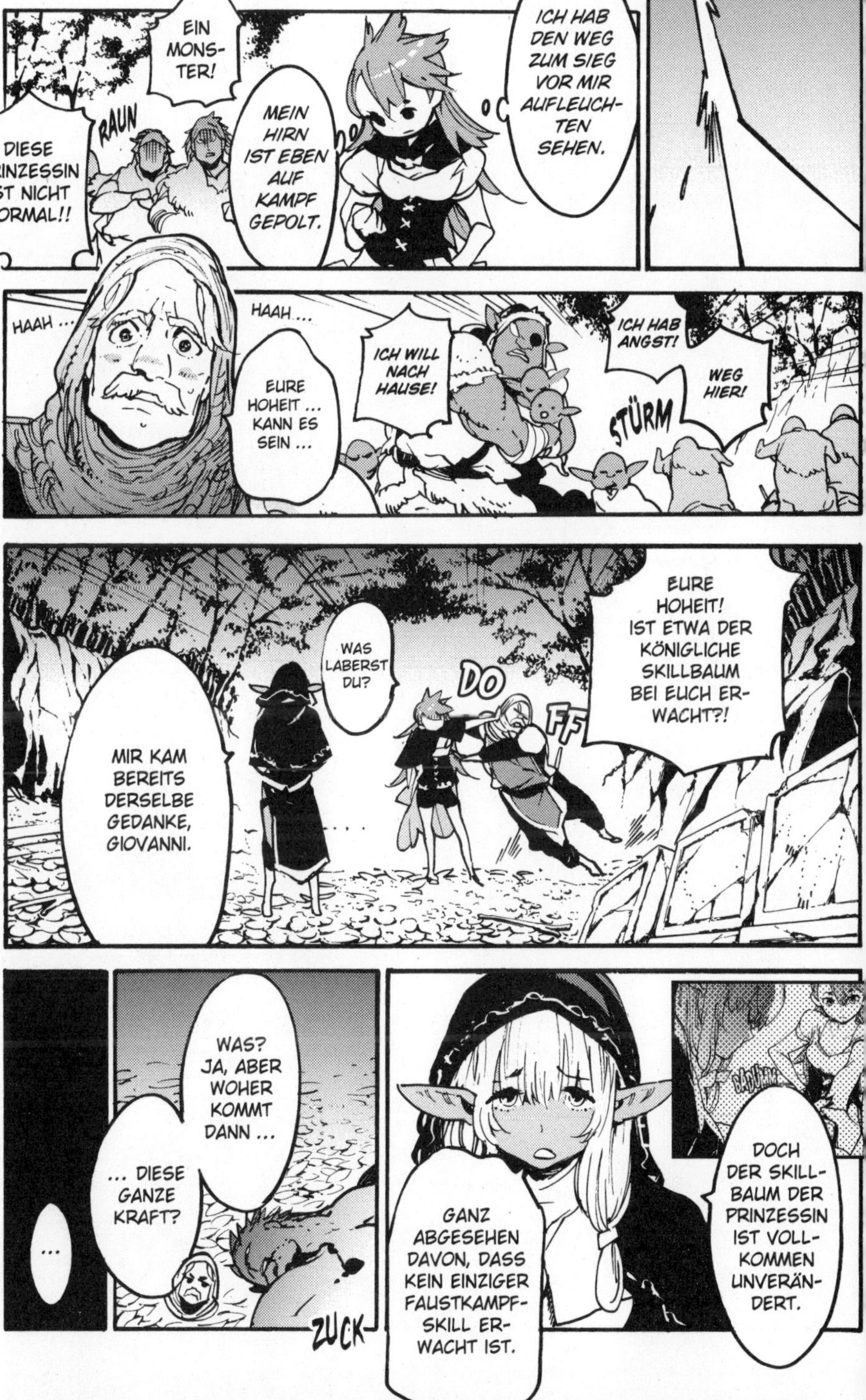
ICH HAB DEN WEG ZUM SIEG VOR MIR AUFLEUCHTEN SEHEN.
MEIN HIRN IST EBEN AUF KAMPF GEPOLT.
EIN MONSTER!
RAUN
DIESE PRINZESSIN IST NICHT NORMAL!!
ICH HAB ANGST!
WEG HIER!
STÜRM
ICH WILL NACH HAUSE!
HAAH ...
EURE HOHEIT ... KANN ES SEIN ...
HAAH ...
EURE HOHEIT! IST ETWA DER KÖNIGLICHE SKILLBAUM BEI EUCH ERWACHT?!
DO
FF
WAS LABERST DU?
MIR KAM BEREITS DERSELBE GEDANKE, GIOVANNI.
DOCH DER SKILLBAUM DER PRINZESSIN IST VOLLKOMMEN UNVERÄNDERT.
GANZ ABGESEHEN DAVON, DASS KEIN EINZIGER FAUSTKAMPFSKILL ERWACHT IST.
ZUCK
WAS? JA, ABER WOHER KOMMT DANN ...
... DIESE GANZE KRAFT?
...

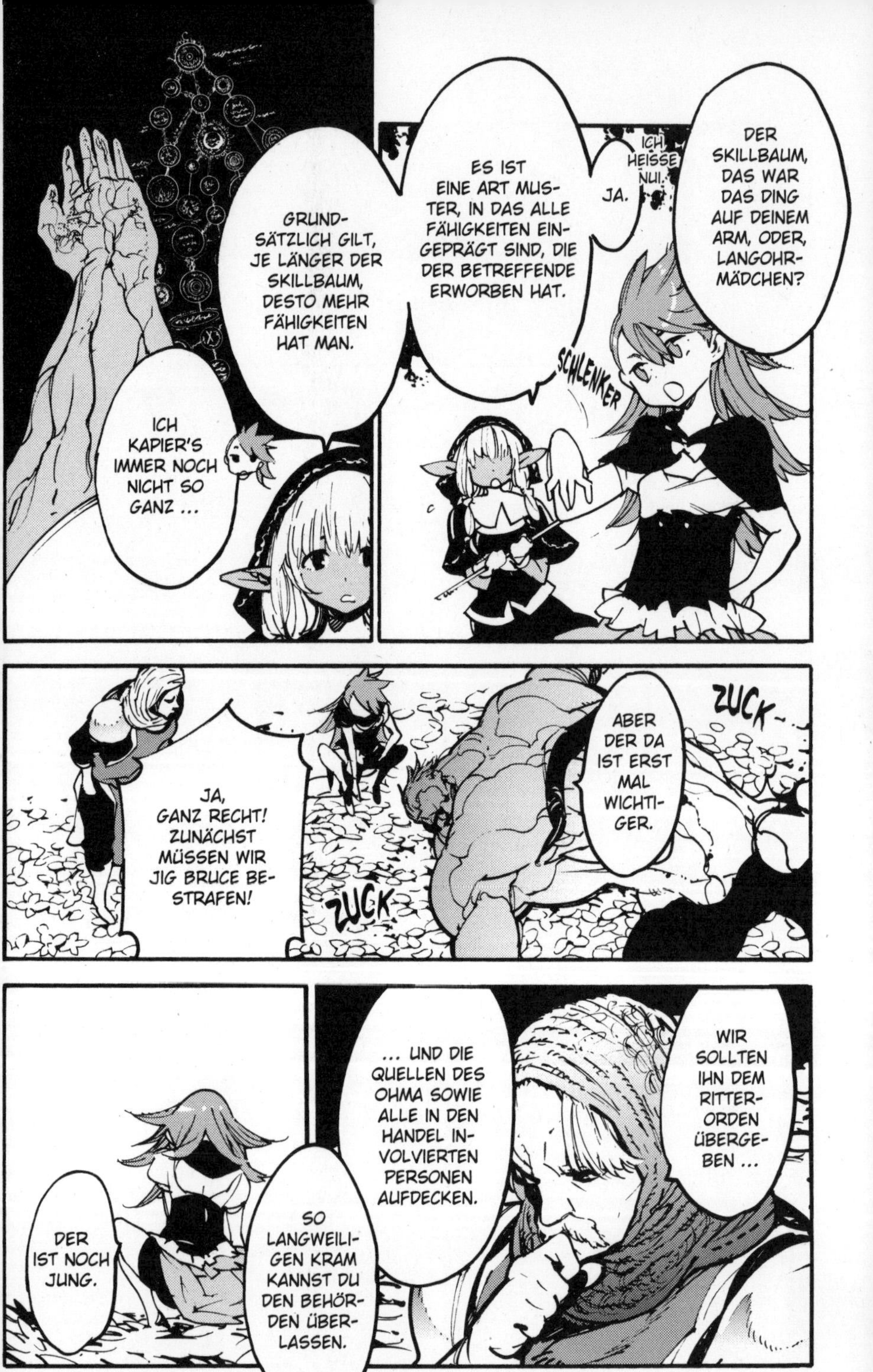
DER SKILLBAUM, DAS WAR DAS DING AUF DEINEM ARM, ODER, LANGOHRMÄDCHEN?
ICH HEISSE NUI.
JA.
ES IST EINE ART MUSTER, IN DAS ALLE FÄHIGKEITEN EINGEPRÄGT SIND, DIE DER BETREFFENDE ERWORBEN HAT.
SCHLENKER
GRUNDSÄTZLICH GILT, JE LÄNGER DER SKILLBAUM, DESTO MEHR FÄHIGKEITEN HAT MAN.
ICH KAPIER'S IMMER NOCH NICHT SO GANZ ...
ZUCK
ABER DER DA IST ERST MAL WICHTIGER.
ZUCK
JA, GANZ RECHT! ZUNÄCHST MÜSSEN WIR JIG BRUCE BESTRAFEN!
WIR SOLLTEN IHN DEM RITTERORDEN ÜBERGEBEN ...
... UND DIE QUELLEN DES OHMA SOWIE ALLE IN DEN HANDEL INVOLVIERTEN PERSONEN AUFDECKEN.
SO LANGWEILIGEN KRAM KANNST DU DEN BEHÖRDEN ÜBERLASSEN.
DER IST NOCH JUNG.

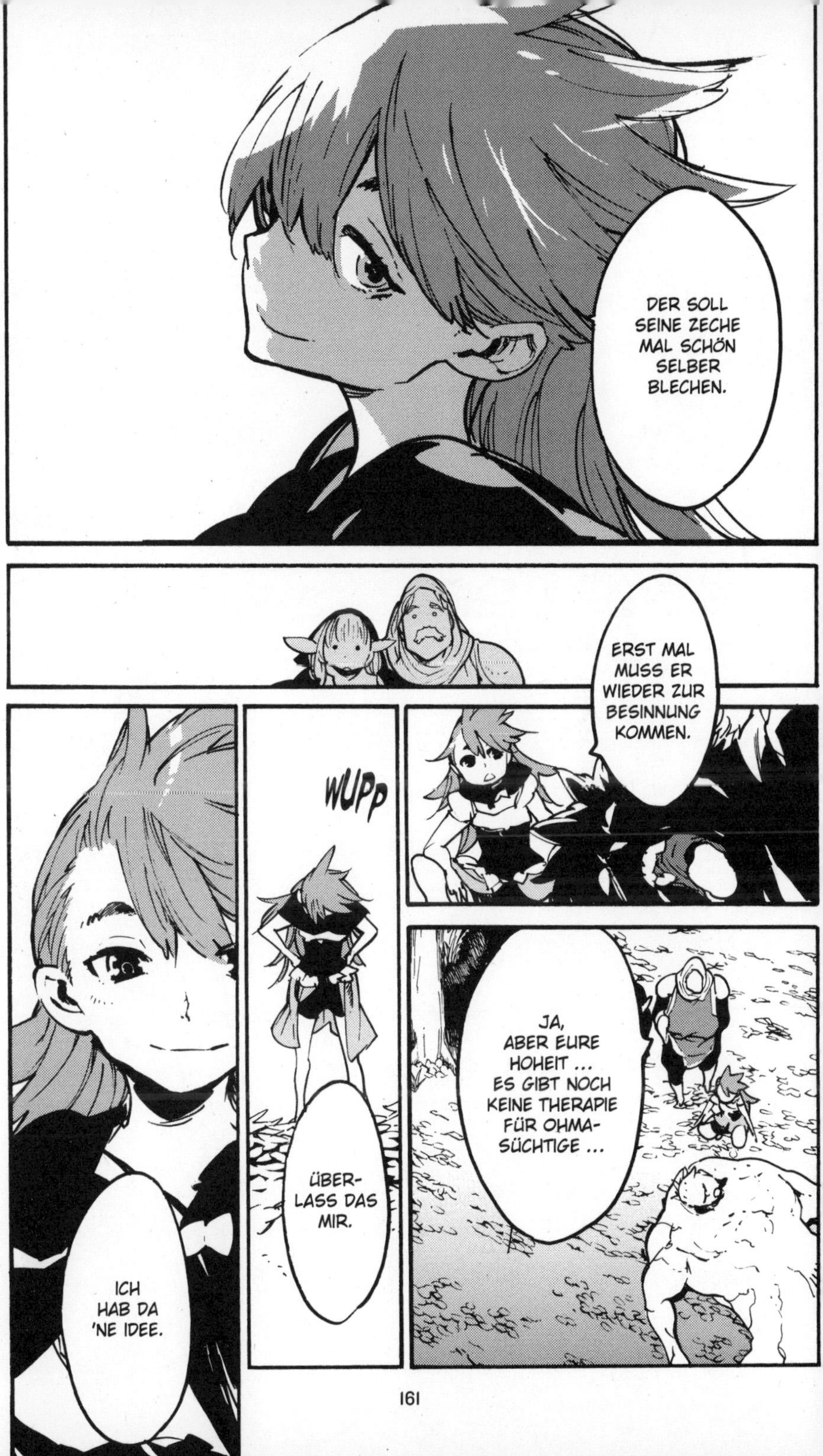
DER SOLL SEINE ZECHE MAL SCHÖN SELBER BLECHEN.
ERST MAL MUSS ER WIEDER ZUR BESINNUNG KOMMEN.
WUPP
JA, ABER EURE HOHEIT … ES GIBT NOCH KEINE THERAPIE FÜR OHMA-SÜCHTIGE …
ÜBER-LASS DAS MIR.
ICH HAB DA 'NE IDEE.

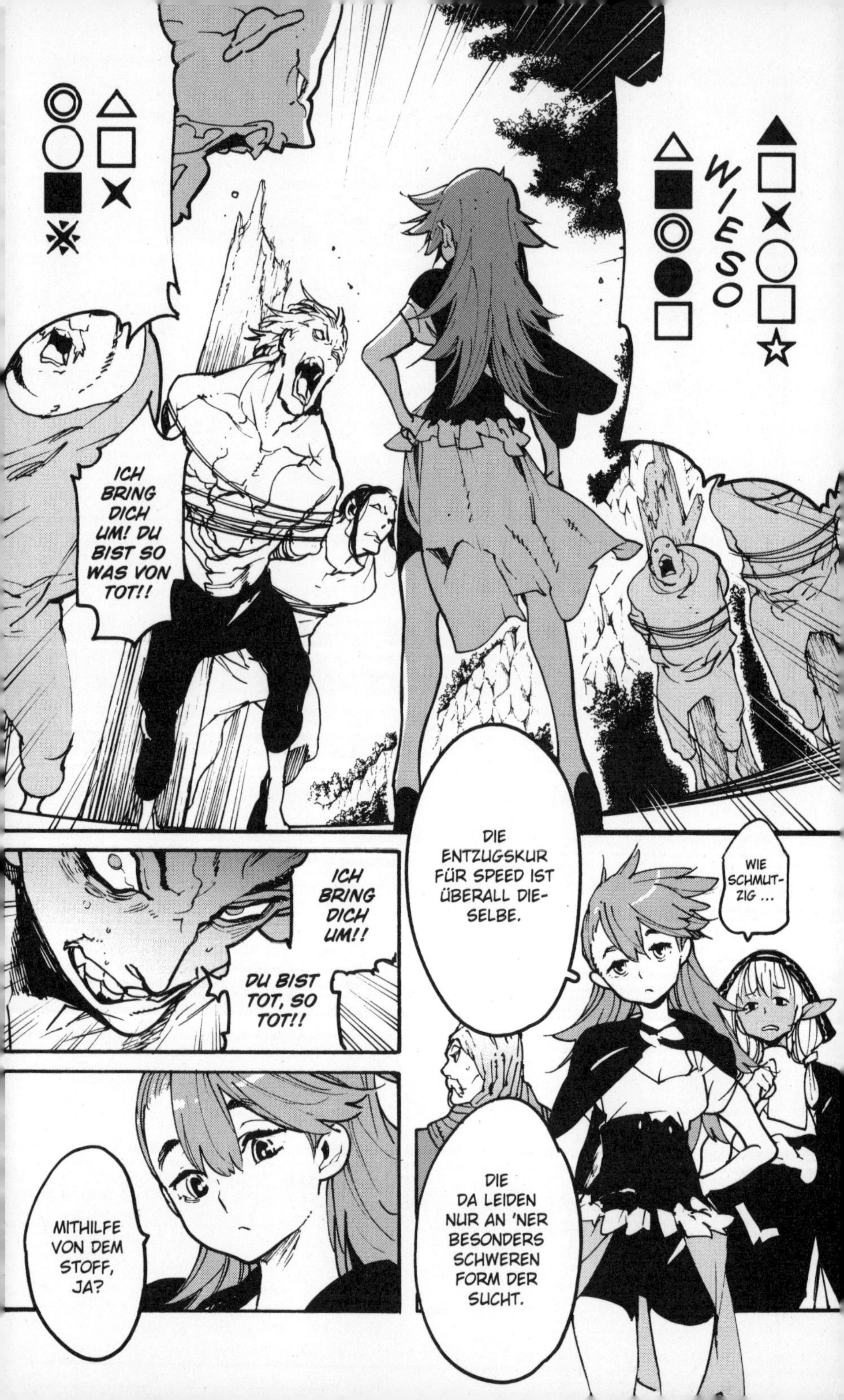
WIESO
ICH BRING DICH UM! DU BIST SO WAS VON TOT!!
WIE SCHMUT-ZIG ...
DIE ENTZUGSKUR FÜR SPEED IST ÜBERALL DIE-SELBE.
ICH BRING DICH UM!!
DU BIST TOT, SO TOT!!
DIE DA LEIDEN NUR AN 'NER BESONDERS SCHWEREN FORM DER SUCHT.
MITHILFE VON DEM STOFF, JA?

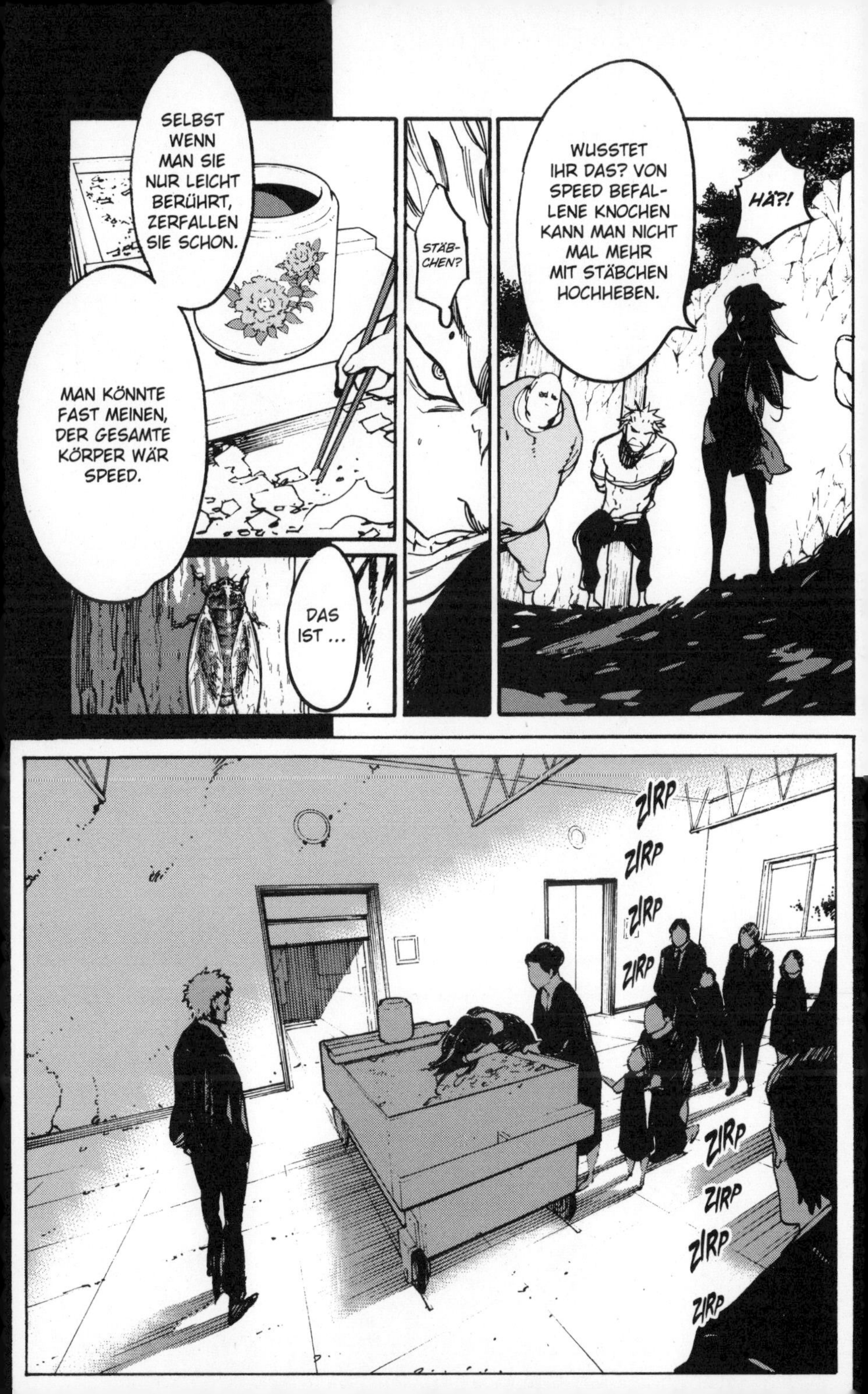
HÄ?!
WUSSTET IHR DAS? VON SPEED BEFALLENE KNOCHEN KANN MAN NICHT MAL MEHR MIT STÄBCHEN HOCHHEBEN.
STÄB-CHEN?
SELBST WENN MAN SIE NUR LEICHT BERÜHRT, ZERFALLEN SIE SCHON.
MAN KÖNNTE FAST MEINEN, DER GESAMTE KÖRPER WÄR SPEED.
DAS IST ...
ZIRP
ZIRP
ZIRP
ZIRP
ZIRP
ZIRP
ZIRP
ZIRP

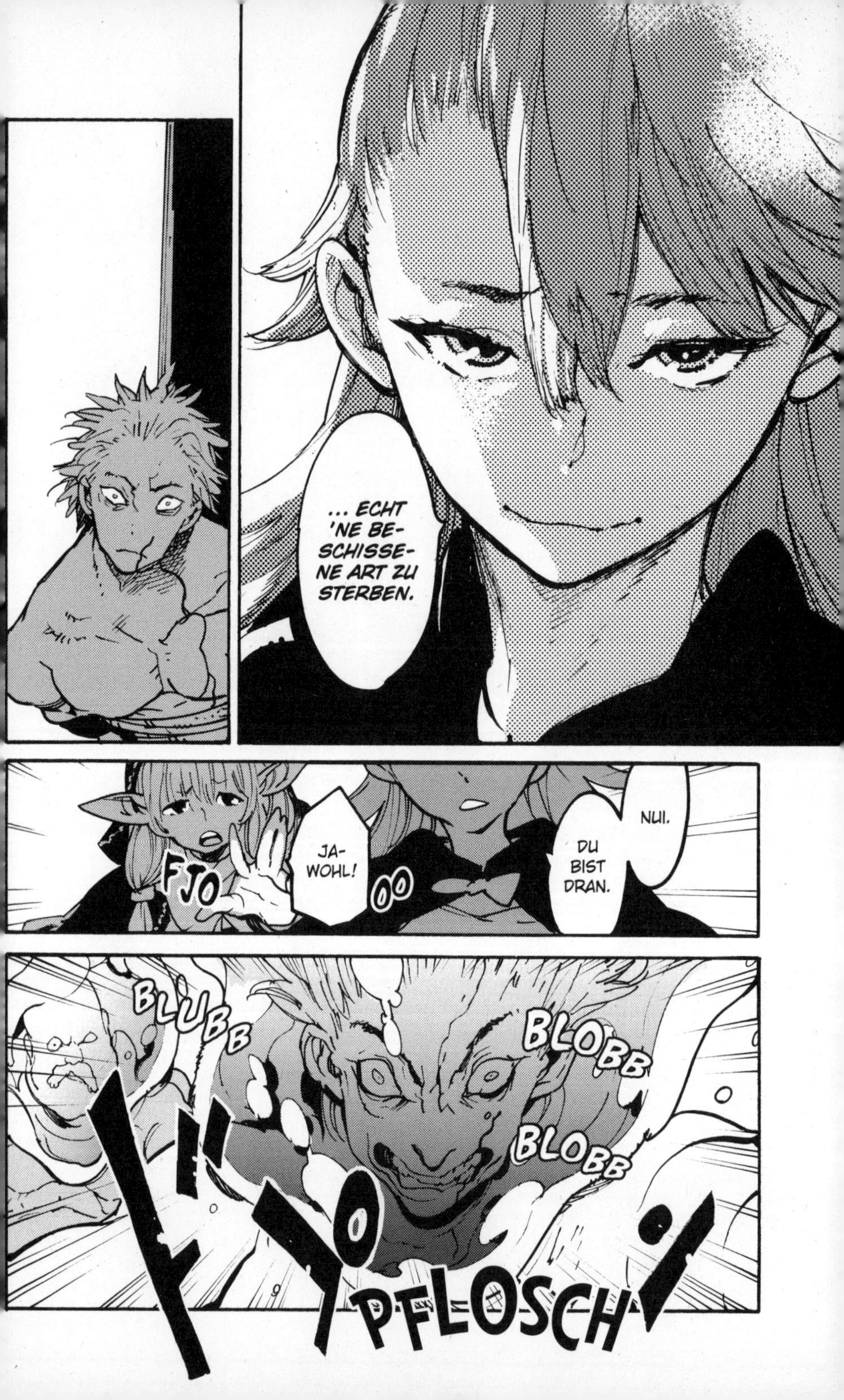

... ECHT 'NE BE-SCHISSE-NE ART ZU STERBEN.
NUI.
DU BIST DRAN.
JA-WOHL!
FJO
BLUBB
BLOBB
BLOBB
PFLOSCH

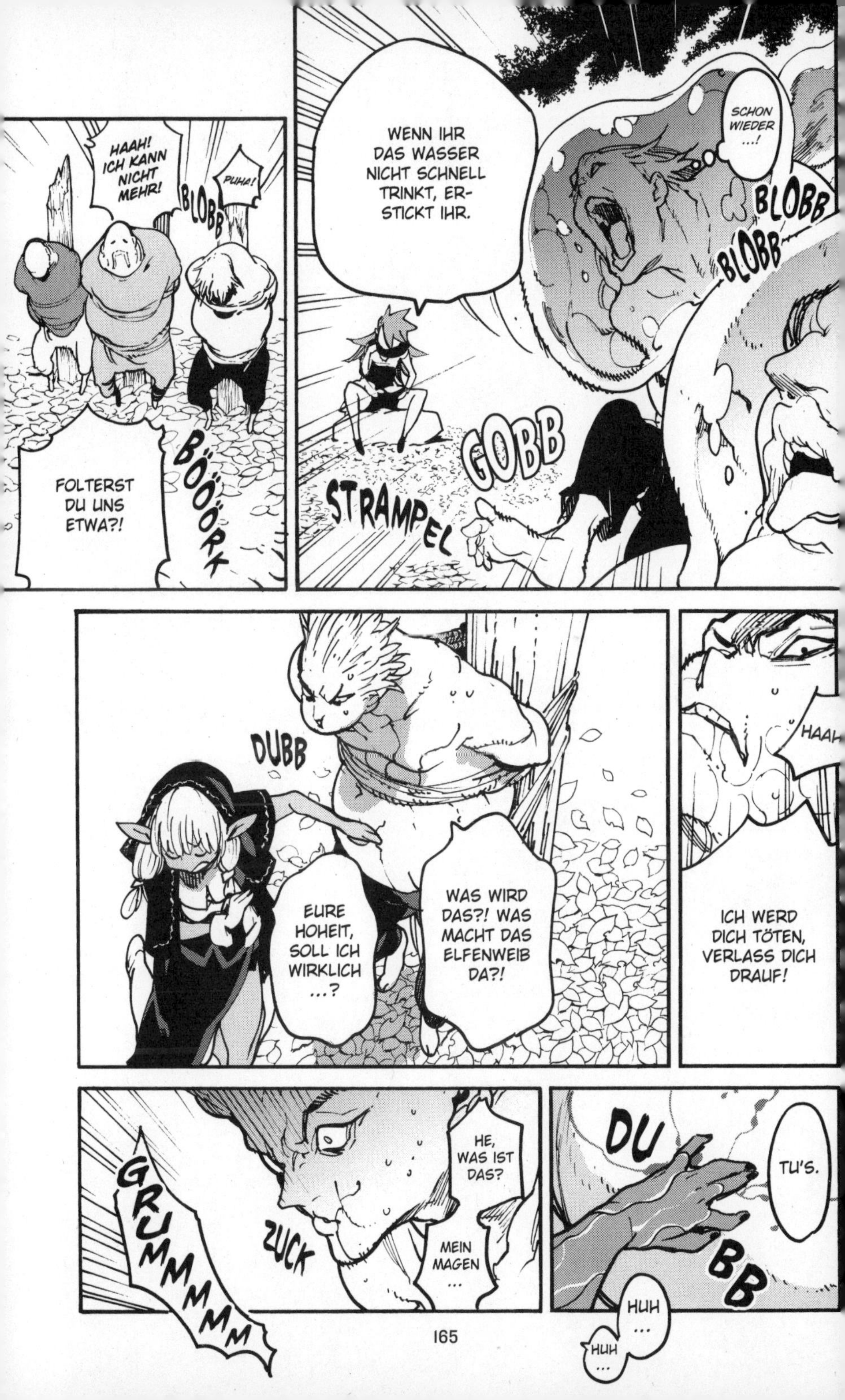
SCHON WIEDER …!
BLOBB
BLOBB
WENN IHR DAS WASSER NICHT SCHNELL TRINKT, ERSTICKT IHR.
GOBB
STRAMPEL
HAAH! ICH KANN NICHT MEHR!
PUHA!
BLOBB
FOLTERST DU UNS ETWA?!
BÖÖÖRK
HAAH
ICH WERD DICH TÖTEN, VERLASS DICH DRAUF!
DUBB
WAS WIRD DAS?! WAS MACHT DAS ELFENWEIB DA?!
EURE HOHEIT, SOLL ICH WIRKLICH …?
DU
TU'S.
BB
HUH …
HUH …
HE, WAS IST DAS?
MEIN MAGEN …
ZUCK
GRUMMMMM

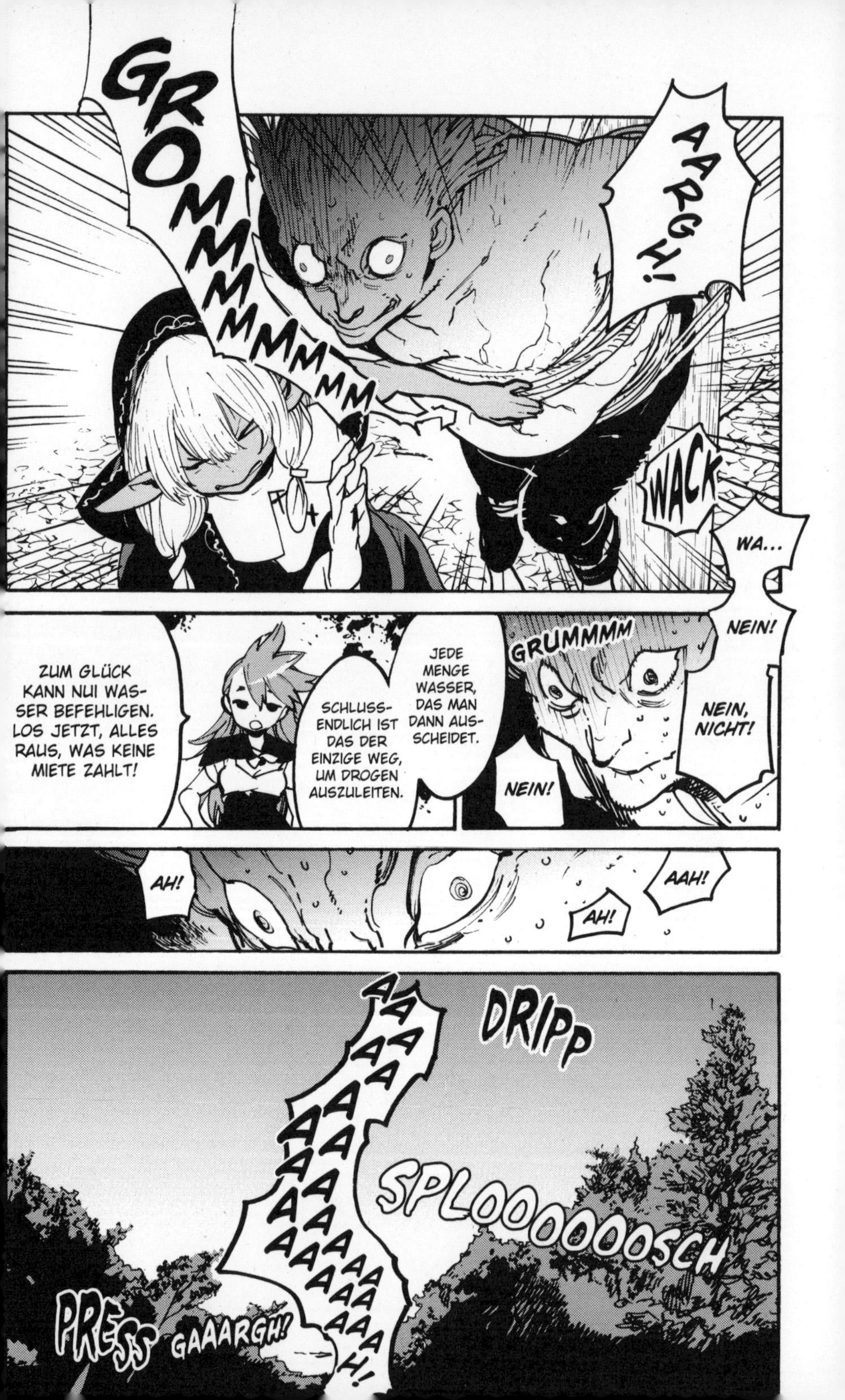
GROMMMMMMMMMM
AARGH!
WACK
WA... NEIN!
NEIN, NICHT!
GRUMMMM
NEIN!
JEDE MENGE WASSER, DAS MAN DANN AUSSCHEIDET.
SCHLUSSENDLICH IST DAS DER EINZIGE WEG, UM DROGEN AUSZULEITEN.
ZUM GLÜCK KANN NUI WASSER BEFEHLIGEN. LOS JETZT, ALLES RAUS, WAS KEINE MIETE ZAHLT!
AAH!
AH!
AH!
DRIPP
SPLOOOOOOOSCH
AAAAAAAAAAAAAAAAAAAAAH!
GAAARGH!
PRESS

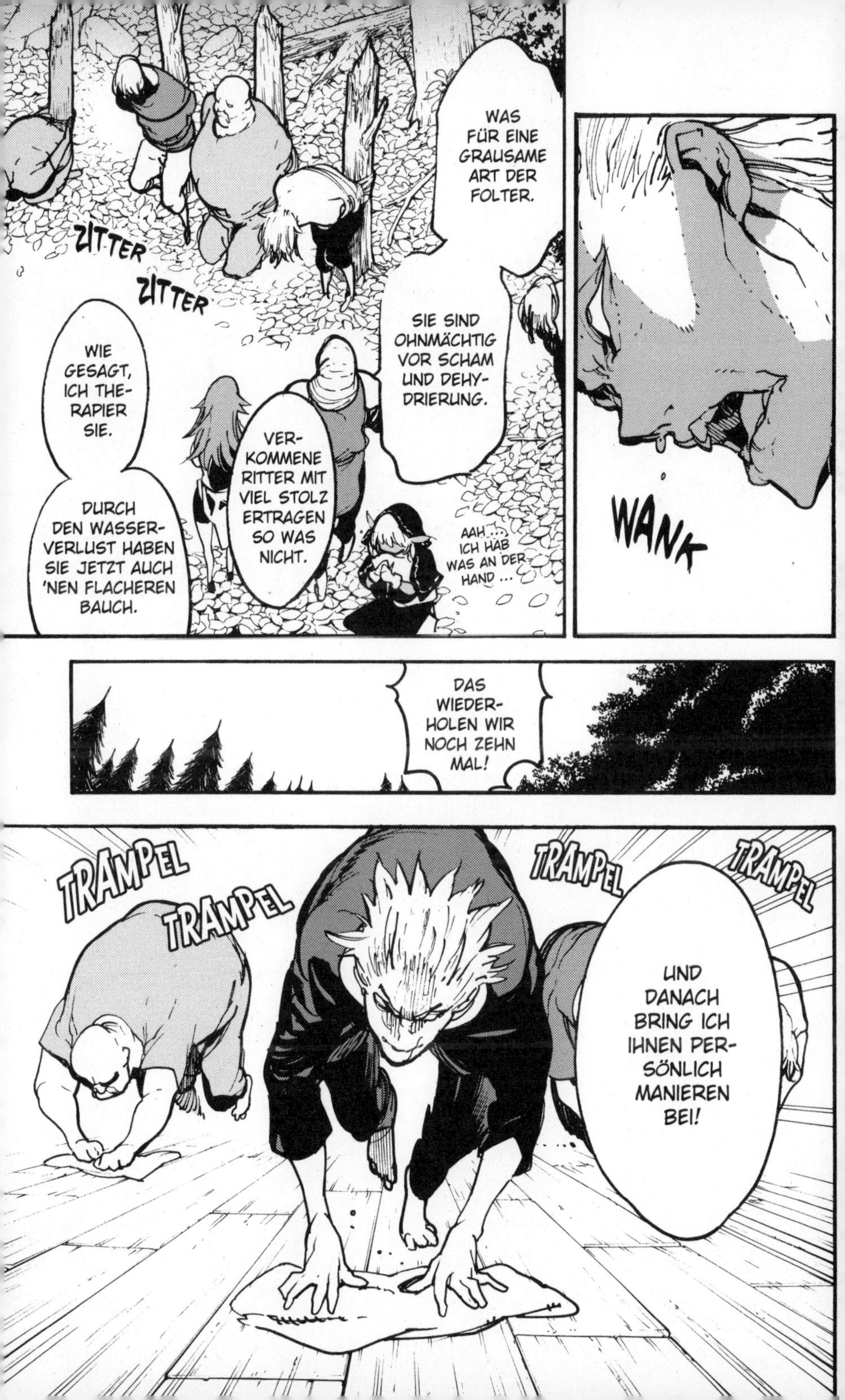
WAS FÜR EINE GRAUSAME ART DER FOLTER.
SIE SIND OHNMÄCHTIG VOR SCHAM UND DEHY-DRIERUNG.
WANK
ZITTER
ZITTER
WIE GESAGT, ICH THE-RAPIER SIE.
DURCH DEN WASSER-VERLUST HABEN SIE JETZT AUCH 'NEN FLACHEREN BAUCH.
VER-KOMMENE RITTER MIT VIEL STOLZ ERTRAGEN SO WAS NICHT.
AAH ... ICH HAB WAS AN DER HAND ...
DAS WIEDER-HOLEN WIR NOCH ZEHN MAL!
TRAMPEL
TRAMPEL
TRAMPEL
TRAMPEL
UND DANACH BRING ICH IHNEN PER-SÖNLICH MANIEREN BEI!

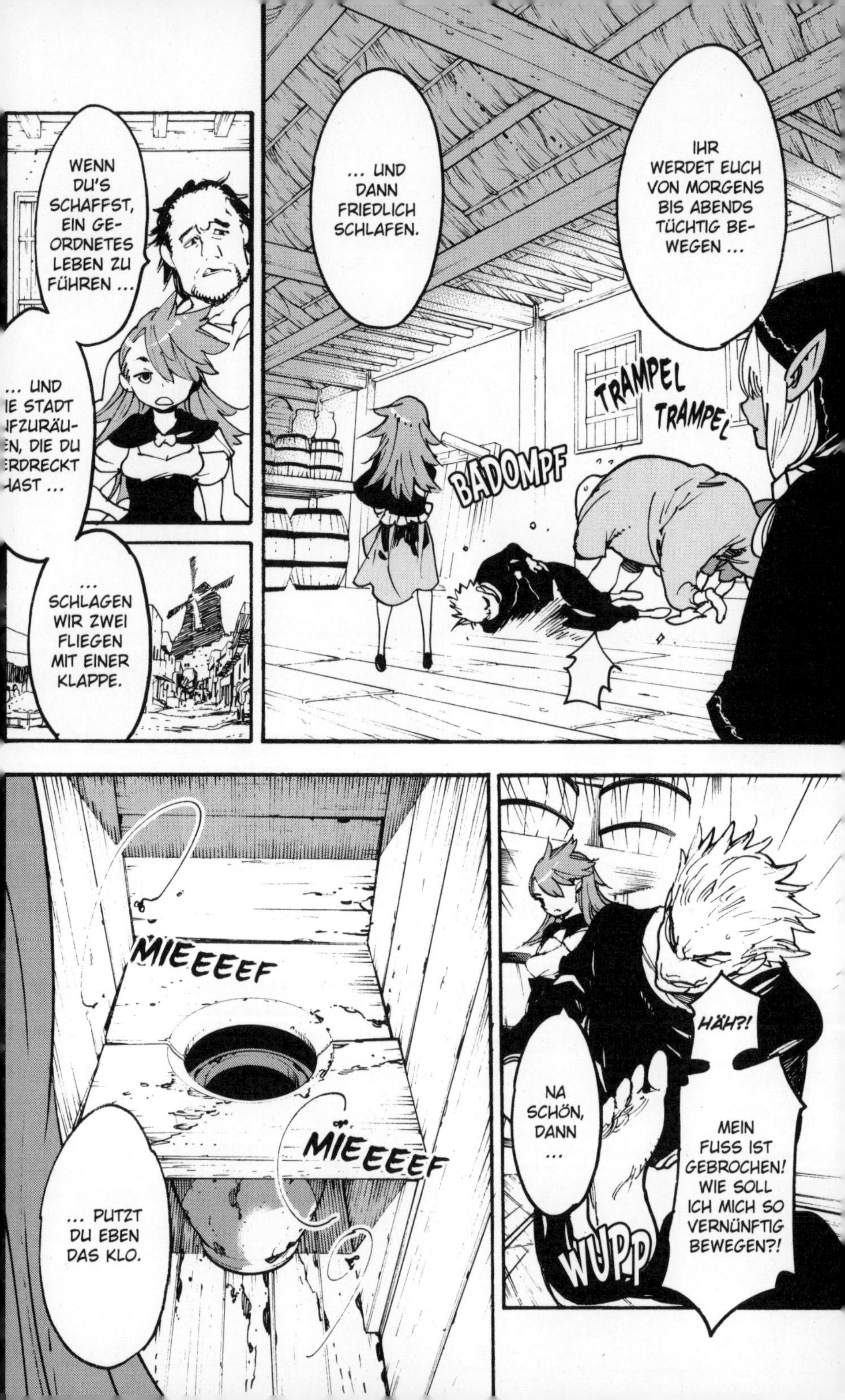
IHR WERDET EUCH VON MORGENS BIS ABENDS TÜCHTIG BE-WEGEN ...
... UND DANN FRIEDLICH SCHLAFEN.
TRAMPEL
TRAMPEL
BADOMPF
WENN DU'S SCHAFFST, EIN GE-ORDNETES LEBEN ZU FÜHREN ...
... UND IE STADT IFZURÄU-EN, DIE DU ERDRECKT HAST ...
... SCHLAGEN WIR ZWEI FLIEGEN MIT EINER KLAPPE.
HÄH?!
MEIN FUSS IST GEBROCHEN! WIE SOLL ICH MICH SO VERNÜNFTIG BEWEGEN?!
NA SCHÖN, DANN ...
WUPP
MIEEEEF
MIEEEEF
... PUTZT DU EBEN DAS KLO.

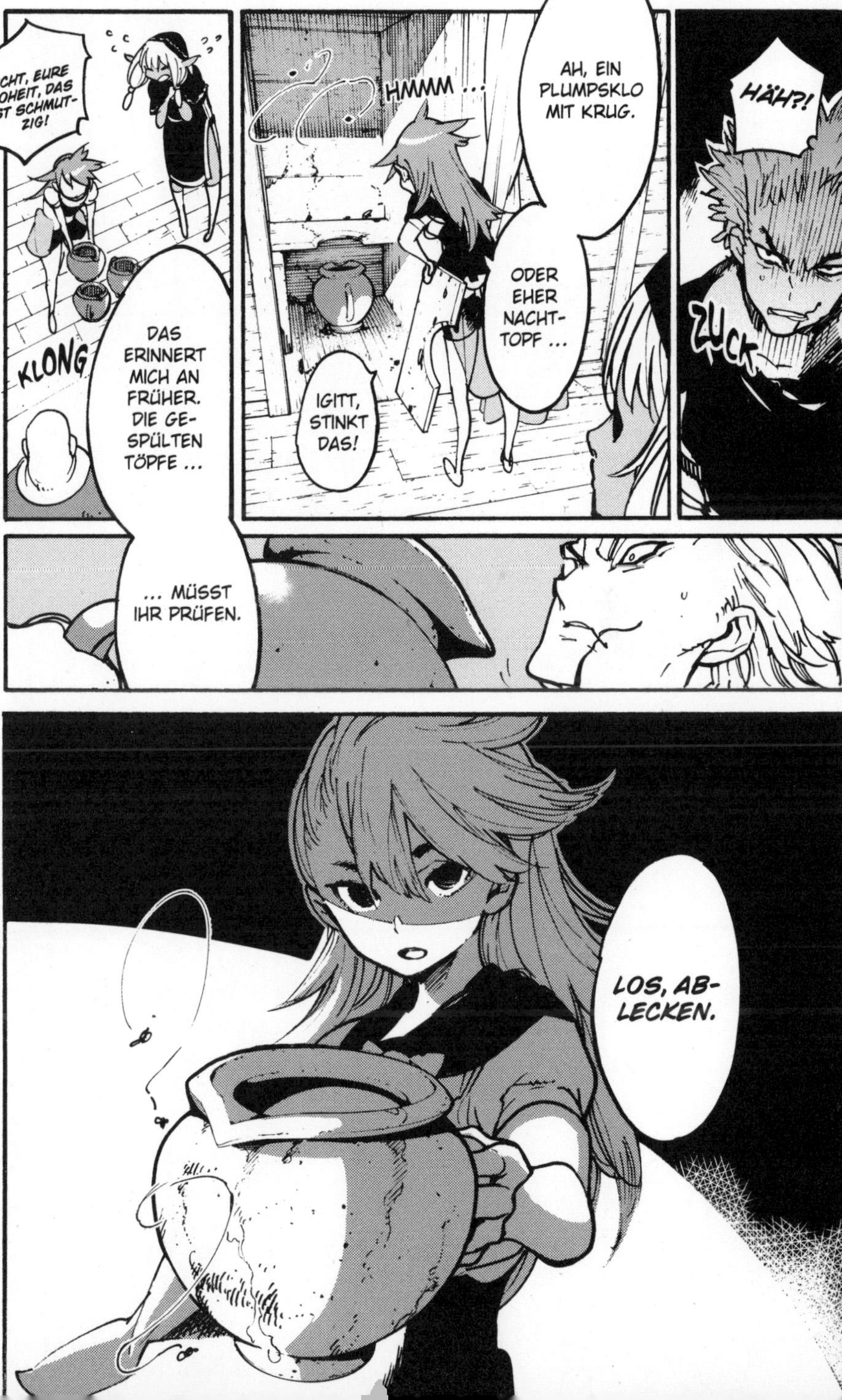
HÄH?!
ZUCK
AH, EIN PLUMPSKLO MIT KRUG.
ODER EHER NACHT-TOPF ...
HMMM ...
IGITT, STINKT DAS!
NICHT, EURE HOHEIT, DAS IST SCHMUT-ZIG!
KLONG
DAS ERINNERT MICH AN FRÜHER. DIE GE-SPÜLTEN TÖPFE ...
... MÜSST IHR PRÜFEN.
LOS, AB-LECKEN.

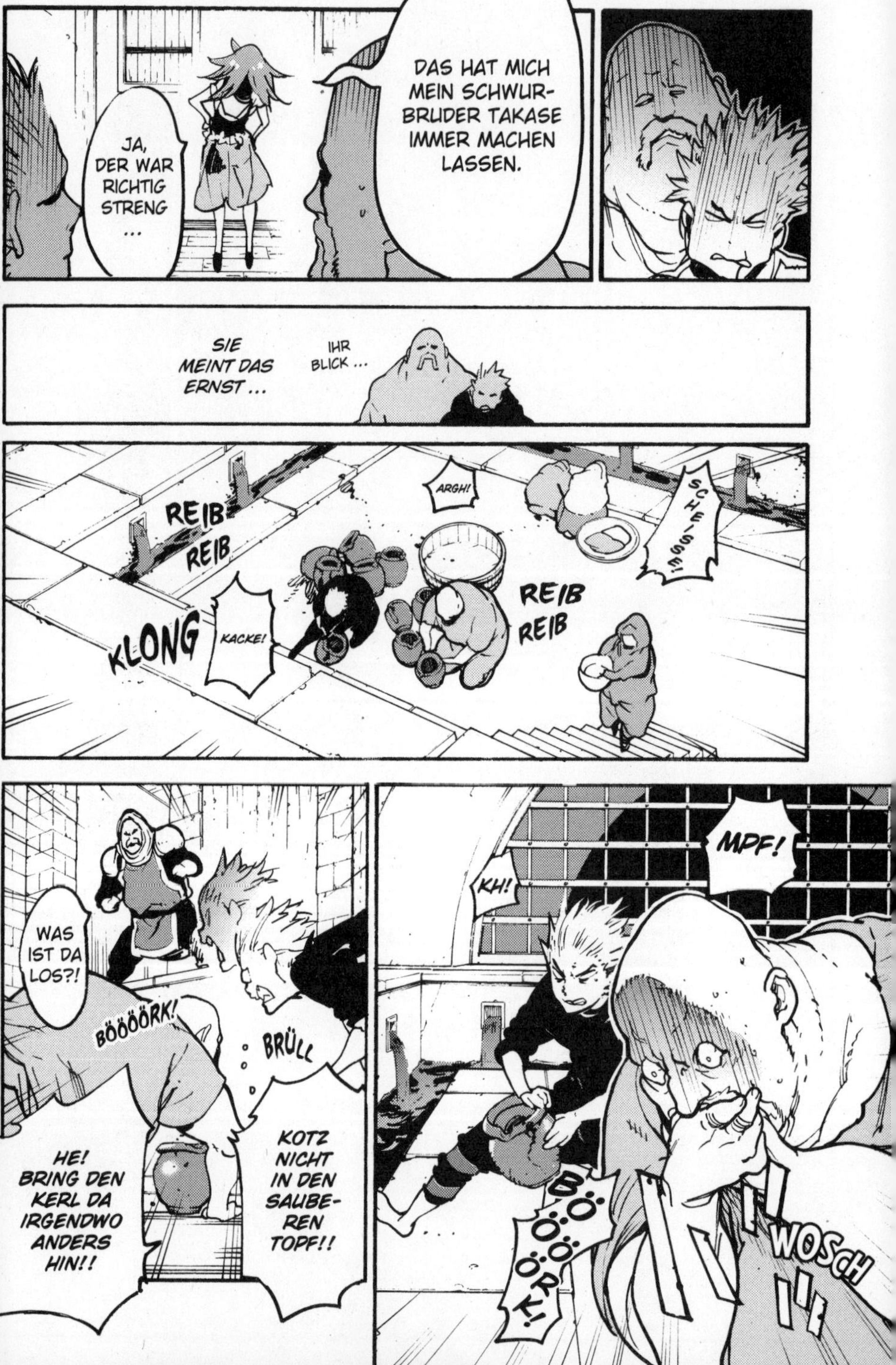

JA, DER WAR RICHTIG STRENG ...
DAS HAT MICH MEIN SCHWURBRUDER TAKASE IMMER MACHEN LASSEN.
SIE MEINT DAS ERNST ...
IHR BLICK ...
REIB REIB
ARGH!
SCHEISSE!
KLONG
KACKE!
REIB REIB
WAS IST DA LOS?!
BÖÖÖÖRK!
BRÜLL
HE! BRING DEN KERL DA IRGENDWO ANDERS HIN!!
KOTZ NICHT IN DEN SAUBEREN TOPF!!
MPF!
KH!
BÖÖÖÖRK!
WOSCH

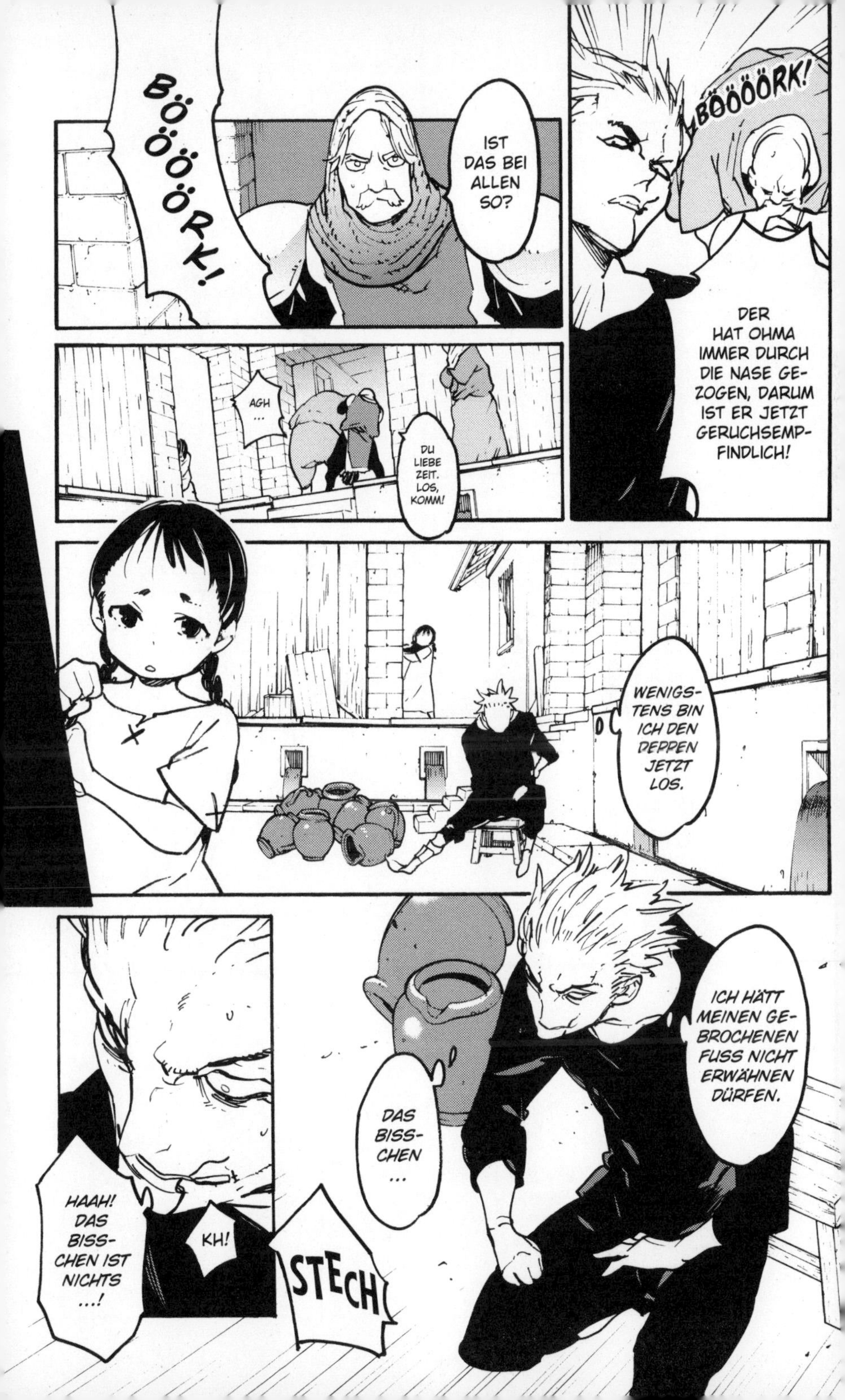
BÖÖÖÖRK!
DER HAT OHMA IMMER DURCH DIE NASE GEZOGEN, DARUM IST ER JETZT GERUCHSEMPFINDLICH!
BÖÖÖÖRK!
IST DAS BEI ALLEN SO?
AGH …
DU LIEBE ZEIT. LOS, KOMM!
WENIGSTENS BIN ICH DEN DEPPEN JETZT LOS.
ICH HÄTT MEINEN GEBROCHENEN FUSS NICHT ERWÄHNEN DÜRFEN.
DAS BISSCHEN …
STECH
KH!
HAAH! DAS BISSCHEN IST NICHTS …!

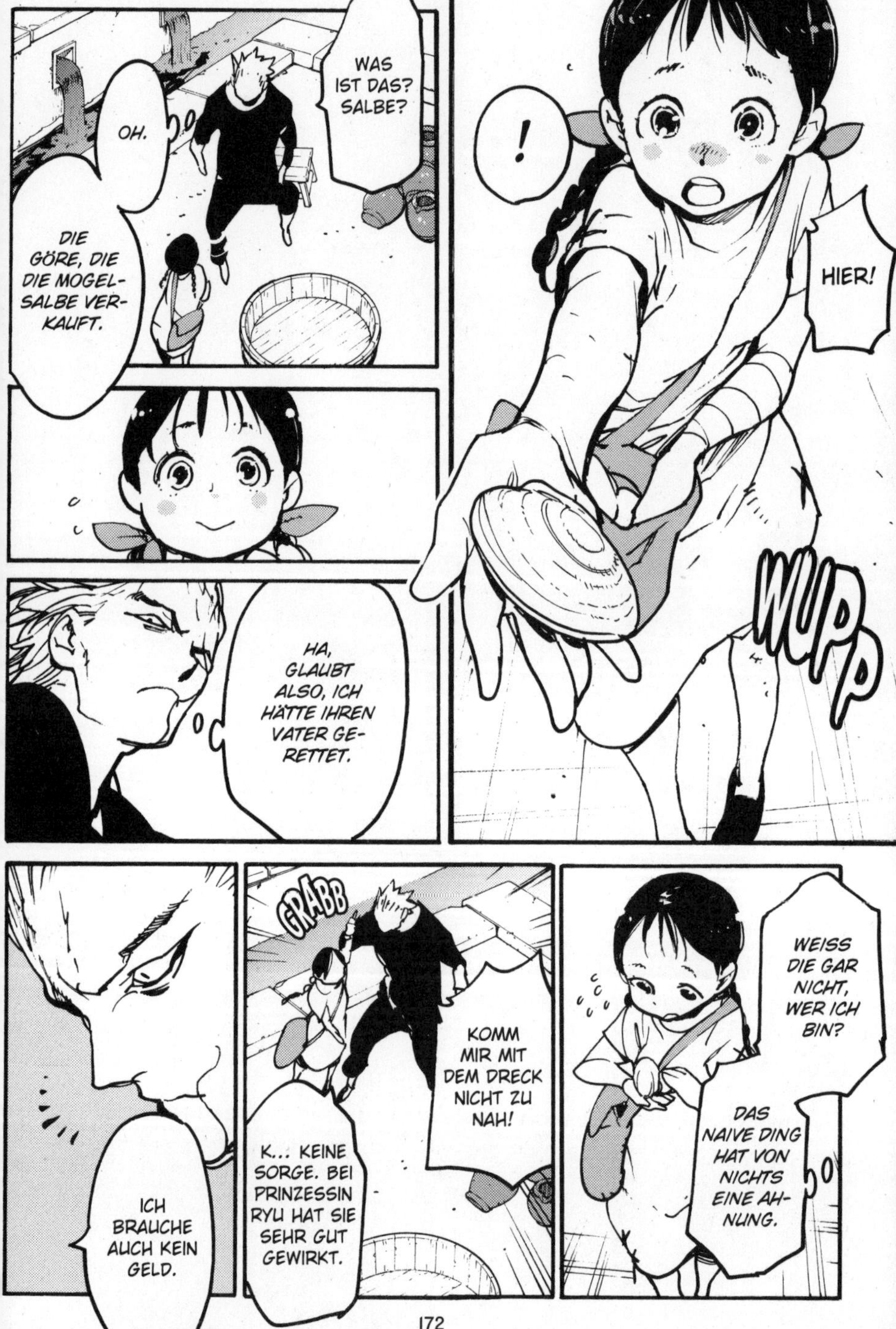
!
HIER!
WUPP
WAS IST DAS? SALBE?
OH.
DIE GÖRE, DIE DIE MOGEL-SALBE VERKAUFT.
HA, GLAUBT ALSO, ICH HÄTTE IHREN VATER GE-RETTET.
WEISS DIE GAR NICHT, WER ICH BIN?
DAS NAIVE DING HAT VON NICHTS EINE AH-NUNG.
GRABB
KOMM MIR MIT DEM DRECK NICHT ZU NAH!
K… KEINE SORGE. BEI PRINZESSIN RYU HAT SIE SEHR GUT GEWIRKT.
ICH BRAUCHE AUCH KEIN GELD.

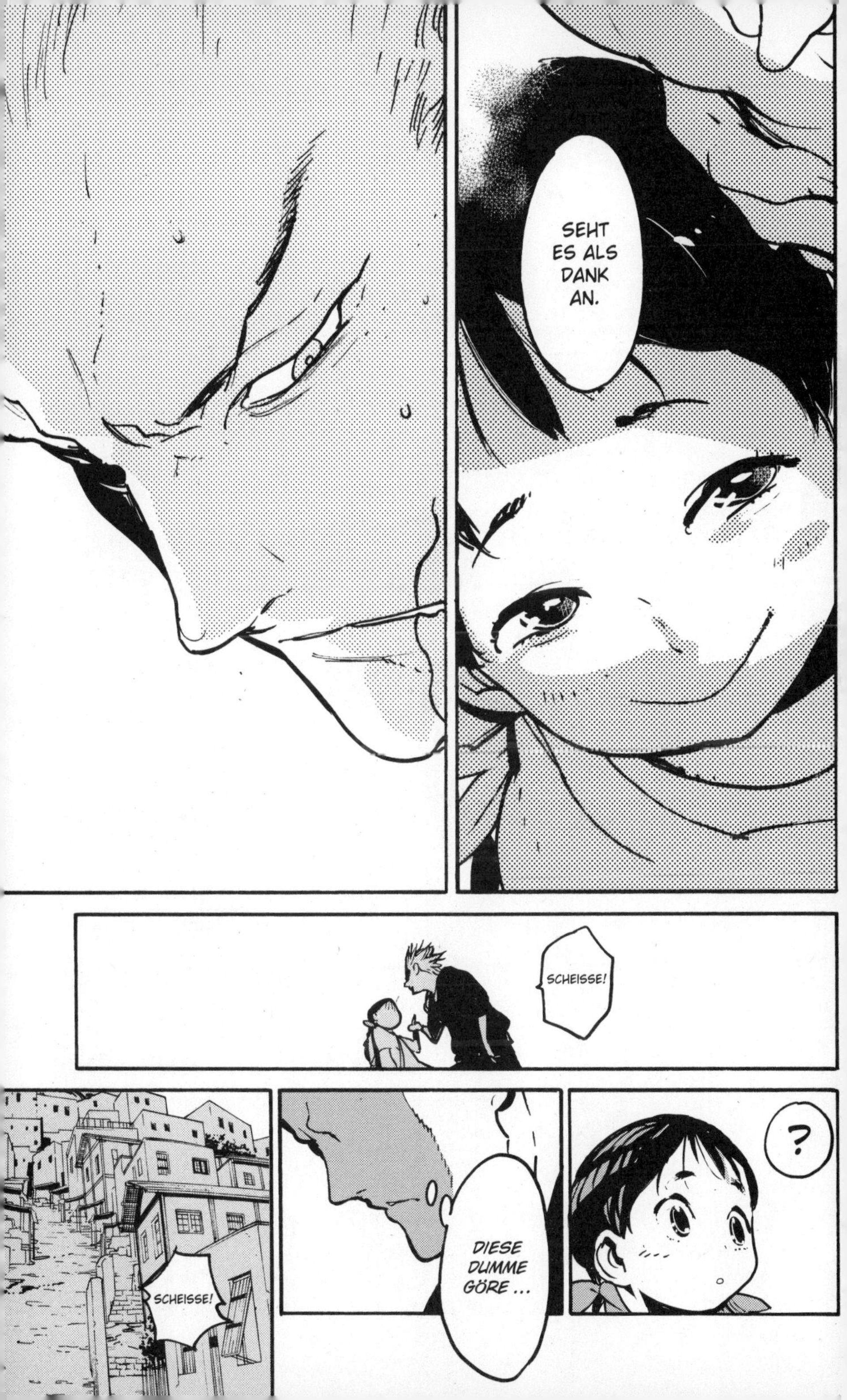
SEHT ES ALS DANK AN.
SCHEISSE!
?
DIESE DUMME GÖRE ...
SCHEISSE!

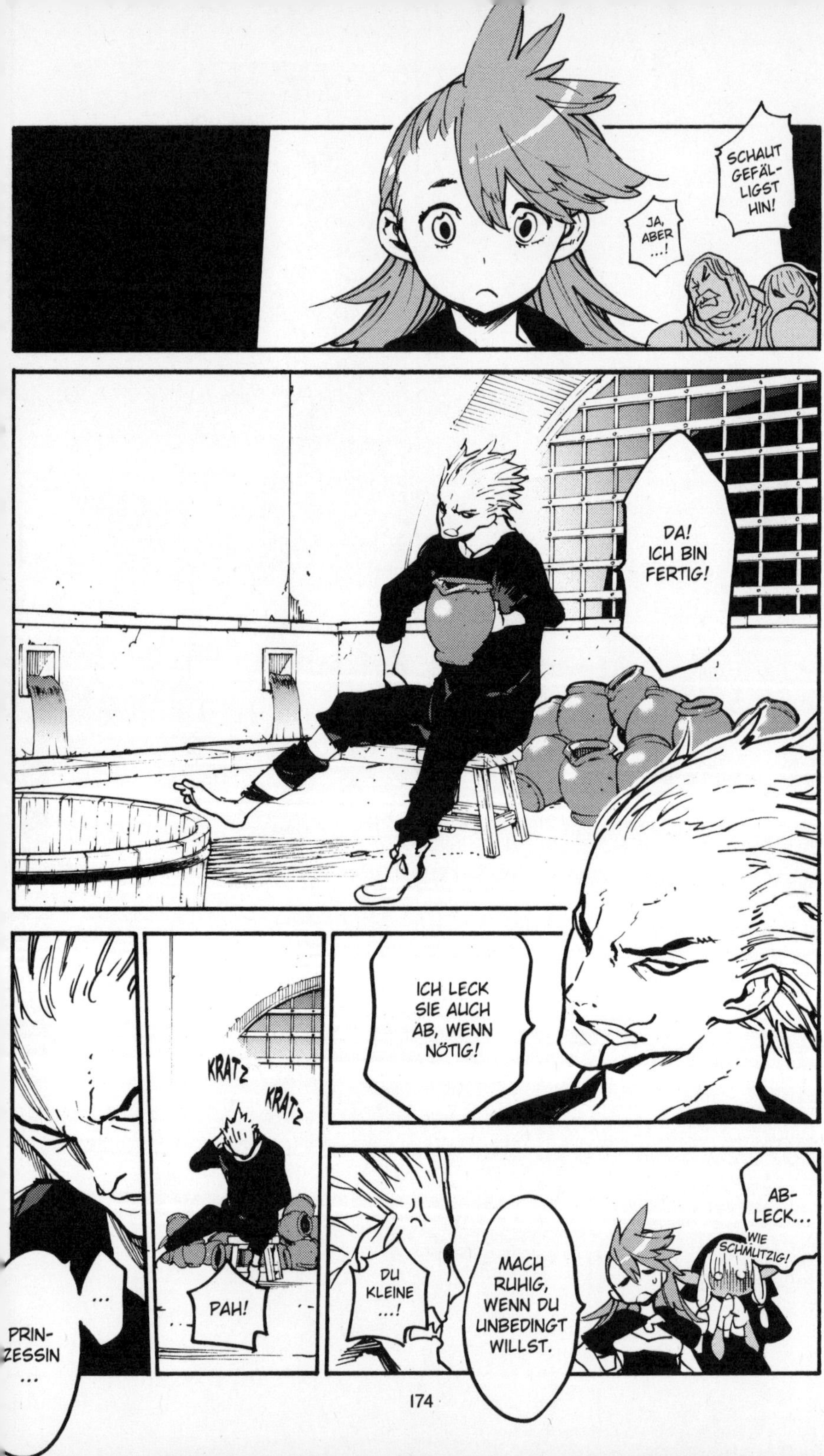
SCHAUT GEFÄL-LIGST HIN!
JA, ABER ...!
DA! ICH BIN FERTIG!
ICH LECK SIE AUCH AB, WENN NÖTIG!
AB-LECK...
WIE SCHMUTZIG!
MACH RUHIG, WENN DU UNBEDINGT WILLST.
DU KLEINE ...!
KRATZ
KRATZ
PAH!
...
PRIN-ZESSIN ...

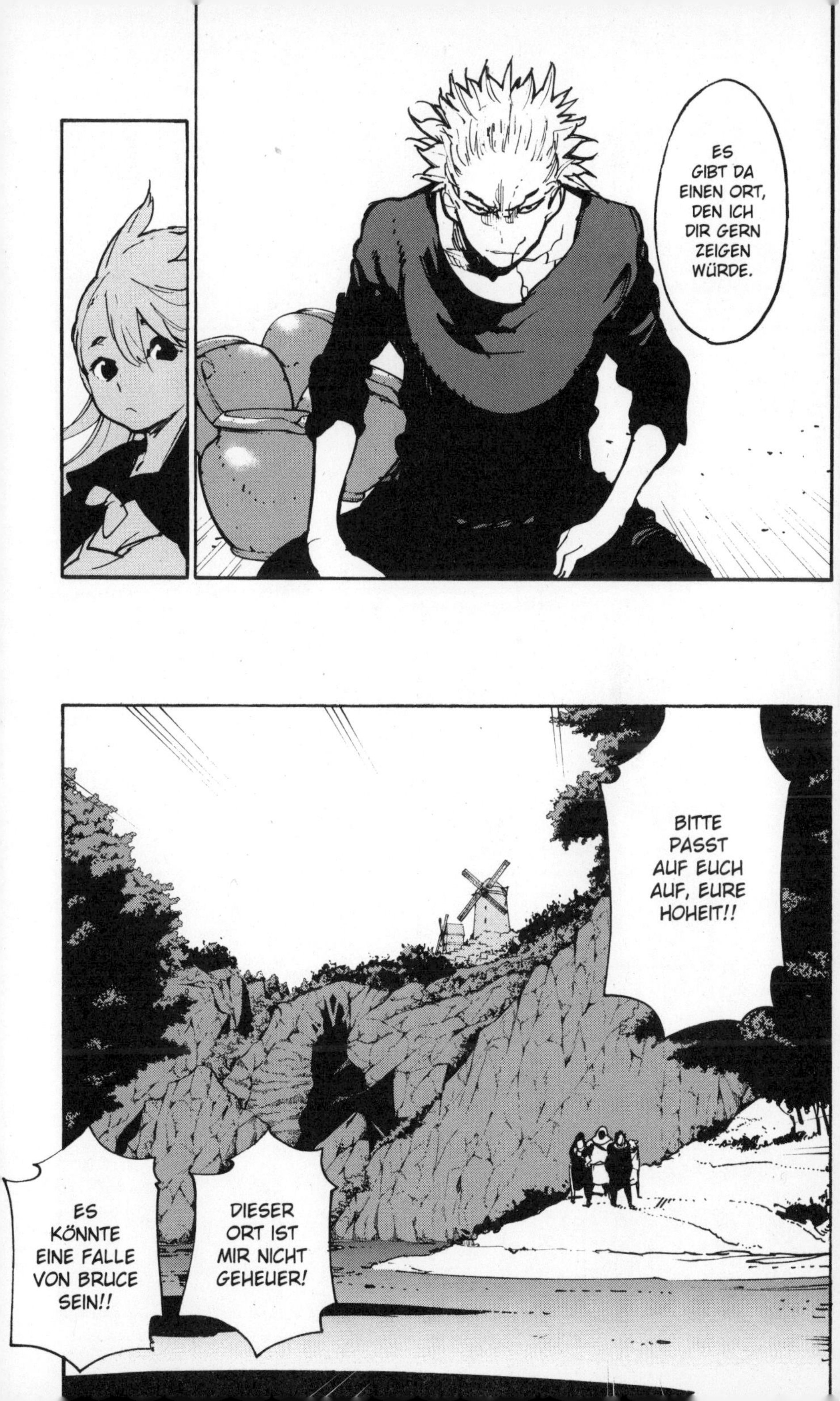
ES GIBT DA EINEN ORT, DEN ICH DIR GERN ZEIGEN WÜRDE.
BITTE PASST AUF EUCH AUF, EURE HOHEIT!!
DIESER ORT IST MIR NICHT GEHEUER!
ES KÖNNTE EINE FALLE VON BRUCE SEIN!!

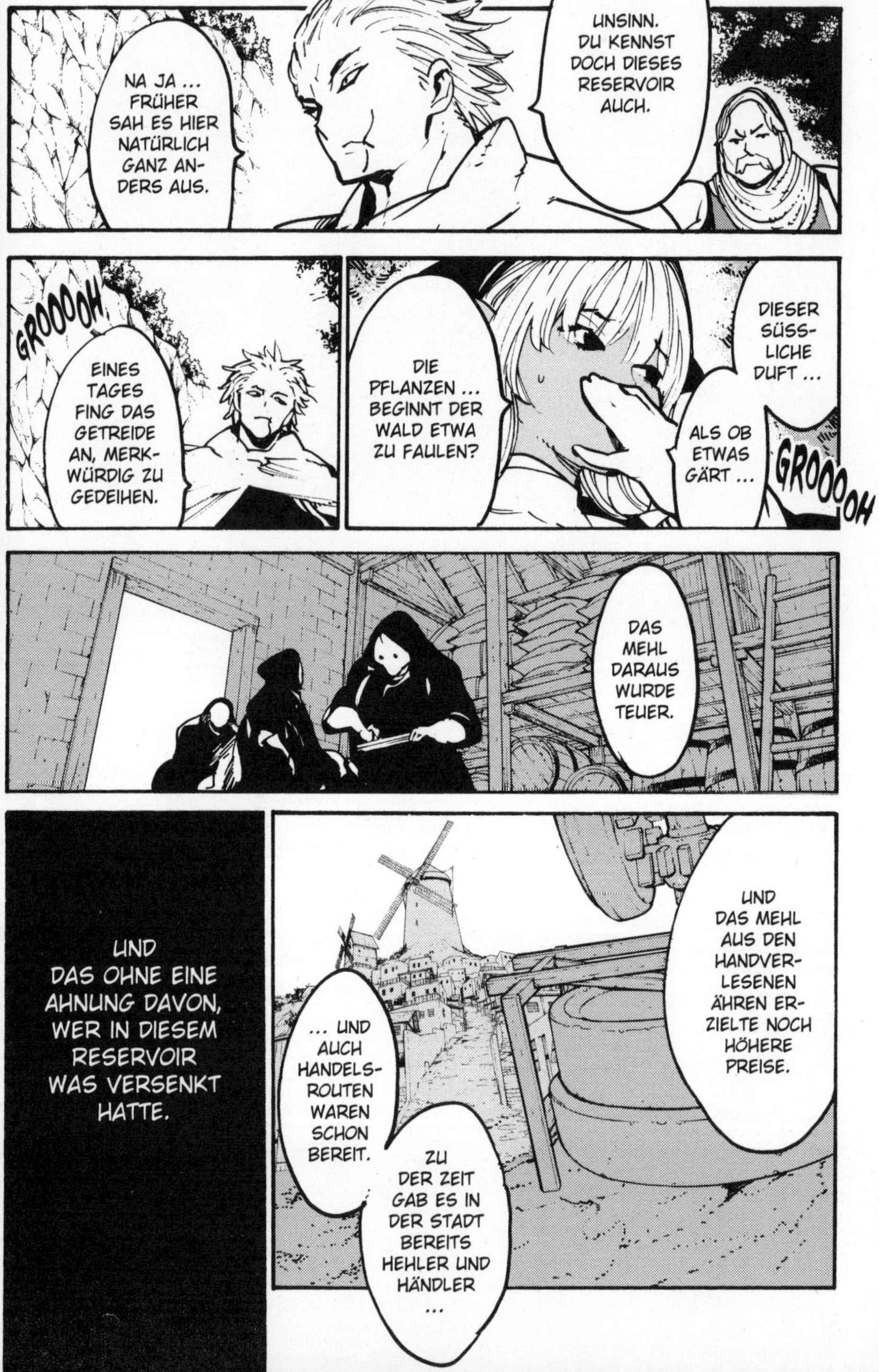
UNSINN. DU KENNST DOCH DIESES RESERVOIR AUCH.
NA JA … FRÜHER SAH ES HIER NATÜRLICH GANZ ANDERS AUS.
DIESER SÜSSLICHE DUFT …
ALS OB ETWAS GÄRT …
GROOOOH
DIE PFLANZEN … BEGINNT DER WALD ETWA ZU FAULEN?
GROOOOH
EINES TAGES FING DAS GETREIDE AN, MERKWÜRDIG ZU GEDEIHEN.
DAS MEHL DARAUS WURDE TEUER.
UND DAS MEHL AUS DEN HANDVERLESENEN ÄHREN ERZIELTE NOCH HÖHERE PREISE.
ZU DER ZEIT GAB ES IN DER STADT BEREITS HEHLER UND HÄNDLER …
… UND AUCH HANDELSROUTEN WAREN SCHON BEREIT.
UND DAS OHNE EINE AHNUNG DAVON, WER IN DIESEM RESERVOIR WAS VERSENKT HATTE.

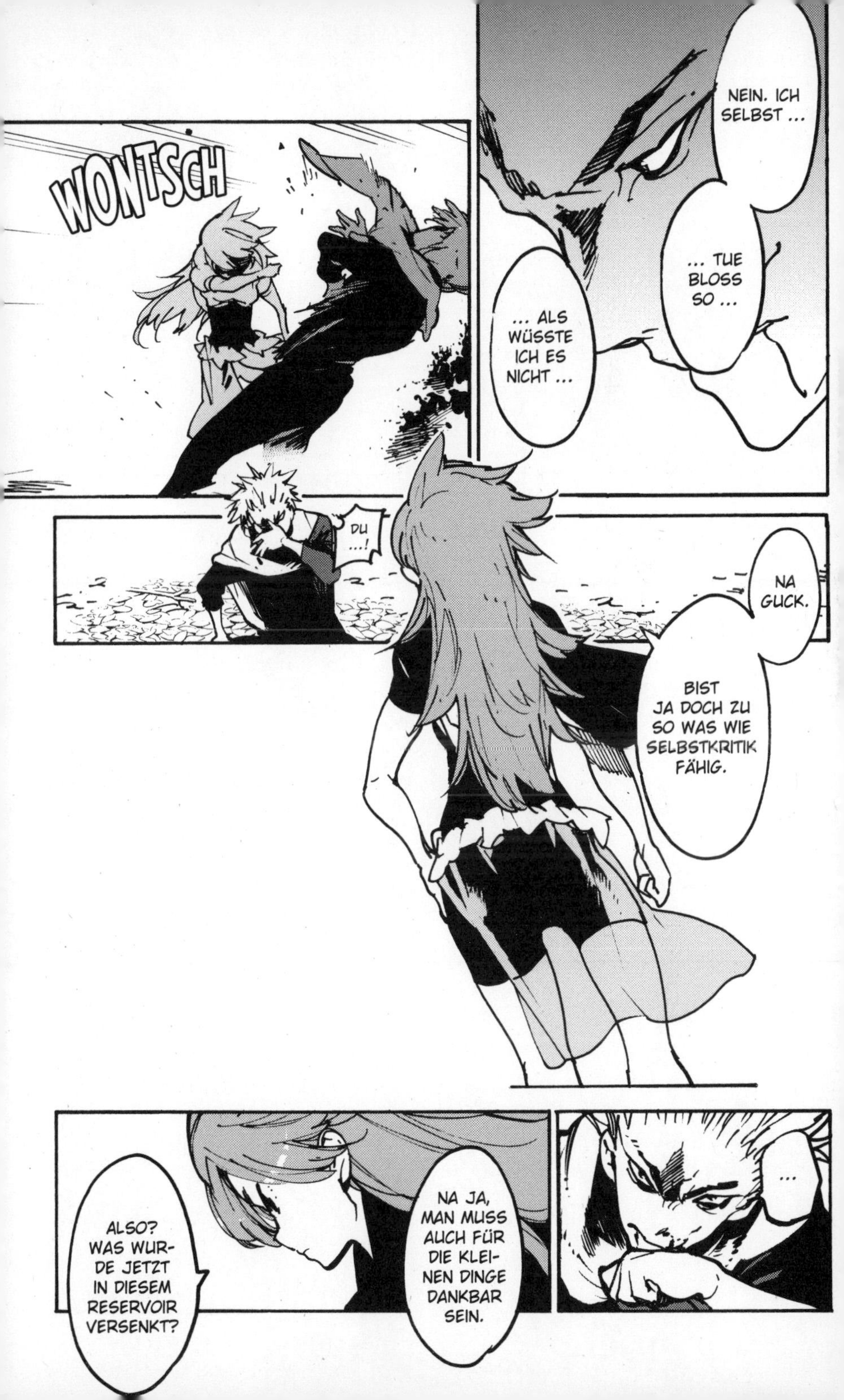
NEIN. ICH SELBST …
… TUE BLOSS SO …
… ALS WÜSSTE ICH ES NICHT …
WONTSCH
NA GUCK.
BIST JA DOCH ZU SO WAS WIE SELBSTKRITIK FÄHIG.
DU …!
…
NA JA, MAN MUSS AUCH FÜR DIE KLEINEN DINGE DANKBAR SEIN.
ALSO? WAS WURDE JETZT IN DIESEM RESERVOIR VERSENKT?

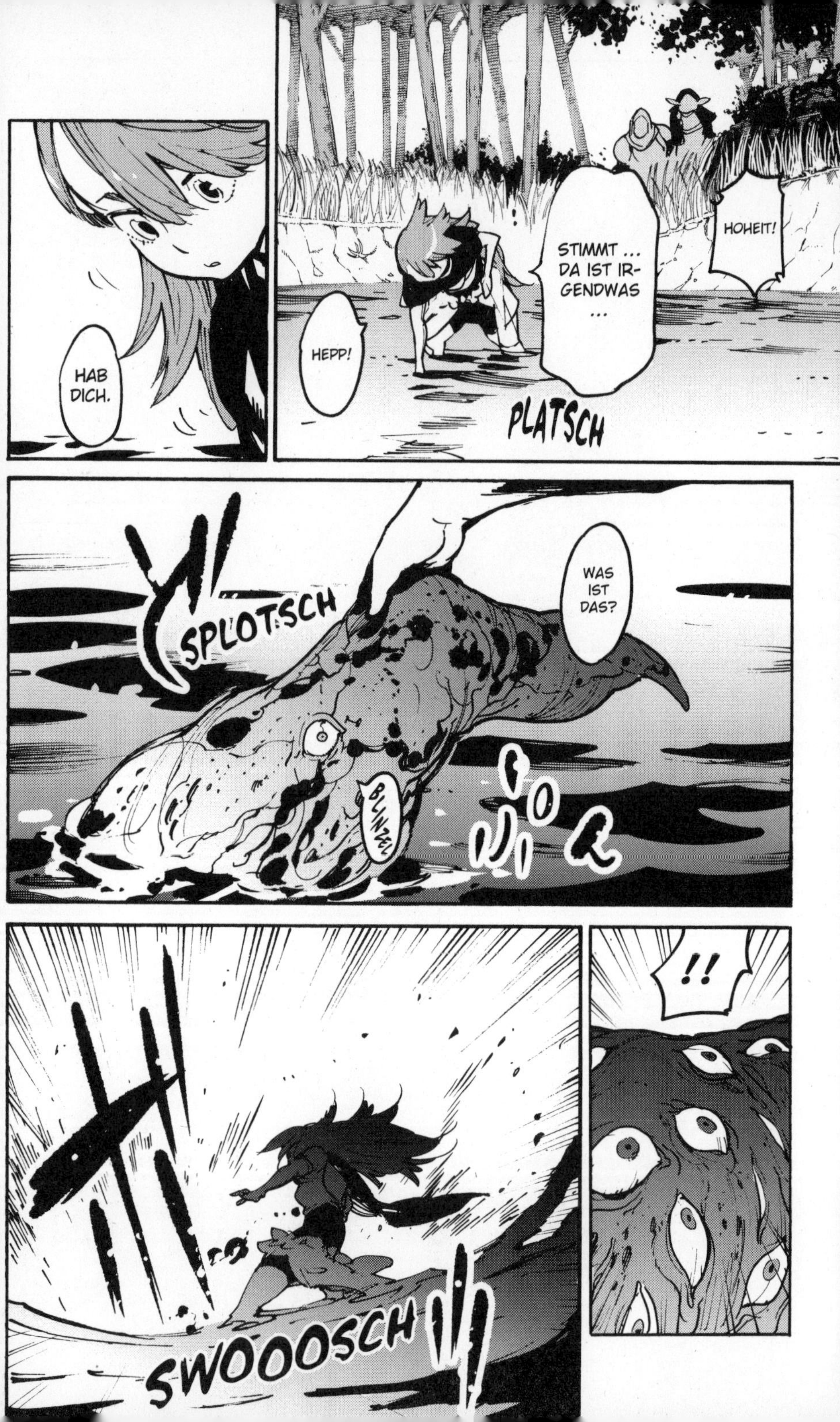
HOHEIT!
STIMMT ... DA IST IR- GENDWAS ...
HEPP!
PLATSCH
HAB DICH.
WAS IST DAS?
SPLOTSCH
BLINZEL
!!
SWOOOSCH

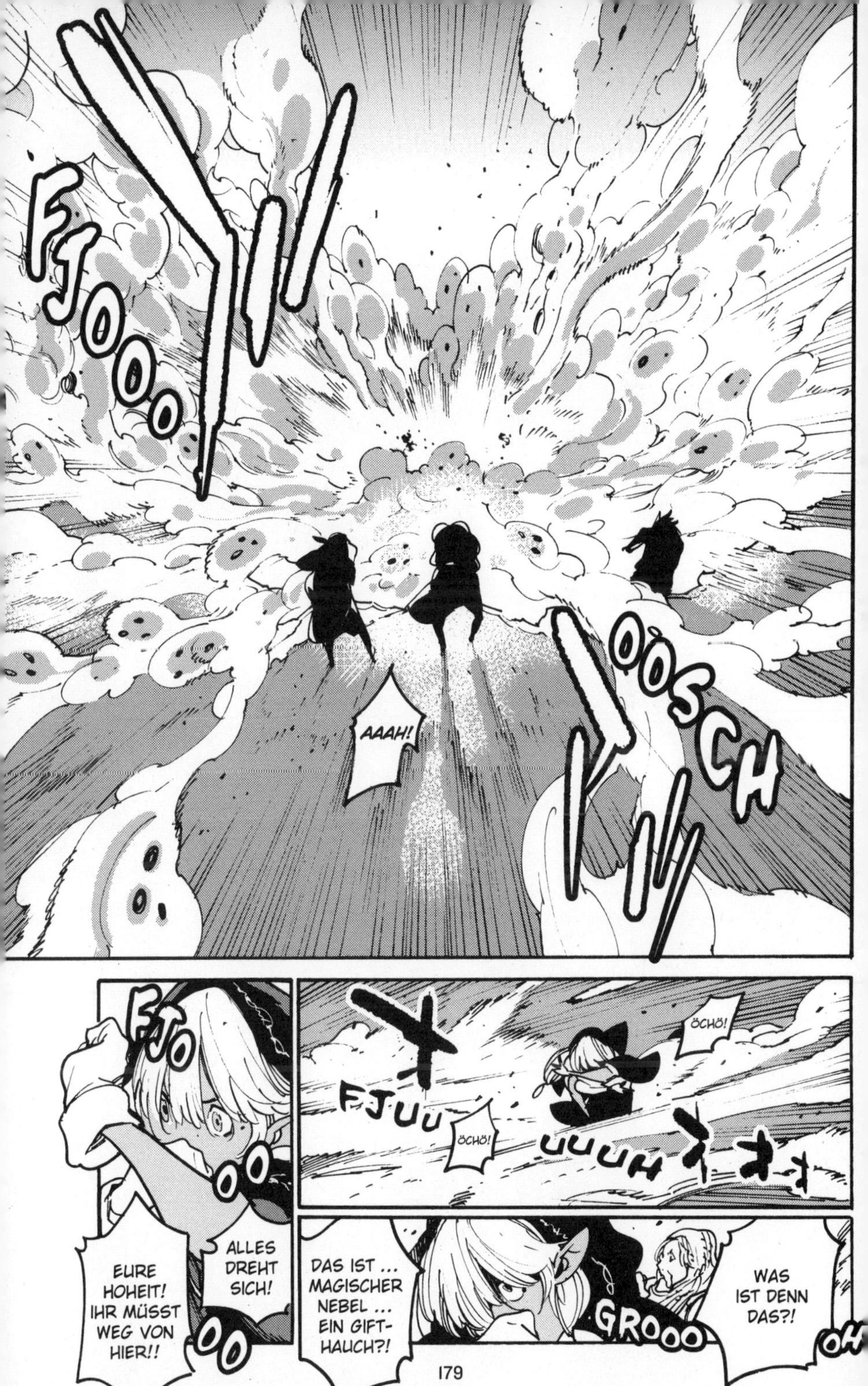
FJOOO
AAAH!
ÖÖSCH
FJO
OO
OO
FJUU
UUUH
ÖCHÖ!
ÖCHÖ!
ALLES DREHT SICH!
EURE HOHEIT! IHR MÜSST WEG VON HIER!!
OH
WAS IST DENN DAS?!
GROOO
DAS IST ... MAGISCHER NEBEL ... EIN GIFTHAUCH?!

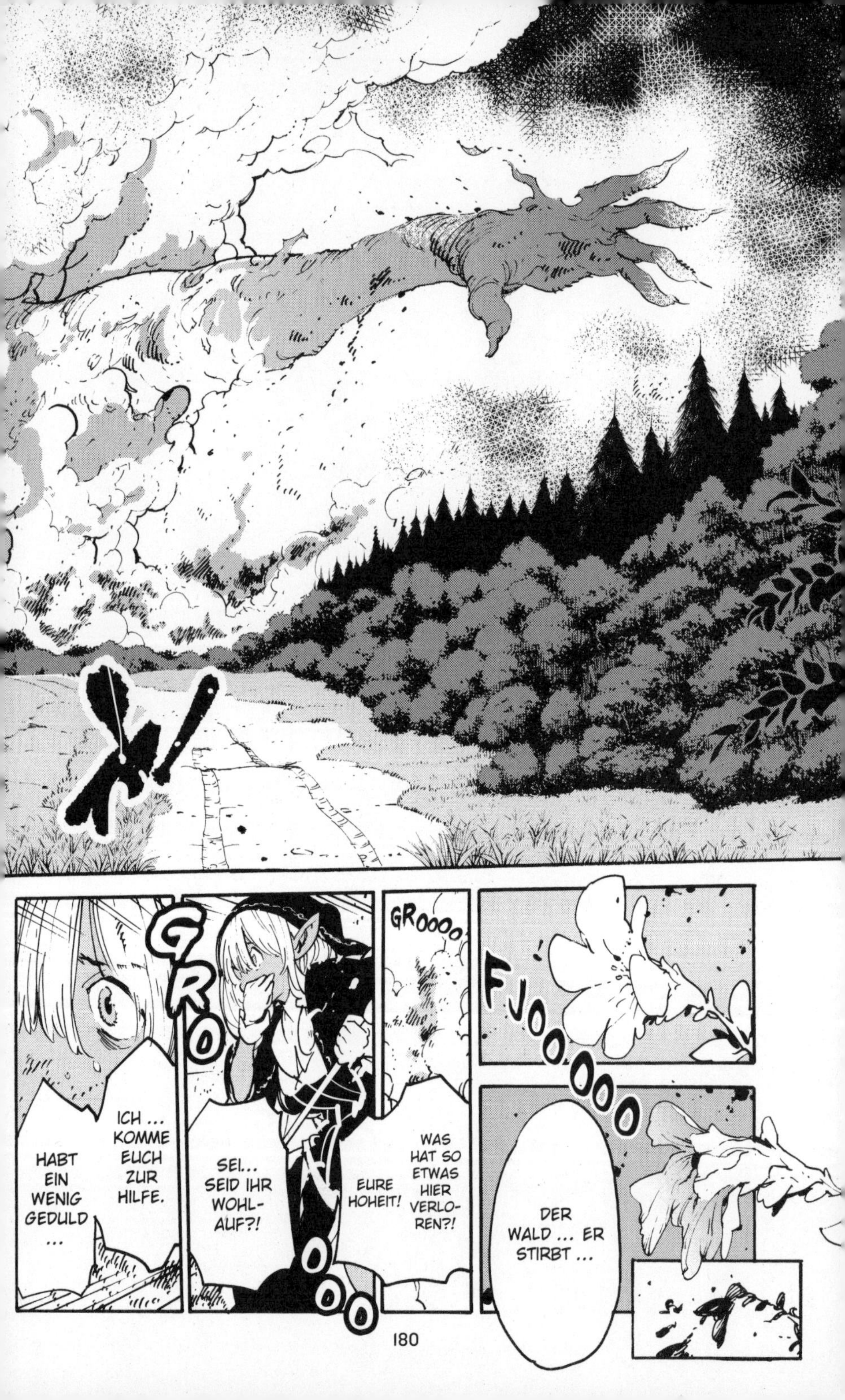
!
FJOOOOOO
DER WALD ... ER STIRBT ...
GROOOO
WAS HAT SO ETWAS HIER VERLOREN?!
EURE HOHEIT!
SEI... SEID IHR WOHLAUF?!
GROOOOO
ICH ... KOMME EUCH ZUR HILFE.
HABT EIN WENIG GEDULD ...

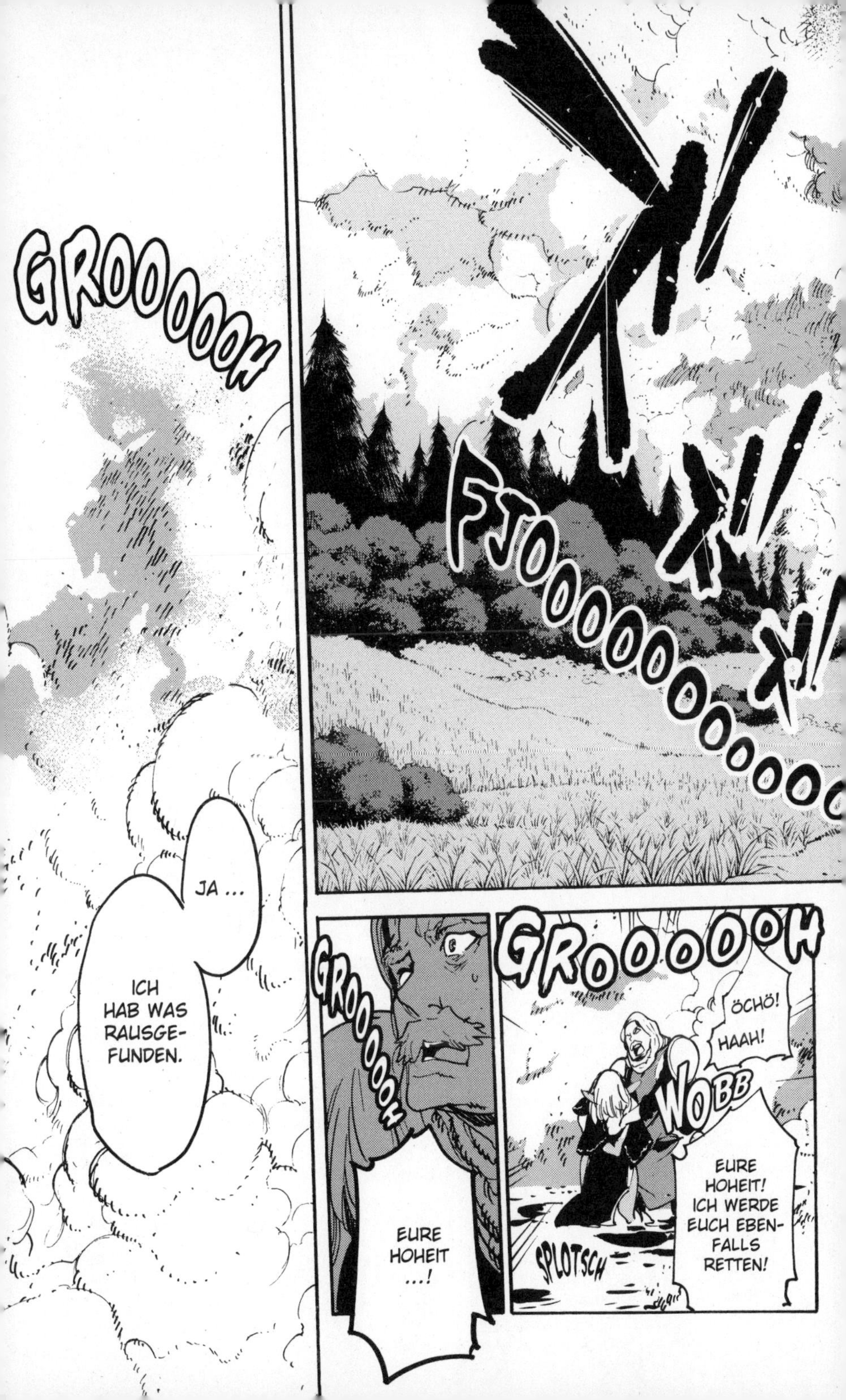
FJOOOOOOOOOOO
GROOOOOH
ÖCHÖ!
HAAH!
WOBB
EURE HOHEIT! ICH WERDE EUCH EBEN-FALLS RETTEN!
SPLOTSCH
GROOOOOOOH
EURE HOHEIT …!
GROOOOOOH
JA …
ICH HAB WAS RAUSGE-FUNDEN.

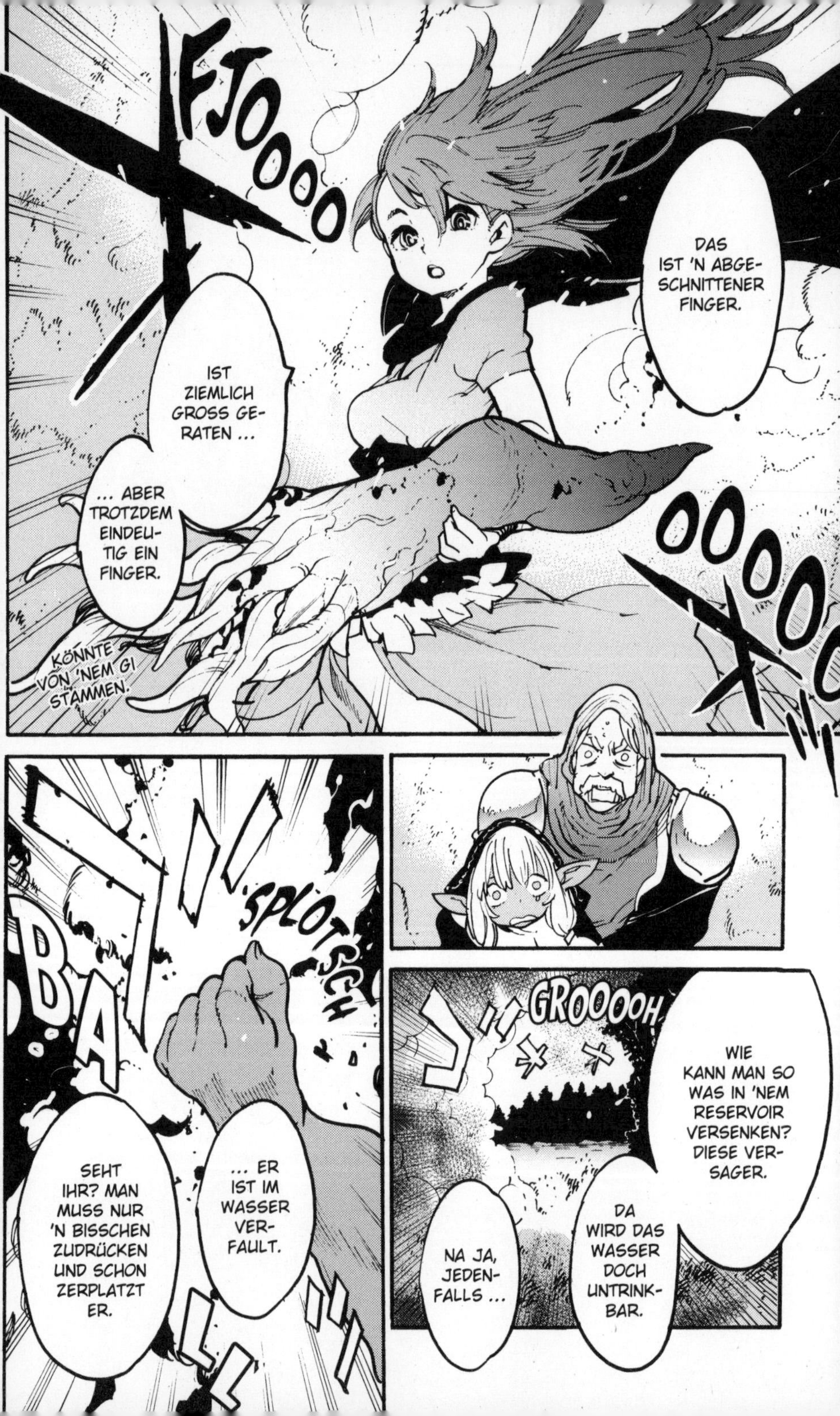
FJOOOOOOOOOO
DAS IST 'N ABGESCHNITTENER FINGER.
IST ZIEMLICH GROSS GERATEN ...
... ABER TROTZDEM EINDEUTIG EIN FINGER.
KÖNNTE VON 'NEM GI STAMMEN.
GROOOOH
WIE KANN MAN SO WAS IN 'NEM RESERVOIR VERSENKEN? DIESE VERSAGER.
DA WIRD DAS WASSER DOCH UNTRINKBAR.
NA JA, JEDENFALLS ...
SPLOTSCH
BA
... ER IST IM WASSER VERFAULT.
SEHT IHR? MAN MUSS NUR 'N BISSCHEN ZUDRÜCKEN UND SCHON ZERPLATZT ER.

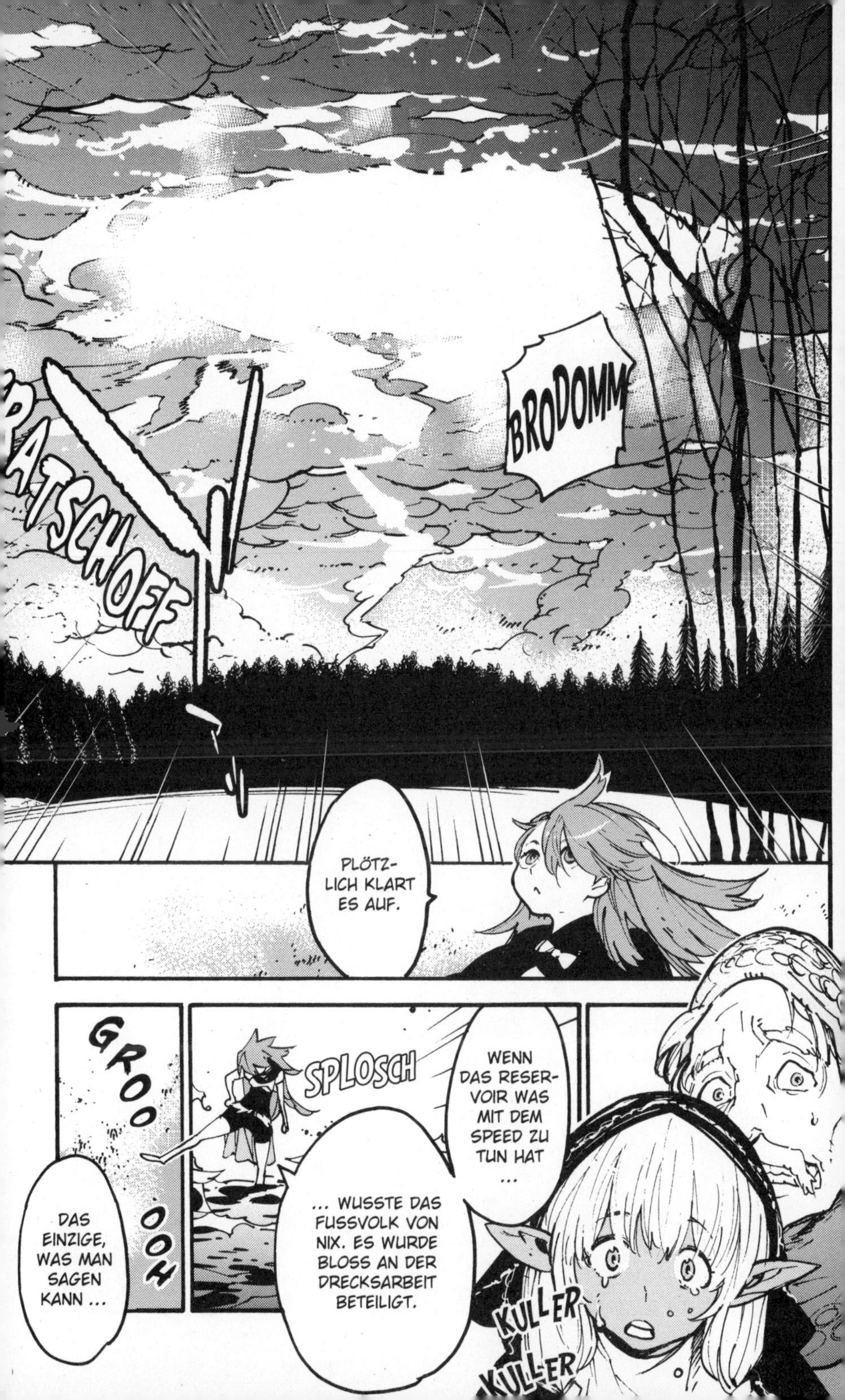
BRODOMM
RATSCHOFF
PLÖTZLICH KLART ES AUF.
KULLER
KULLER
WENN DAS RESERVOIR WAS MIT DEM SPEED ZU TUN HAT …
… WUSSTE DAS FUSSVOLK VON NIX. ES WURDE BLOSS AN DER DRECKSARBEIT BETEILIGT.
SPLOSCH
GROOOOOH
DAS EINZIGE, WAS MAN SAGEN KANN …

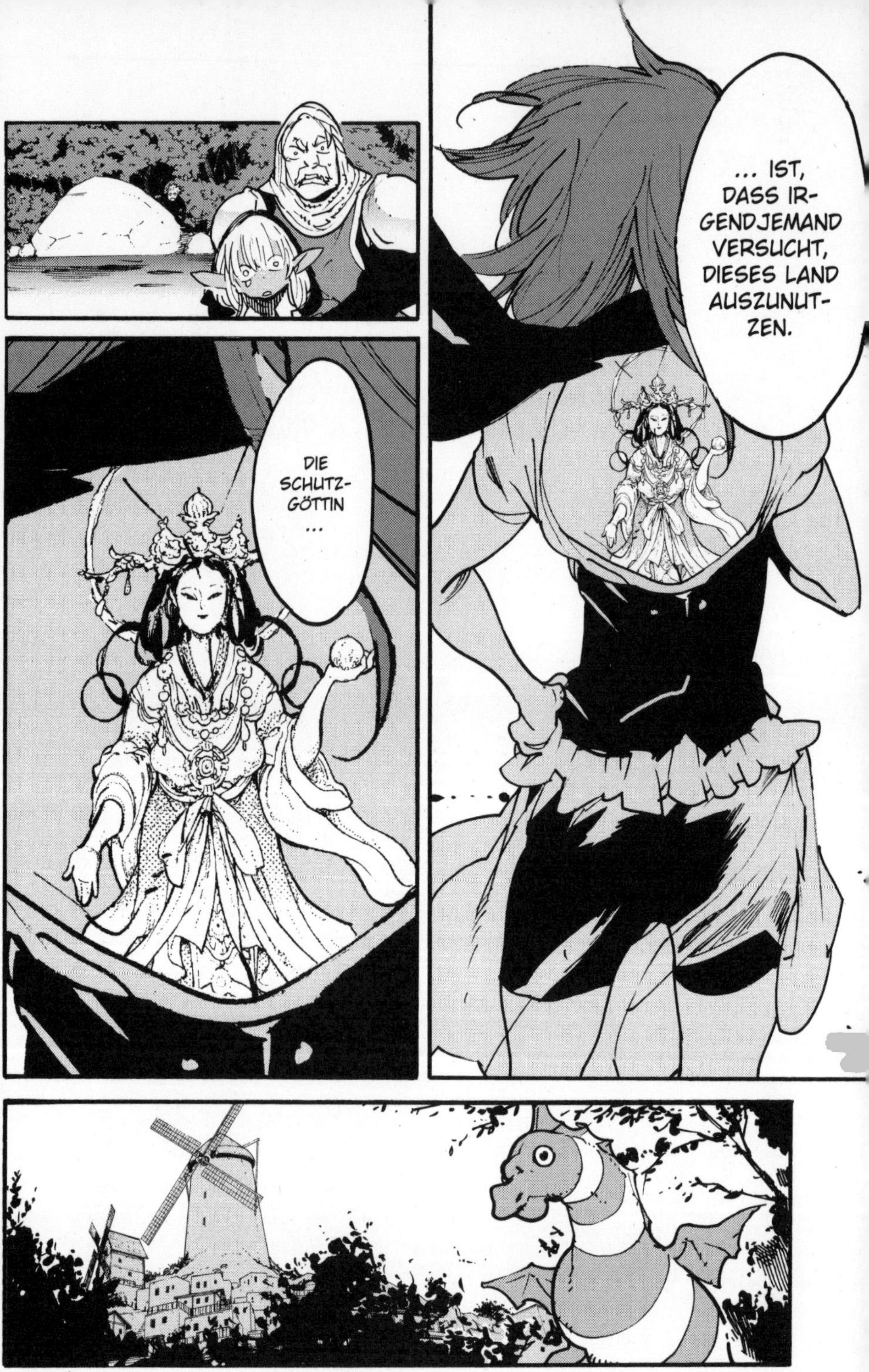
... IST, DASS IR-GENDJEMAND VERSUCHT, DIESES LAND AUSZUNUT-ZEN.
DIE SCHUTZ-GÖTTIN ...

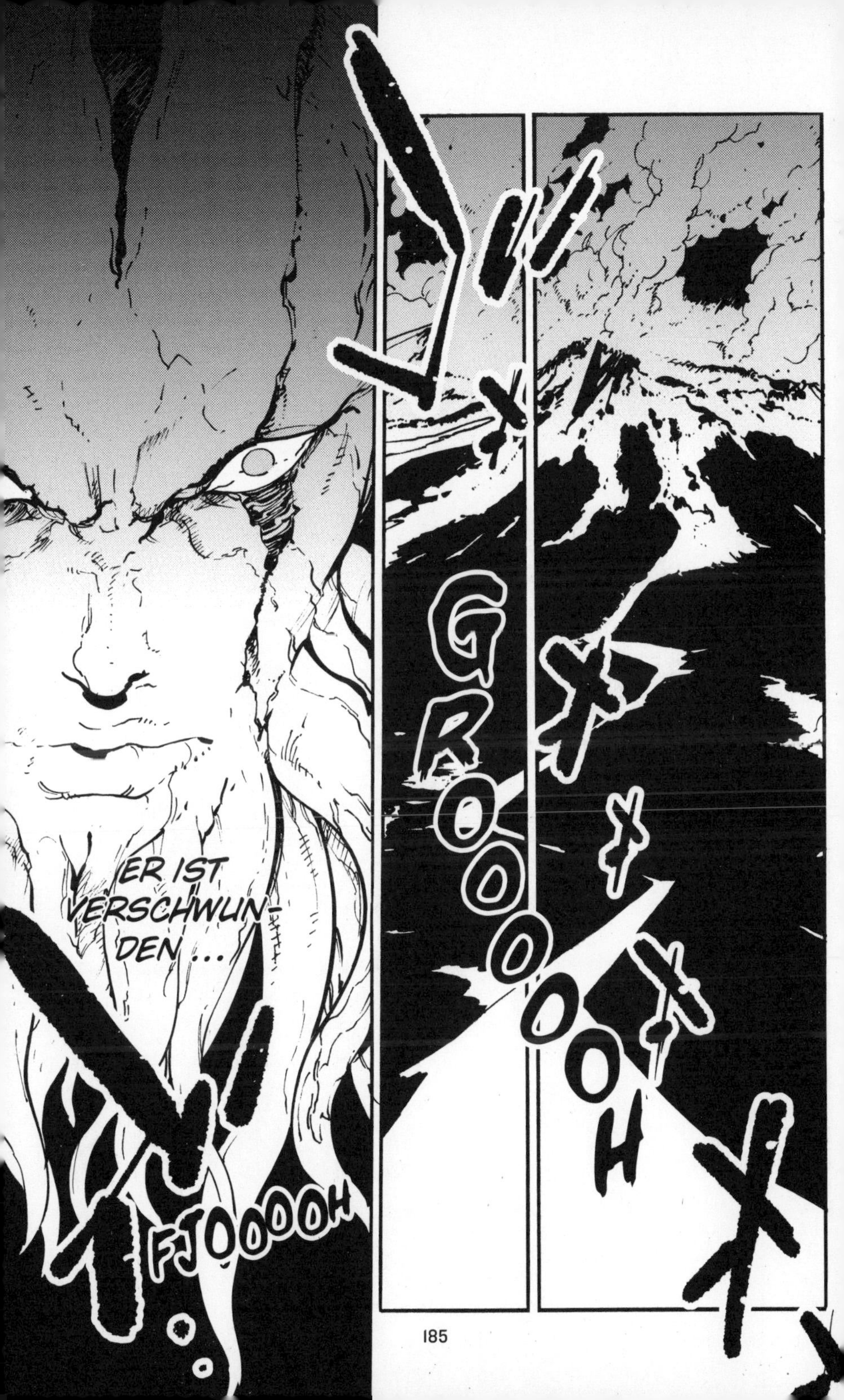
ER IST VERSCHWUN-DEN ...
FJOOOOH
GROOOOOOH

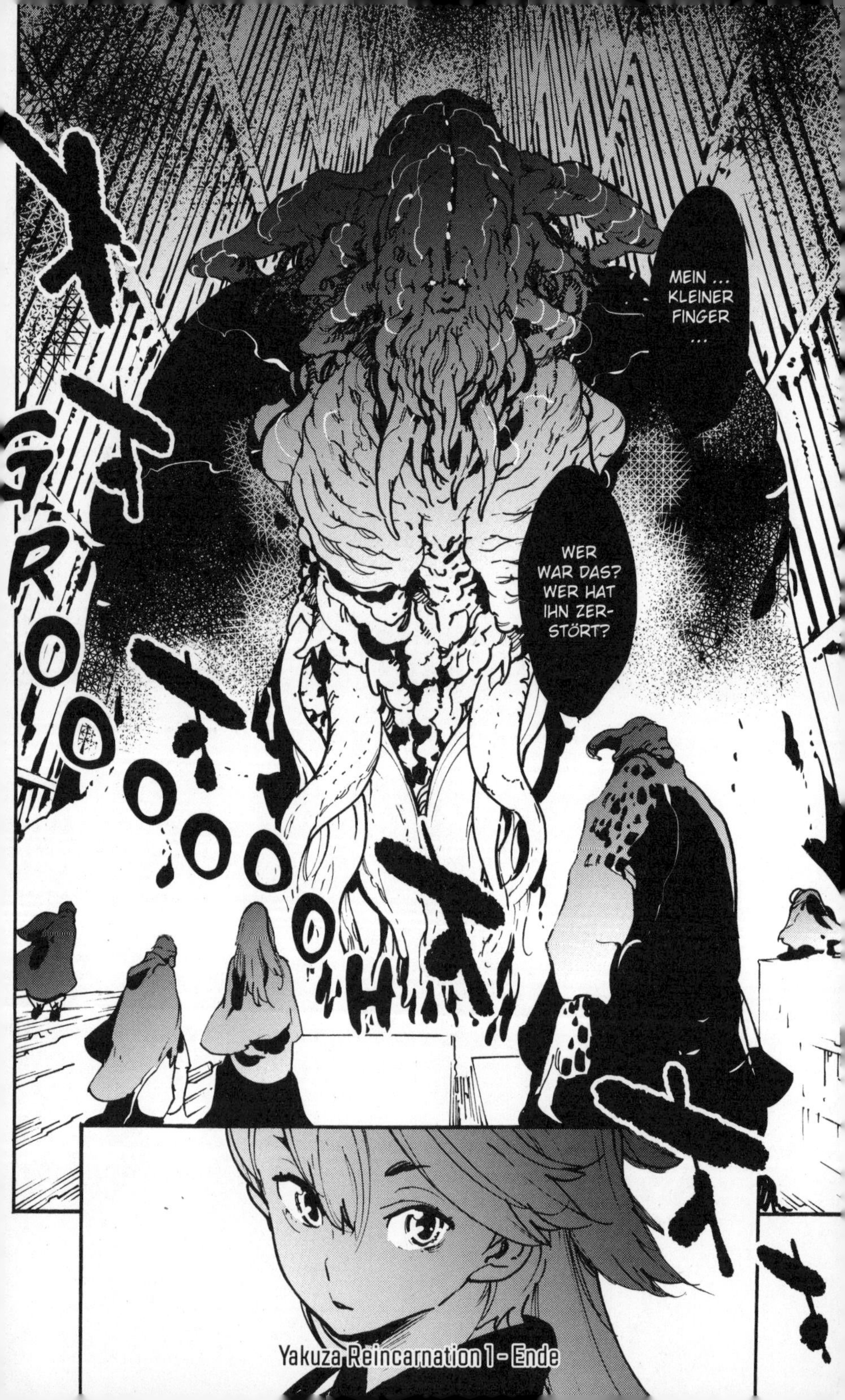

Yakuza Reincarnation 1 - Ende

YAKUZA REINCARNATION

SPECIAL COLUMN

AUTORENKOLUMNE

Hier erfahrt ihr mehr über die Hintergründe von „Yakuza Reincarnation"! Takeshi Natsuhara, der die Idee zum Manga hatte, erklärt euch die Welt der Yakuza!

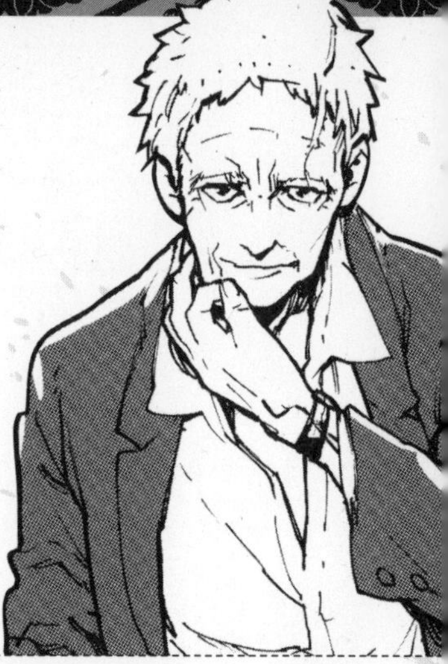

Was bedeutet eigentlich „edles Rittertum"?

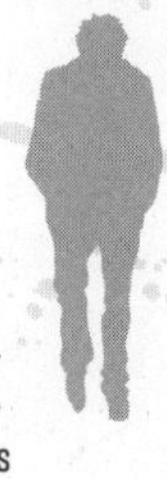

Einige von euch werden den Begriff „edles Rittertum" (ninkyo) sicher reichlich altbacken finden. Aber nur weil etwas alt ist, muss es noch lange nicht schlecht sein. In dieser Kolumne erkläre ich euch, was es mit dem Begriff auf sich hat, woher die Idee stammt und wie sie zu bewerten ist. Einige Spezialbegriffe greife ich ebenfalls auf. Der Begriff „edles Rittertum" ist sehr alt und kommt schon in den „Chroniken der drei Königreiche" (Sangokushi; 297 v. Chr.) vor. Dort wird er im Sinne von „eine Bitte verantwortungsvoll annehmen" sowie „bei keinem Gegenüber einen Rückzieher machen" verwendet. Er wird also für Personen benutzt, die stets bereit sind, ihre Pflicht zu erfüllen.

Im heutigen Japan ist der Begriff so gut wie ausgestorben. In den alten Yakuza-Streifen der Firma Toei, auch bekannt als „Ninkyo-Filme", muss der von Ken Takakura (1931-2014) gespielte Yakuza immer wieder Absurditäten ertragen, um dann zum Schluss als „edler Ritter" seine Versprechen zu erfüllen.

Die Yakuza haben ursprünglich starke regionale Wurzeln und sahen sich als „gefühlte Väter ihrer Regionen". Wenn dort jemand Probleme hatte, konnte die Person sie um Rat fragen, wodurch sie das Vertrauen der Menschen erlangten.

Die Yakuza entstanden im Japan der Edo-Zeit (1603-1868), einem Land, das man kaum als Rechtsstaat bezeichnen konnte. Im Endeffekt waren es Widerständler gegen die Ausschweifungen der Obrigkeit. Ihr Kern war die Urform des Yakuza, der „yakko".

Es existierten Unterkategorien wie „machiyakko" (Bürgerwehr) und „hatamotoyakko" (plündernde Samurai). Berühmte Vertreter sind Chobei Banzuiin (1622-1657) und Jurozaemon Mizuno (1630-1664). Über sie gibt es sogar Erzählungen und Theaterstücke. Zum Ende der Edo-Zeit betraten berühmte Schwurväter die Bildfläche, wie Jirocho Shimizu (1820-1893) und Eigoro Omaeda (1793-1874). Es verwundert nicht, dass die braven Bürger sie als „Väter" bezeichneten.

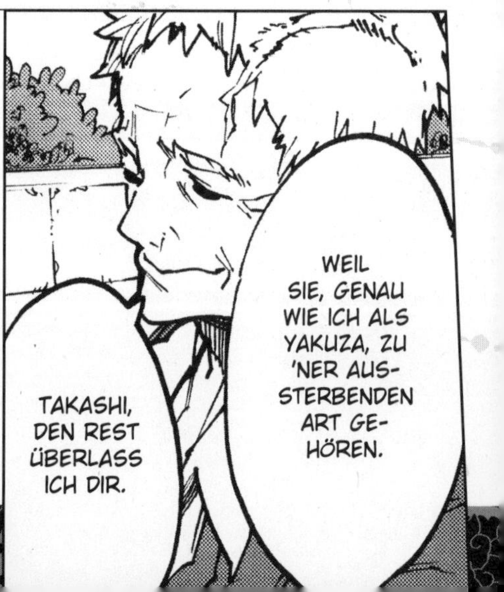

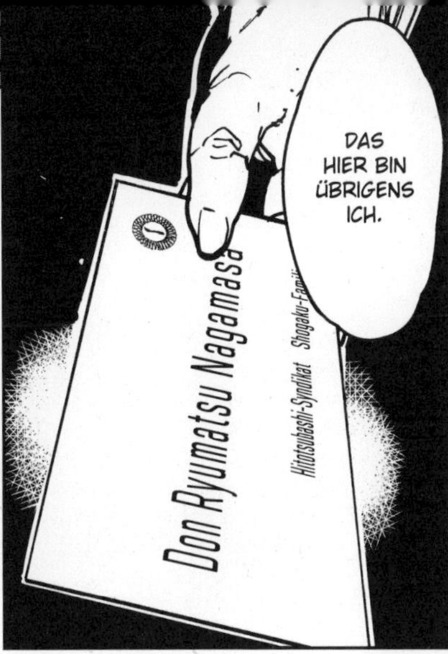

Sie und ihre Gefolgsleute unterscheiden sich radikal von den heutigen Gangsterbanden. Unsere Hauptfigur Ryumatsu (Prinzessin Ryu) ist – auch wenn das idealistisch sein mag –, ein antiquierter Yakuza, das heißt ein „edler Ritter". Seine Geschäfte konzentrieren sich auf das Glücksspiel. Schutzgelder von Gaststätten nimmt er nicht, und von Prostitution oder Drogenhandel lässt er ebenfalls die Finger. Er mischt sich auch nicht auf gewalttätige Art in Zivilstreitigkeiten ein. Er erteilt zwar Ratschläge, verdient daran aber kein Geld.

Manche denken jetzt vielleicht, dass es solche Menschen gar nicht geben kann, aber das liegt daran, dass die Mitglieder der heutigen Gangsterbanden das genaue Gegenteil von Ryumatsu sind. Es gab tatsächlich einige wenige Yakuza, die in ihren Vierteln Vertrauen genossen und als zuverlässig galten.

Doch als in Japan nach der Zeit des Wiederaufbaus nach dem Zweiten Weltkrieg die Hochwachstumsphase begann, veränderten sich die Yakuza radikal. Im Zentrum dieser Veränderung stand Kazuo Taoka (1913-1981), der dritte Don der Yamaguchi-gumi (aus der Region Kobe). Unter ihm dehnte der Clan seinen Einfluss auf ganz Japan aus. Sie zerstörten unabhängige Yakuza-Gruppierungen beziehungsweise schluckten sie und wurden so immer größer. Und sie führten diesen Kampf mit brutaler Gewalt. Um sich zu verteidigen, schlossen sich die Yakuza der anderen Regionen zusammen. So entstanden die heutigen Organisationen mit ihren großräumigen Einflussgebieten.

Durch das Gesetz zur Bekämpfung des organisierten Verbrechens (1992) wurden selbst die bis dahin unbehelligten umherziehenden Budenverkäufer (tekiya) als „gewalttätige Gruppen" definiert und durch die Polizei von Straßenfesten ausgeschlossen. (Die Budenverkäufer sind Gewerbetreibende im Handel, Yakuza hingegen Glücksspieler und Lebemänner.) Als Teil der Unterwelt wurden Yakuza aus dem öffentlichen Leben verbannt. Sie können keine Unterkünfte mieten und auch kein Konto eröffnen. Und selbst wenn sie zu braven Bürgern werden, die ersten fünf Jahre nach dem Ausstieg gelten sie weiterhin als aktive Yakuza, und so wird es für sie schwierig, Arbeit zu finden.

Gangs und die Mafia existieren weltweit, aber was die Yakuza von diesen Organisationen unterscheidet, ist, dass sie Embleme und sogar Visitenkarten besitzt. Es handelt sich also nicht um eine Gruppierung, die aus dem Schatten agiert und sich Verbrechen wie Raub zum Ziel gesetzt hat. In Zukunft wird sie aber zweifellos einer solchen ähnlicher werden. Denn heute, wo die unorganisierten Neo-Gangs (hangure) immer mehr an Einfluss gewinnen, bringt eine formelle Organisation keinerlei Vorteile mehr.

In unserem Manga wird ein alter Yakuza als Prinzessin in einer anderen Welt wiedergeboren. Im Inneren ist er aber weiterhin Ryumatsu. Alle Aussagen und Entscheidungen sind also seine. Da ihm die Mentalität eines braven Bürgers fehlt, lässt er natürlich wenn nötig die Fäuste sprechen oder übertreibt es anderweitig. Doch dahinter steckt immer der Zwiespalt zwischen Pflicht (giri) und Gefühlen (ninjo).

Wenn ihn jemand um etwas bittet, kann er nicht Nein sagen. Nicht nur zum Schein. Er kann nicht anders, als die Schwachen vor den Starken zu beschützen. Die fremde Welt wird von einer Königsfamilie beherrscht, während Dämonen nach der Macht streben. Wer in dieser Welt keine Kraft hat, kann nur weinen. Wie könnte ein „edler Ritter" der alten Schule da wegsehen?

Takeshi Natsuhara

manga 漫画 cult

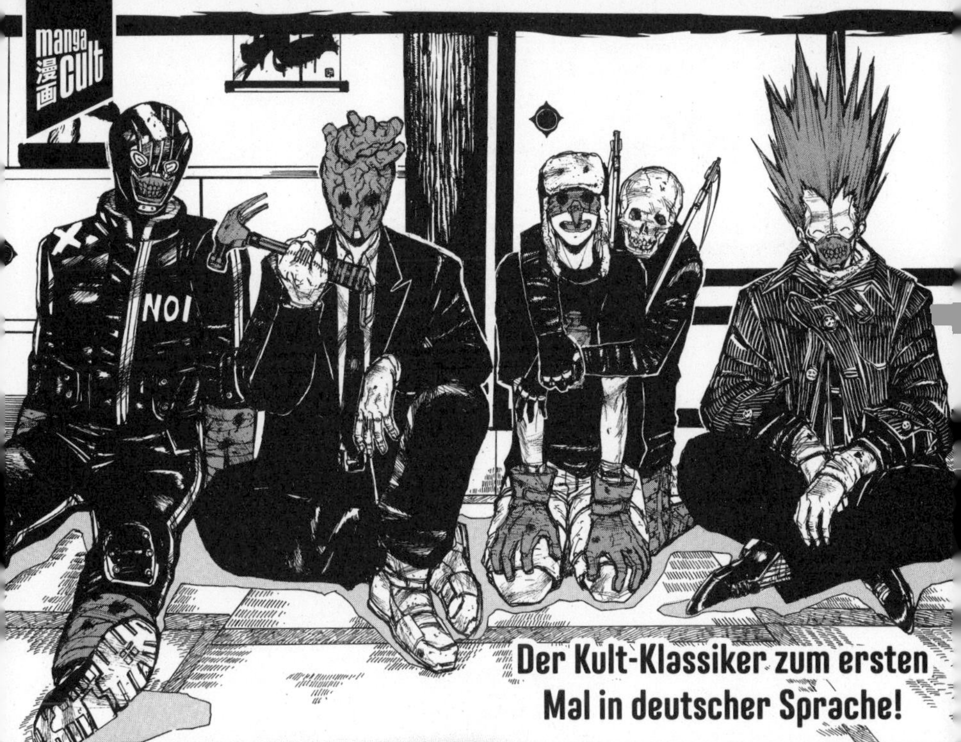

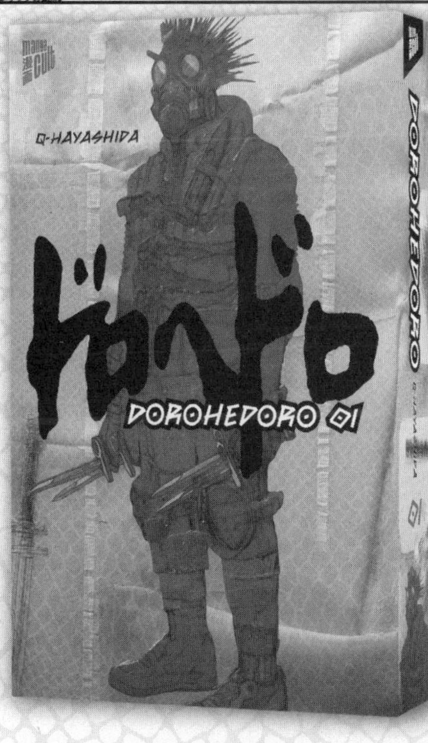

Q-HAYASHIDA

DOROHEDORO

In einer Stadt, so düster, dass sie nur als „Loch" bekannt ist, leben die Menschen in immerwährender Furcht vor den brutalen Magiern, die grausame Experimente an ihnen durchführen. Nichts und niemand scheint sie retten zu können. Doch nicht alle Menschen ergeben sich blind ihrem Schicksal: Um sich von seinem Fluch zu befreien, beginnt Caiman, gemeinsam mit der Restaurantbesitzerin Nikaido Jagd auf den Magier zu machen, dem er sein monströses Aussehen zu verdanken hat ...

14x21 | SC | sw
496 Seiten | **€ 15,– (D)**

BAND 1 ALS 3 IN 1 EDITION

496 SEITEN

STOPP!

STOPP! DIES IST DIE LETZTE SEITE!

YAKUZA REINCARNATION ist ein Manga, und einen japanischen Comic liest man von hinten nach vorne. Auch die Lesereihenfolge der Bilder und Sprechblasen auf den Seiten ist anders als gewohnt: von rechts oben nach links unten.

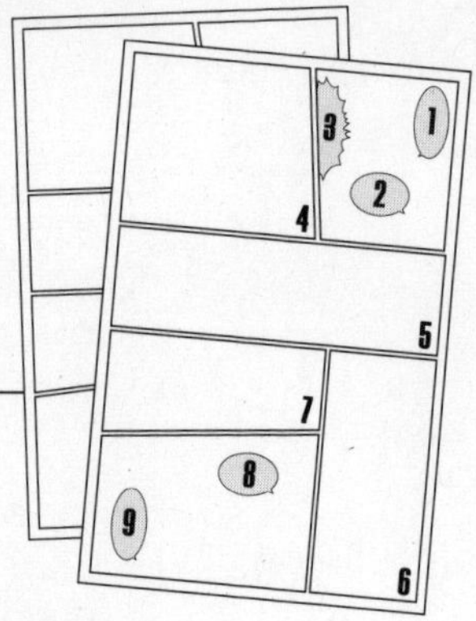

YAKUZA REINCARNATION 01

von
Hiroki Miyashita & Takeshi Natsuhara

2. Auflage, 2023
Deutsche Ausgabe/German Edition

Inh. Andreas Mergenthaler | Verlagsleitung: Luciana Bawidamann

Aus dem Japanischen von Verena Maser

NINKYO TENSEI -ISEKAI NO YAKUZA HIME- Vol. 1 by Hiroki MIYASHITA, Takeshi NATSUHARA

Original Japanese edition published by SHOGAKUKAN.
German translation rights in Germany, Austria, Liechtenstein and German speaking area in the Switzerland, Belgium, Italy and Luxembourg arranged with SHOGAKUKAN through VME PLB SAS.

Original Design: Masato ISHIZAWA + Bay Bridge Studio

Programmleitung: Alexandra Grimsehl
Redaktion & Korrektorat: Domenic Wassiljew
Lektorat: Alexandra Grimsehl
Grafik/Produktionsleitung: Elke Epple
Layout und Lettering: Manga Cult, Datagrafix GSP GmbH, Berlin
Druck: GGP Media GmbH, Pößneck

Print-ISBN: 978-3-96433-705-4

www.manga-cult.de | März 2023